サリヴァン自伝

ルイス・H・サリヴァン 著
竹内大 藤田延幸 訳
石元泰博 写真

鹿島出版会

THE AUTOBIOGRAPHY OF AN IDEA
by
Louis H. Sullivan

Originally Published in 1956 by Dover Publications, Inc.
Published in Japan by Kajima Institute Publishing Co., Ltd., 2012

目次

■本文掲載写真

1～3	オーディトリアム・ビルディング，シカゴ，1887～90
4	サリヴァン・ハウス，シカゴ，1892
5～9	ストック・エクスチェンジ・ビル，シカゴ，1893～94
10～14	カースン・ピリー・スコット百貨店，シカゴ，1899

撮影／石元泰博

I

幼年時代

その昔、ニューイングランド(1)にサウスリーディングという村があった。この村に、五歳になる子供がいた。その子供が住んでいたのは、二十四エーカーばかりの小さな農園であった。農園は、村の賑わいの中心である「大通り《メインストリート》」からは一マイルほど離れた所にあった。大通りとはいっても、昔の田舎の大通りである。農園も何の変哲もない農園であった。子供は、そこで、巣立ち前の雛鳥のように祖父母にぴったりと寄り添って暮らしていた。

その子供が祖父母と一緒に暮らすようになったのは、祖父母が、彼の両親にそうするようにと熱心に懇望したからであった。母親はちょっぴり涙を流しはしたものの、これに応じることにした。父親はまったく無頓着だった。こうして子供は、ボストンから十マイルも北にあるこの荒野の真中へと連れて来られたのである。その農園を祖父母が買ってから、まだいくらも経っていなかった。子供はここで、祖父と祖母の無責任で過剰な愛情を一身に注ぎかけられることとなった。

祖父母にとっては掌中の珠のような存在であるとはいっても、隣人たちから見ればこの子供も別にどうということもない、要するに年中騒々しく破壊的な小僧どもの一人にすぎなかった。けれど、他の少年達にくらべていくぶん風変りなところもあった。それは、喧嘩相手からよほどカッとさせられでもしないかぎり、何かを破壊しようというような気にはならないという点だった。彼の関心は他のほうに向いていた。

ところで、この子供は突如五歳でこの世に登場したわけではない。彼の、それなりに起伏に富んだ来歴をざっと述べて、身許をあきらかにしておく必要がありそうである。

彼が生まれたのは一八五六年九月三日、アメリカ合衆国マサチューセッツ州ボストン市サウスベネット街二十二番地である。その母親による、少々しちくどい詳細を付け加えるなら、その出産の部屋は二階で、曜日は火曜日、時刻は午後十時、赤ん坊の体重は十ポンドであったという。母親はこの日二十一歳の誕生日を迎えた。父親のほうはその次のクリスマスで三十八歳になろうとしていた。

長い歳月をへだてた今なお、彼はこのピンク色の小鬼が見た世界を絵のように思い出すことができる。揺り籠の中での数々の悪さの思い出もある。また、この揺り籠は、幽霊を思わせるような一人の婦人の像を呼び起こす。黒衣を着てヴェールをつけたその婦人は、開いたドアからはいって来て、いつもそばにいる母の言葉とはちがう耳なれぬ言葉で、何事か彼に話しかけるのだった。また、ある真冬の夜が思い出される。暖かくて居心地の良いベッドから抱き上げられ、毛布にくるまれて、三階の部屋へ連れて行かれた。祖父がそこにいて、小さな四角の窓ガラスに張りついた厚い氷をはがしていた。ママが興奮してなにかいい、祖父が敬虔な口調で何事か答えたあと、抱き上げられて窓から外を見せられた。長い、光りかがやく雲のようなものが見えた。なにかめずらしいものなんだろうと漠然と思ったが、大して価値あるものとも思えなかった。そんなものは放っておいてもとの暖かいねぐらに帰りたかった。その夜、窓に光っていたこの一条すじは、一八五八年のドナティ彗星である。

この子供の行跡をさらにたどる前に、その素性のあらましを述べておくことにする。

彼の父はパトリック・サリヴァンといい、アイルランド人で、これには疑問の余地はない。母のほうはアンドリーヌ・リスト・サリヴァンといい、フランス人のような名だが、生粋のフランス人ではない。彼女は特徴のある瞼と、表情ゆたかなはしばみ色の眼をしていた。卵形で活発な感じの顔立ちであった。中背で、小ざっぱりとした感じで、大変感情的で、またおしゃべりを好んだ。

彼女の両親についてもふれておくことにしよう。父はヘンリ・リストといい、ハノーヴァ王家の血筋を引く生粋のドイツ人である。背丈は六フィート。なかなかのプロポーションで姿勢もいい。髭をきれいに剃り、厚い唇と小さな灰色の眼をし、眉が秀で、とっくりのような形の鼻をしていた。知的なタイプで、何事につけ皮肉な見方をするところがあった。母親は、大変愛らしい、身のこなしの物静かな、小柄な女性で、ジュネーヴ生まれのスイス系フランス人だった。その三人の娘もジュネーヴで生まれた。けれど、彼女の長いフィレンツェふうの鼻は、あきらかにイタリア系の血筋を物語っていた。結婚前の名前はアンナ・マシューズといった。女家長らしい風格があり、フランス中流家庭のしきたりどおりに、家庭をきりまわしていた。几帳面な性格であったが、大きな包容力も持ち合せていた。

ヘンリ・リストは、自分の過去については口を噤んでいた。身内の噂では、なんでも若いころ聖職につくための教育を受けたが、彼はその仕事を嫌って、家出したのだといわれていた。

家出したあと、スイスのジュネーヴにたどりつくまでの何年間か、彼が何をやっていたかは不明だ。ジュネーヴに来てからのこともはっきりしない。大学でギリシャ語の教授をしていたともいうし、金持ちの英国人のお坊ちゃんの家庭教師だったともいわれている。いずれにしても、自分が受けた高い教育を生かしてなにかやっていたということらしい。

アンナ・マシューズは彼よりかなり年上で、当時リンネルやレースの高級品を商う店を経営していた。ヘンリが彼女に求婚したことは、かなりな噂の種になった。彼女の金に眼をつけたのだろうというわけだった。だが、動機はさておき、この結婚はうまくいった。「パキの館」という、広大な土地つきの、大理石づくりの家に彼らは住んだ。三人の子供が生まれた。上から順にアンドリーヌ、ジェニー、ジュリアスである。いま筆者の手もとに、端に穴のあいた小さな卵形のカードがある。それには、色鉛筆で、広びろとした野原と木の間に見え隠れする家といった、公園みたいな景色が描かれていて、裏返すと母親の筆蹟で「パキの館、アンドリーヌのために作ったテラスで、一八四九年」とある（アンドリーヌはこの年十四歳）。

ヘンリ・リストは、貪欲だったともいわれている。彼は投機に手を出し、ユダヤ人の企みにひっかかって、有金残らずつぎこんだうえ、事業をたちまちだめにしてしまった。リスト家の身代はよろめき、衰え、没落した。アンナ・リストは親類に借金をした。それをもとでに、家族を連れてアメリカへ渡り、過去を忘れて、知らない土地でやり直そうとしたのである、祖父が過去を語りたがらないのは、そんなわけで、無理もないことではある。筆者がここまで来歴をたどるのにも、ぽつりぽつりと、かなりな年月をかけなくてはならなかった。

パトリック・サリヴァンについてはとくに不明な点はないのだが、ただ、十二歳より前にはさかのぼることができない。本人のいうところでは、彼の父は風景画家で、男やもめで、彼はひとりっ子であった。彼はよく、アイルラン

1

ドの田舎の市《いち》に連れて行ってもらったが、あるとき、人込みの中で父にはぐれてしまい、それっきり、二人は別れ別れになってしまったのである。十二歳で、自分の道を切り開けと放り出されたわけだ。彼は変てこな小さいヴァイオリンを持ち、はだしで田舎を放浪した。あちこちでダンスのヴァイオリンを弾き、また自分も一緒になってダンスをした。そうやって彼は旅を続け、アイルランド中をあらかた見てまわった。この放浪生活は相当な年月続いたと思われるが、いつごろやめたのかははっきりしない。が、この間に彼の興味の的がダンスにしぼられていったことはたしかなようだ。彼は、こうと決めたらやりぬくという性格である。自尊心がつよく、野心家でもあった。ある時思い立って彼はロンドンへとやって来た。そしてロンドンで最高の、いちばん流行っているダンス教師について学んだ。のちには、自分の学校を持つまでになった。さらに、この成功にも満足せず、芸の精進のために流行の中心パリへ出かけ、一流の教師のレッスンを受けた。当時ダンスは、優雅で品のいい社交界の芸術と考えられていた。それはさまざまに分れて発展し、夜会ではかんたんなポルカから複雑な暗喩に富んだものまで、いろいろなダンスが踊られていた。そしてそのもっとも詩的でロマンチックな頂点が古典バレエであった。ダンスは、優雅な日々の優雅な芸術だったのである。当時は、ダンスはきわめて芸術的であるばかりでなく、教化的で善いものであると考えられていた。当時のダンスやダンス教師やダンス学校の社会的位置は、このような観点から考えられなくてはならない。

この若きアイルランド人には、優雅さとリズムの芸術であるダンスと並んで、もう一つの大きな情熱があった。美しい自然に対するやみ難い渇望である。この点で、彼ははなはだ異教徒的であったといえるだろう。美しい自然、とりわけ壮大な景観に出会うと、彼は霊感を呼び醒まされ、神秘的な崇拝の念を覚え、陶酔にひたるのだった。このロマンチックな体験を求めて、何年も彼はスイスのあちらこちらを歩きまわった。

見かけだけからは、彼にこのような雄勁な精神とこれほどの繊細さが同居しているとはちょっと信じられないだろう。彼は風采のあがらぬ男である。中背で、極端な撫肩をしていて、顔付きははなはだしくアイルランド的だ。眼つきはどこか豚の眼を思わせ、その色はなにか得体の知れぬ色で、輝きもなく、毛むくじゃらの眉の下に埋まっている。そうしたすべては彼の内面をまったく裏切っているといえよう。が、思い起こしてほしい。貧しかった少年時代からずっと、彼はたった一人で、何の助けもなしにこの情熱と意志とを持ち続けてきたのである。

当然のことながら、彼には「教育」というものを――当時の意味においても今日的意味においても――受けるチャンスはなかった。けれども彼はちゃんとした英語を書きかつ話したし、顔をしかめたくなるようなしろものではあったにしても、フランス語すら身につけていた。だが、それでもなお、当時の英国の基準からすれば、彼はいわゆる「紳士《ジェントルマン》」ではなかった。彼は下僕であり、幇間であり、社交界の寄生虫にすぎなかった。彼は書物にしるされた知識に強い畏敬の念をもっており、また書物を通じて実によく学んでいたが、それはこんなところに理由があったものと思われる。

このころのアメリカは、冒険的な精神を持った者たちの目標の地であった。やって来る者にあたたかく両手をひろげ、誰にでも平等に好運を分配する国……おそらくそんなふうに彼の心にも映じたことだろう。手もとにある書類によると、一八四七年七月二十二日に、彼はロンドンからボストンまでの船賃を支払っている。船は、積載量五五〇トンと登録された豪華船ユニコーン号だった。時まさにヴィクトリア女王治世の十一年め、ルイ・フィリップの政治生命はようやく終りに近く、ドイツでは革命が熟し、アメリカ合衆国は親切気ではじめたメキシコ援助の過剰な負担にあえいでいた。同じころ、もう一つの家族はまだヨーロッパの小さな市《まち》で裕福に暮らしており、この彼と、遠く離れた国で一緒になる運命であるなどとは、つゆ思っていなかった。しかし、いまこれから再び立ちもどろうとしているあの子供の出現まで、わずか十一年しか隔たっていないのである。運命の指先は、今、ここへ到達する線の上を、そのときもうたどりはじめていたのだ。

パトリック・サリヴァンは一八四七年七月にボストンに着いた。そしてダンス学校を開き、成功した。彼が成功したのは、彼がつねに好ましい印象を与えて尊敬をあつめることができたからだが、それは彼の誠実さによるものであった。また彼は品が良く、礼儀もわきまえていた。

下って、おそらく一八五〇年にはジュネーヴの家族もボストンにやって来た。偶然が、彼らをめぐり会わせた。若いアイルランド人の、苦労と自己鍛練によって身につけたするどい眼が彼女をとらえた。事はこんなふうに運んだことだろう——彼と若い娘アンドリーヌとはごくふつうの出会いをし、彼は彼女の優雅なマナーと、愉快なブロークン・イングリッシュと、達者なピアノにひきつけられた。そこで彼は彼女に言い寄り、愛を告白し、婚約した。一八五二年八月十四日に、二人は結婚した。いや、こういったほうが真実に近いかもしれない——はじめ彼は、彼女が弾くショパンやベートーベンに夢中になった。彼は音楽が好きだったから。それから彼は、彼女にダンスの伴奏をたのんでみた。二、三回やらせてみて、彼女がとんだ掘り出し物であることに気づいた。彼女のリズム感、タッチ、アクセント、韻律、抑揚、表現、いずれも天才的といってよかった。そこで、仕事のための資産として、彼は彼女を手に入れたのだ。だが彼女は愛らしかったし、彼も彼女を愛したことだろう。彼がほかの誰かを愛したとか、あるいは、誰一人愛さなかったというような形跡はない。彼がかなり自己中心的な人間であったことは事実だが、だからといって冷酷な人間というわけではなかった。中庸派であり、少々のワインと葉巻をたしなんだが摂生にはきわめて熱心であった。

こうして、生まれて来る子供のための舞台はととのえられた。どちらの家系も健全であった。期待にこたえて彼が生まれた。母親は彼を天国から来た天使と信じた。母性愛とはかくも偉大であり、かくも妄想にみちたものである。記録者の観点からすれば、彼はとても天使などではなかった。二歳にして短気、強情、頑固を発揮し、しょっちゅうイスラム教の托鉢僧みたいにわめき立てていた。どなり、金切り声をあげ、大声でワァワァ泣き、哀れっぽく泣き、そしてしゃくりあげて泣いた。そういう時には、まるで何かに取り憑かれているみたいだった。ひとしきり泣くと嵐は一時おさまり、静かになる。そういう時の彼は、まるきり不愉快な赤ん坊というわけでもなかった。彼は入浴を好んだが、祖母は、この儀式の執行を他の何人にもゆだねなかった。スポンジで洗ってもらいながら、彼は祖母に、聞きおぼえた歌をうたったり、巨人や妖精のお伽話をして聞かせる習いだった。

こうして、人生は、まず外からやって来た。次つぎに押し寄せるものと、彼の内部に生まれたものとが、彼の運命を形造っていった。

彼は窓から外の往来を眺めるのが好きだった。彼が、はじめて人生というドラマの生き生きとした場面を目撃したのもそこで、それは、通りで働く清掃人たちを見たときだった。窓はサウスベネット通りに面していた。この通りはワシントン通りとハリソン通りとを結ぶ短いブロックだったが、彼にとっては一つの巨大な世界だった。そこは玉石で舗装され、歩道には煉瓦が敷かれていた。

清掃作業が始まると、子供は窓べりに陣取って眺めた。まず作業の第一陣がやって来る。四人の男が赤くペンキ塗りした水撒き用の大きな罐を持って、一、二、一、二と拍子をとりながら進んで来た。もうそれだけで、子供はドキドキした。つづいて第二陣が来る。やはり四人の男達で、しなやかな小枝を束ねた大きな箒を持ち、やはり一、二、一、二と拍子をとって溝の中のごみや落葉を集める。それから締めくくりのクライマックスだ。大きな灰色葦毛のノルマンディ種の馬が重たそうな放下式の車を牽き、二人の従者をしたがえて登場する。一人が枯れ葉を掃き寄せて小山にすると、もう一人がシャベルですくってこの山を馬車に放りこむのだ。

この素晴しいページェントは、ワシントン通りのほうから現われ、ハリソン通りへと通りすぎて行くのだった。それが見えなくなってしまってからも、子供はまだ胸を高鳴らせていた。彼はどんな小さなことも見逃すまいとした。そして一部始終をしっかりと記憶にしまいこんだ。奇異なものへの驚きというより、それは、今にして思えば、統率された力という意識の芽生えであった。すべての動作にリズムがあふれていた。そして、このとき、新しい世界が、子供の眼前にひらかれようとしていた。

彼の母親は、よく自分の膝に子供をのせてあやしながら、その小さい手をとって気持ち良さそうに歌をうたってくれた。〝善い王様ダゴベール〟とか〝偉大な聖エロア〟とかいった幼児向けの英雄たちの歌だった。彼はそれらの歌にうたわれたことは本当にあったことだと信じた。母の膝のリズムが、物語がクライマックスへむかうにつれて調子を高めてゆくので、なおさら真実味が増すのだった。

こんなこともあった。ある夕方、母親は、子供を連れて他家を訪問しての帰り、疲れてむずかる子供を肩にのせてあやしていた。彼は泣きやんで空を見あげ、和毛《にこげ》のような雲の中を疾走する月を見つけた。彼はそれを母親に教えて喜ばせようとした。彼女も空を見上げ、そして彼に、あれは月が雲の中の道を走っているのではなく、雲が風に押されて月のおもてを横切っているのだ、といった。このビックリ仰天するような説明を、彼は自分の常識に対する正面切っての侮辱と受取り、文句をいった。が、母親は断固として説を曲げようとしなかった。彼はもう一度空を見上げた。この時、思いがけずも、彼の目は月をしっかりととらえたのだ。なんということだろう、月はじっと動かず。雲が動いていた。こんどは雲に目をこらした。すると、月は再び走りはじめた。何回も何回も確信できるまでこれを繰返したのち、もう彼の体重に疲れ切っていた母に、「ぼく、発見した！」と宣言した。「ぼくが、このぼくがこれを発見したんだ」と大満足であった。世界が広がった。むずかしいことが出てきた。最初正しいと思われたことが間違いであることもあると、この体験は教えていた。彼はこのことを「理解」した。母親はこれについていろいろと話してくれたが、じきに彼はねむくなり、眠りこんでしまった。空の雲と月とは、遠い下界にわずらわされることもなく動いていたが、へとへとに疲れた母親は、眠りこんだ息子を抱えて家へかつぎこむ破目になった。

窓ガラス越しに雪が降るのを見るのも好きだった。大きなぼたん雪が、わずかな風に巻かれて、あちこちに吹き溜りを作ったり、また引っこんだ割れ目や通りの向うの家の窓や、彼の家の窓に積り、木々をやさしくマントでおおい、隣家の屋根をも含めて、継ぎ目のない一つの起伏に包みこむのを眺めた。そしてあの静寂。すべてを包みこむ気持のいい静けさ。彼は、ちょっと見るだけでは満足できないのだった。長ながと、執念深く、あたりのすべてが黒っぽい色からゆっくりと真白に変化してゆくまでの一部始終をすっかり見届けなければ気がすまなかった。窓ガラスごしに、一人で静かにじっと見つめていると、彼には本当に、すべての物が白から黒に変って行くように思えるのだった。そして朝が来ると、せわしないガラガラいう音がはじまり、歩道の雪がシャベルですくわれ、通りに山と積みあげられた。こうして仕事の歌、行動の歌がまたもどって来るのだった。

この時分、ちょっと変ったことがあった。後年、母の口から何度も聞かされた話である。ある午後、彼女は甘い憂愁をたたえたノクターンを弾いていた。彼女はすっかり曲にとけこんでうっとりと忘我の境地で弾き続けていた。と、突然、彼女は深いため息を聞いたように思った。ピアノの手を止めてあたりを見まわしたが誰もいない。気のせいだろうと思いかけた時、ピアノの下からこんどはまちがいなくすすり泣きの声が聞こえた。子供が、泣いているのだった。思わず彼女は大事な我が子を胸に強く抱きしめた。あとは涙、涙、ただ涙。そして少々熱烈すぎると思われた抱擁。彼女は涙の水門を開け放ち、驚喜し、幸せに酔いしれた。子供のほうは、何が何やらわからなかった。いつの間にこの部屋へやって来たのか、なぜ隠れたのか、またなぜ圧倒されたような気持になったのか。ピアノを弾いていたのがほかの誰かだったら、彼はこんな気分になっただろうか。彼の中に、何か新しいものが生まれていたのだろうか。この三歳の子供はこのとき何かに目覚め、そして彼の心の裡に新しい力が生まれていたのだろうか。

フォーリーの入江

家族はアン岬で夏を過すことになり、フォーリーの入江という所にある、古い農家を借りることになった。農場はかなり広く、岩だらけの海岸に沿って広がっていた。吹きさらしの果樹園や、牧草地や田畑が続いていた。納屋と離れがあり、納屋の前には井戸があって、ピカピカ光る錫のバケツと、鎖と、滑車がついていた。あるじの農民は鼻にかかった声に特徴のある典型的なタイプのヤンキーで、色あせてしなびた妻と、一ダースかそこらのお互によく似た子供達がいた。牧草地にも井戸があって、これには柵がなかった。子供は牧草地へと歩いて行き、咲き乱れる花を摘み、青々と伸びた草にふれて、心ゆくまで広々とした野原を楽しんでいたが、花から花へと歩いているうち、当然のなりゆきとしてこの井戸に落っこちた。井戸はかなり深かった。悲鳴をあげながらも彼は自分の青いフランネルの服の裾が体のまわりで浮き上がっているのを感じていた。両親は遠くで釣りをしていた。あるじの農民が近くで仕事をしていて、その雇人の一人が飛んで来た。彼は井戸の玉石の壁を素早く伝い降り、素早く登って子供を助け出した。子供はそのままその男の手に抱えられて家へ運ばれ、女達に引き渡された。農民は仕事にもどり、子供達が急いで呼び集められた。女達は大急ぎで子供を裸にし、せっせとタオルでこすった。そして裸のまま大きな暖炉の前に立たせておいた。家の子供達は、みんなこの子供よりは年嵩だったが、物珍しそうに彼を眺め、指さしてクスクス笑った。これが、子供の、嘲笑というものを漠然とながら感じた最初の機会となった。周囲の空気に何か気に入らないものがまじっているようで不愉快だった。彼は横を向いた。また一つ、新しい世界が、彼の内深くで芽生えた。両親が戻って来たとき、もう一度騒動が繰り返された。おおげさな感謝、お礼、安心、驚き……おお、私の大事な坊や、私の大事な坊や、そしてもう一度、おお私の大事な……。

父親のほうはいくらか落着いていた。何はさておき、命の恩人の農民に会うことが先決と考えた。彼はその農民に会い、心からの感謝をこめて、お金を受けとってほしいと切り出したのだが、申し出はその場で一蹴された。いたいけな子供の命を救って金をもらうアメリカ人がいると思うのか。とんでもないことだというのだった。雲行きがあやしくなった。議論。説得。懇願。さいごに、父親にインスピレーションがひらめいた。お金ではなく、何か品物なら受け取ってもらえるだろうか。そうしなければどうしても気が収まらんというのなら、よろしい、噛みタバコを一包み頂こうということになった。ざっとこんなふうにして、一人の子供の値段が定められた。

探索の途すがら、彼はもう一つの井戸を発見した。それは納屋の前庭にあって、これには滑車と、鎖と、大きな光り輝くバケツがついていた。好奇心おうせいな彼はさっそく実験をはじめた。やっこらさとバケツを把手からはずし、水面にドブンと落とし、水をみたした。だが心配になって井戸わくから身を乗り出した。これからどうすればいいのかわからなかったのだ。バケツは揺れながら沈みはじめ、時折キラッと光りながら暗い深みに消えて行った。また一つ、新しい世界が子供の前に立ち現われた。井戸の底から、「お前は罪を犯したのだ」という声が立ち昇ってくるように思われた。責任の世界ともいうべき世界であった。

ここでは彼は長い時間を父と一緒に過ごした。二人の心は大いなる自然への愛を共有していた。彼にとってすべてはあるがままのものであった。花、草、樹木、牝牛や牡牛、日の光、雨、開かれた広い空、足下の固い土、男、女、子供、大洋、岩だらけの海岸……彼は見たままを受け取った。すべては彼のものだった。彼はよく、父が岩にすわって釣りをするのを、わきから眺めた。そして辛抱づよく腰をおろして潮風に吹かれながら、楽しげな波の音を聴いていた。大きなうねりが岩に力強く当ってくだけた。波は幾度も立ち上り、幾度も繰り返して岩に打ち当たった。波は彼の心を宥めた。それは力にあふれていた。その力は彼のものだった。海も、彼の海だった。釣りをしている父もまた彼の父だった。

ある日、一人で岩の上にすわっていると、父がボートを漕いで沖へ向かうのが見えた。彼はまだボートというものを知らず、なぜそれが進むのかわからなかった。急に父とボートが見えなくなった。彼は驚いて叫んだ。すると、再びそれは現われ、また消えた。波が高くうねり、風が吹き、父の乗ったボートは見えかくれするたびに小さくなっていった。かすかな点にまで小さくなると、こんどはだんだんに大きくなってきた。口もきけないほどに仰天し、興奮して、彼は上陸した父のところへすっ飛んで行った。父親は忍耐づよく説明し、子供は熱心に耳を傾けて、いくばくかの理解に達した。なんでも知っている父の言うことである以上、正しいことにちがいなかった。が、彼が了解したことは、誰がなんといおうと、海とはとてつもない怪物だということであった。そいつは父を呑みこもうとしたのだ。いつか祖母に彼が話して聞かせたような、あの巨人どものような怪物なのだ。もし、父があれほど大きく、また強くなかったら、いともたやすく呑みこまれてしまったことだろう。そう思いながら、彼は怖れと同時に誇りを感じていた。

こうして、彼はまた一つの世界——闘争と力の世界の一端を、大洋の水平線の彼方に、一つの予言として垣間見たのだった。

そうこうするうち、夏は終り、家族は街に帰った。

学齢に達すると彼は町の小学校へ上げられた。その最初の日に、彼は、学校で先生に教壇へ呼びつけられ、唱歌のリードをさせられた。その日、小学校は、彼にとって憂うつな牢獄にほかならなかった。この小学校で過ごした日々の記憶は、すべてただの灰色の空白である。思い出して楽しいことなど一つもない。想像力を刺激するものとてなく、しあわせでもなかった。読み書きを習い、きまった日課をこなす、それだけのことだった。家でも特筆するほどのことはなかった。知識はふえたが、しかしそのかわり大切なものを消耗してしまっていた。この小学校は、彼の素質を鈍磨させ、率直さに水をさし、想像力や感受性をダメにしてしまった。家族の影響力も、その完全な解毒剤とはなりえなかった。隣近所に住む人々もだんだん柄が悪くなってきていた。子供は農場へやられることになった。

Ⅱ　日ごと外を出歩く少年がいた——ホイットマン——

これまで子供の家族の家系をさかのぼり、また子供の過去をふり返って、彼が外界にふれ、それをどのような個性的な刺激として受けとめてきたかを眺めてきた。さて、ここらでもう一度、サウスリーディングへの列車に乗るとしよう。

停車場に降り立つと、道をたずね、左手の舗装のない道をとることになる。ほとんど樹木のない平坦な土地が、少し離れた丘陵にむかって広がっている。丘を登る途中で、右手に一軒の家があるのに気がつくだろう。ここはホイットモアという男が住んでいたところだ。彼は片足がなかったが、残ったほうの足のことも然るべく考慮して、しっかりした量産のきく新型の松葉杖を考案した。こんにちなお標準的な松葉杖として使用されているものである。その仕事場は、家から少し離れてうしろのほうにあり、ちょうどそこから丘を覆っている松林がはじまっている。道はここから右にカーヴし、松がうっそうと繁る丘の斜面を横切って右に上って行く。左手は広々とした谷で、林や牧草地が点在している。道はそこからまっすぐになり、勾配もゆるやかになって、いわば荒野から抜け出した感じになる。左手に果樹園が見えてくる。右の丘の頂きは牧草がなだらかに覆っている。まっすぐ前方に、この道とは直角をなして走る道があり、今まで歩いて来た道はここで終る。前方の道はサウスリーディングとストンハムを結ぶ本街道である。ほんのちょっとの間、道は平坦になる。交差点の左角のところに、いくぶんモダンな感じの家がある。下見板が張ってあり、白くペンキが塗られ、鎧戸は緑色で、ストンハム街道に面した前庭には堂々とした二本の楡の木がある。トンプソン一家の家だ。

いまこの旅をしている旅人は、交差点へとさしかかり、周囲の状況を心に刻みつける。そこへ、左手のサウスリーディングへと通じる道のほうからやって来る、中年かもうちょっと上くらいの二人連れをついそこに見出す。彼らが連れているのはまるまるとふとった子供だ。子供はあらんかぎりの声で泣き叫び、わめき散らしている。学校はいやだ、学校へなんか行くもんかと駄々をこねている所だ。旅人は隠れみのを着ているから彼らの眼からは見えない。彼は、時を溯り歳月を旅して来たまぼろしなのだから。子供はたいへん奇妙ななりをしている。ばかでかい麦わら帽子をかぶっている。つばが上に反りかえり、リボンが結んである。その下に、上向きの、まっかにふくれてひん曲った顔がある。眼は怒りをたたえて狂暴に輝き、涙があとからあとから流れ出ている。口は原形をとどめぬまでにひき歪み、ふた目と見られぬほどだ。この荒れ狂う小悪魔は白い上衣を着て、大きな蝶ネクタイを結んでいる。その下に白の長ズボンをはいているのだが、そのズボンはくるぶしのところがしぼってあって、ひだというかちょっとした裾飾りがついている。このズボンこそ、彼の怒りと登校拒否の原因だった。子供のいうところによれば、このズボンのせいで近所の子供達にのべつバカにされてばかりいるのだ。連中は彼をぐるっと取り巻いて踊りまわるのだ。小馬鹿にして笑い、指さしてさげすみ、大騒ぎをやらかす。もう、たくさんだ！　学校中を相手に苦しめというのか？「行くもんか！　絶対に行くもんか！」彼はどなり、絶叫している。もうヒステリー寸前である。冷かされるくらいなら死んだほうがましといわんばかりだ。おとな二人は相談し、引き返すことにした。二人は子供を間にはさんで、やって来た道を、ストンハム街道沿いのトンプソン家の百ヤードほど向うにある家のほうへと帰って行った。

つぎの日、子供はありきたりの服装で現われた。彼の名前はルイス――祖母の発音によればルイ――といった。この日は、彼にとっては素晴しい日だったが、おばあちゃんにとっては悲しい日であった。ズボンはしまっておくことができるが、子供は去ってしまう。じきに甘い思い出だけの存在になってしまうのだ。まもなく子供は、クシャクシャの頭をし、そばかすをいっぱいくっつけ、ミソっ歯の、ジーンパンツをはいた我儘の腕白小僧に変身してしまうだろう。彼はさらに大きくなり続け、しだいに強く、しだいに荒っぽくなり、少しずつ彼女から離れて行く……男らしく、より我儘になって……。

しかし、彼女のこの懸念はかならずしも当ってはいなかった。子供は祖母を、彼女の死まで愛し続けた。子供は、独立心が強く、激情と好奇心と敏感さとがないまぜになった性格であった。胸の内にさまざまな潮流が流れ、まざり合っていた。またさまざまな情熱が芽生え、形をなしはじめていた。野望も胚胎していた。外界のすべてを、鮮明に見ることのできる眼をもっていた。

この日、春は終りに近く、鳥たちは毛虫を腹いっぱいつめこみ、おしゃべりに余念がなかった。トンプソン家の楡の、東側の一本のてっぺんには、毎年やって来る金色のムクドリの、袋の形をした巣があった。一方、近くの牧草地のほうからは、一人ぼっちのコメクイドリがこの鳥独特の喜々とした飛び方を見せながら囀っているのが聞こえていた。その日は美しい日で、光はみちあふれ、すべてを包んでいた。長い思索(といってよいだろう)ののち、子供は宣言した。好奇心のほうが勝利を占めたのだ。学校を見てみよう、知らない子たちに会ってみようと。いまや彼は、一人前の少年になりたいと考えていた。かくして、この気持のいい朝、おばあちゃんに手をつながれて――日ごろ彼女はそれを義務と心得ていたので――終りなき学びの道へと歩み入った次第であった。

二人は、村の北端へまっすぐ通じている埃っぽい道を、東に向かって歩いて行った。ゆるやかな上り坂をのんびりと登り、てっぺんまで行きつくと、その右手は石壁になっており、そのむこうに一本のすばらしく大きなセイヨウトネリコの樹が立っていた。それはまったく驚くべき樹であった。子供は、シマリスとか花々とか小石などに気を取られていたので、ごく近くに来るまでそれに気がつかなかった。まったくだしぬけに、彼はその木に対面した。巨大な幹、ほとんど下草を掃くほどに垂れ下がった枝のひろがり、高々とそびえる濃密な緑の円蓋――それは見る者を圧倒せずにはおかない壮大さであった。道を隔てた反対側には農家が一軒あり、樹のうしろは開けた牧草地になっていた。道の見晴しのよい所から下を眺めると、すばらしい景色が広がっていた。祖母はずんずん先へ行こうとしたが、彼はその場に、何物かに震撼させられて釘づけになっていた。遠雷のような、異様な、はるかに遠い嵐のようなものが、彼の裡に起ろうとしていた。これまでたしかに多くの樹々を見てきた。けれどこの樹は、この樹ばかりは……。不思議な戦慄を感じ、彼は泣きたくなったが、そのときやんわりとしたお小言と一緒に、手を引っ張られた。

ここからあとは、おもしろ味のない、籔ばかり目につく道であった。丘を、左へ行ったりまたもどったりして半分ばかり下ったところに、空想していた赤い屋根の小さな校舎とはちがう、大きくて白い学校の建物が見えた。下見板張り、緑色のよろい戸、切妻屋根、鐘、ポンプ付きの井戸、足で踏み固めたグラウンド、そういったものが目に入っ

2

た。型どおりに先生に対面させられたが、残念なことに、彼女の顔も姿も、いまはもう忘却の河の彼方だ。翌朝から学校へ通うことになった。途中で、あの不思議な惹きつけるような魅力をもった樹の下を通ることができる、と彼は思った。落着いた気分であの樹と親しく挨拶を交わすことができるのだ。来る日も来る日も、彼はその樹の前を通った。そして、いつか、その樹を彼は自分のものとして、自分の偉大な友人として感じ取るようになっていった。

彼はこの取得のない丘のほとりの学校で過ごすことになった。男女共学の学校だったから、女の子達とも知り合いになった。休み時間に子供達がすることといったら、善良な人々を憤慨させるようなことばかりだった。とはいえ、わるさをしたことのある人なら、自らをふりかえって、この悪童どもの気まぐれにもなにがしの理由があることを知っておられるだろうし、大目に見ることもできるだろう。かりに許せぬにしても、それらがごく自然なこと、あるいは、好奇心と競争心の副産物であることには、少なくとも、同意されるだろう。

彼は、争うには幼なすぎた。仲間の掟と慣例にしたがえば、彼は撲り合いによってその占めるべき地位を確保しなければならなかったのだが、ひとまずこれは延期された。

教室は大きくて飾り気がなかった。二本の木の柱が屋根を支えていた。先生は入り口の反対側にある、一段高い教壇に坐り、子供達はうしろの壁に直角に机を並べて坐った(年級ごとの列になっていた)。みんなの前には、先生の前で暗唱するための場所があけてあった。正面の壁には黒板やなにかがかかっていた。一つの部屋に五つの学級がはいっていた。先生は自分の机を前にして坐り、手に物差を持っていて、それでコツンとやったり注意を促したりした。子供達は、声に出したりモグモグやったりしながら勉強した。教室は絶えずガヤガヤと騒々しく、一人一人の声など聞き分けようもなかった。すべて自由で気楽で、罰せられることは稀であった。だが、ある行事があった。暗唱の時間である。その時間になると、生徒は一クラスごとに壁のところに一列になってごちゃごちゃと並んだ。質問され、また答えるのはその日の学課についてであった。先生の質問はきわめて明確である。生徒の答も明解でキチンとしていなくてはならないのだが——先生は優しく、忍耐強かった——時としてなかなかに知的な答もなくはないものの、多くは煮えきらぬ、内気な、平凡なものであるか、さもなければ絶望的にバカげているかであった。生徒は一本調子に先頭から後へ、後から先頭へと返事してゆくのだが、その間ずっとガヤガヤと騒がしく、ひそひそ話やキイキイいう声や野太い声が混り、あっちの隅ではなにかゴシゴシするような音がするという按配である。つまり、そんなふうにして、彼らは彼らなりに初級読本や地理や算術に熱中しているのであった。そんなわけで、先生はしょっちゅう声を張りあげて拷問台の上のクラスに質問しなければならず、子供達もこれまた精一杯の声で返事しなければならないのだった。これらのいろいろな声は、まざり合うというか溶けあうというか、ともかく一つの単調な音響と化していたのだが、それはこれら幼い者達の学ぼうとする心——彼らはその経験から、知識に到達するための最も手っ取り早いやり方と思われたことをやっていたわけで——そのものから発せられた声、その濃密な協和音であるようにも思われた。彼らはみんなはだしで、気ままな恰好をしていた。あきらかに彼らは服装なんぞに無頓着であった。ひとつだけ、はっきりといえることがあった。この学校は、人民の、人民のための、人民による学校であった。

少年は最下級組というか最低学年というか、ともかくそのクラスに席を置くことになった。彼はこの新しい環境を楽しんでいた。家にいるのとはかくまで違う新しい世界へ踏みこんで来たことを、かなり重大なことに感じ取っていたようだ。ごく少しずつ、自分がその新しい世界に属しているのだということを意識するようにはなっていったが、見かけはともかく、学校生活というものとしっくり行くということはついになかった。課業の進行にうまくついて行けなかった。じきに勉強がきらいになった。彼は教科書などは放ったらかしにして、自分の周囲の世界に眼と耳を向けていた。

したがって、彼はいつもクラスのビリだった。だが、ある日のこと、思いがけない楽しみを発見した。むろん教科書にではない。それは、前に言った例の行事、口頭試験と暗唱であった。これをやるのは彼の上級のクラスの連中なのだが、彼らは少年の前にまっすぐ一列に立って、型どおりの拷問を受けるのが、この教室の決まりであった。

少年は彼らの不揃いな図体や、ばらばらの容姿をしさいに眺めた。そして先頭から順ぐりに、彼らを待ち受ける運《さだ》命《め》を見守った。それを自分に置き換えてみた。また、この時、女の子は最も可愛らしく見え、男の子はまったくバカに見えると思った。彼は全員の名前を覚えた。彼らが知識と取組みあるいはそれから逃げだそうとするそのなりゆきに強い興味を覚えた。それはドラマであり、俳優の演技だった。彼らの返事、先生の言うこと、どの答が正しくどれが間違いか、などを彼は興味ぶかく心に留めた。幾度となく繰り返し見聴きしているうちに、彼はその上級生たちが苦闘している問題を理解するまでになった。だが、彼自身の課業のほうは――きわめて残念なことに――すっかりお留守になっていた。あまりにも上級生たちに心を奪われ、詮索に夢中になってしまっていたのである。四人の男が三日間に何パーチ(2)とかの長さの石壁を築き、別の二人の男が六日の間にある長さの石壁を築く、とはいったい何のことか？ そもそも何のために築くのか？ 壁はどこに築かれるべきかが問われるべきではないのか？ 誰のために築かれるのか？ その者の名前は何というのか？ 壁を築いていた者達の名は、何というのか（だって、それは本当の壁なんだろう）？ 彼らはアイルランド人かスコットランド人か？ 壁を作る石材を彼らはどこから手に入れたのか？ 校舎の向い側の荒れた石切場からか？ 丸石は野原から拾って来るのか？ この四人と二人の男達の問題は、どこかおかしい。情報は余りにも少な過ぎ、納得のゆかない事柄が多過ぎる。壁そのものがないではないか。見えない壁なんかに何の意味があるのか？……ざっとこんなふうに、問題の肝心な点はそっちのけで、もっぱら具体的で実際的で人間くさい事柄に関心を集中していたのである。

ある夕方、みんなが家にいる時、おじいちゃん宛に一通の手紙が届いた。彼は封を切り、手紙を声を出して読んだ。手紙は先生からのもので、深い遺憾の意と懸念が述べられてあった。いわく、貴殿のお孫さんは成績が振わない。不注意で、不勉強で、いつもクラスのビリである。だが、なかなか良いお子さんである。リスト殿、いかがなものでしょうか、ルイスが心を改めるよう感化していただけませんか。貴殿の暖かい言葉で教育の必要を説き、道徳的な影響力を行使していただきたい。自分としては可能なかぎり説諭し、力を傾注してみたのだが、云々……。

読み終ると、おじいちゃんは手紙を床に落とし、とてつもない笑い声をあげた。湯わかしの蓋までガタガタいい出しそうな勢いだった、揺り椅子を前後に揺すりながら膝を叩いた。感情の爆発はひとしきり続いておさまり、ひきつったようなくすくす笑いで終った。そして、皮肉たっぷりの調子で、光っとれば星もガラス玉も同じに見えるとは立派な眼ッ玉だよ、と深い軽蔑をこめていった。わしの孫をつかまえてのろまだといいおる。彼は孫をからかっていたのだが、しかし彼がこれまで孫を長いこと見守って来たのも事実であった。

おばあちゃんのほうは、より慎重で、事態を重大に考えていた。彼女は、恥らいと怖れを含んで膝のところに立っている孫に、六回、いたわりのキスを与えた。彼は彼女の首に腕をまわし頬ずりした。孫を叱るなどとんでもないことだわ、と彼女は考えた。その代りとして、彼女は静かに教育を受けることの必要を説いて聞かせた。授業はまじめに聴かなくてはならない、とりわけお前はわが家の誇りなのだからと。もっとよくできるでしょう、お前、やる気はあるのでしょう。僕、やれる、やるよ、と彼は答え、事なきを得た。

翌日から、彼は学校で元気よくやりはじめた。翌日も、その翌日も、わき目もふらず勉強した。上級生の勉強に関心をもっていたお蔭で、クラスの一番になることは、いたって容易であった。

だが長続きはせず、じきに厭きてもとにもどってしまうのだった。そういうことはしょっちゅうあったが、それはほんのちょっとした道草、たとえば窓の近くの木の繁みでチョコマカしているリスとか、美しい空をおかしな具合に形を変えながら流れてゆく白い雲だとかいったもののせいであった。この不出来な連中の中のトップになるということが結局何だというのだ、と彼は傲慢になりはじめていた。おばあちゃんのためにだけ、彼はなんとか努力を続けていたが、実のところはかなりくたびれていた。

夏の終りが近づいた。九月三日がやってきた。誕生日のケーキには六本のろうそくが並んだ。彼は有頂天だった。やっと六歳になったのだ。

一八六二年から三年にかけての冬も、いつもの冬と同じだった。ウインター・スポーツの冬であり、つらい辛抱の冬であった。彼は、身長と体重に見合ったすべてのスポーツに夢中になった。つらい辛抱のほうは、彼には無縁だった。橇に乗ってジュリアス叔父に、雪の上を引っ張ってもらうのは、素晴らしい体験だった。またこの叔父は、よく砥いだスケートをはいて、黒ずんだ薄い氷の上を、小型の橇で引っ張ってくれることもあった。身震いするような氷の下の暗がりを見下す時や、叔父さんのすべる速度が少し速すぎると思う時に、悲鳴をあげないでいるのは勇気のいることだった。叔父は彼より十五歳かそこら年長であるにすぎなかったが、彼にとっては立派なおとなであった。おとなにできないことがあるはずはない。だから陽気なスケーターの群にまじってあちこちとすべってまわるときも、信じているしかなかった。全き信頼とはゆかぬにしても、信じていた。池の端まですべって行って、またそこから引き返し、ちょうど男達が仕事をはじめていた貯氷庫をぐるっとまわる。氷が、池の端から端まで割れることがあって、そのドーンという雷のような音響と割れ目に肝をひやしたこともあった。気温が零度のときには、その音を、このひとめぐりのときしばしば耳にした。貯氷庫では、男達は、氷を切り出す仕事に従事していた。その男達を見守るのも楽しみだった。彼らは大きな手鋸を使って、氷を四角なブロックに切り取るのだが、見慣れない鋸を馬に引かせることもあった。切り出した氷は、棒を持った男達が押したり引いたりしてきれいな水をくぐらせ走路の端まで持って行く。それから馬が走路を牽いて行くのだが、馬には滑車を通したロープがつけられていて、ぐるっとまわって再び氷のところへ戻って行く仕掛だった。氷はとても厚く、きれいにすきとおっていた。

そして、素晴しい吹雪もやって来た。吹雪は木々を飾り立て、吹き溜りを作った。彼はその中に埋まって大騒ぎするのが大好きだった。しょっちゅう顔から雪の中に転がりこんでばかりいた。思えば何とよく雪とたわむれたことか。雲が低く垂れ下がっていようとも、彼には常に美しい銀世界であった。おばあちゃんが心をこめて編んでくれた暖かいミトンと、フードとストッキングですっかり身をかためた彼に、怖いもののあろうはずはなかった。

それからあの橇。いつもより立派に見える馬に牽かせて、首の鈴をシャンシャンと響かせながら走るあの気分！野牛のひざ掛にすっぽりくるまって郵便局や雑貨店へと出かけたものだった。ほかの橇にも何台も出会った。誰もが野牛皮のコートを着ていた。それは彼にとってははじめての、美しい戸外の冬であった。

母親は、何度も、愛撫しにやって来た。彼には、なぜ母がそうしょっちゅうやって来るのか、合点がゆかなかった。なにしろ彼は、あまりにも沢山のことに心を奪われていたのである。だが、母がやって来れば大歓迎したし、彼女が去る時は愁嘆場を演じるのだった。

彼の名前はルイスだったが、他の名前もあった——それもなかなか興味ある名前であった。彼は、洗礼あるいは浸礼による名前を持っていなかった。このことでは親族会議が催された。父は名ばかりのフリーメーソン(3)であったが、カトリック教徒なのかオレンジ党員(4)なのか、それともほかの何かなのかはっきりせず、そうしたことにまともな興味を示さない人であり、この問題に関しても同様だった。祖父も、侮蔑的な冷笑でその見解を表明するのが常であった。祖母はメノ派教徒(5)で、洗礼には反対であった。そのうえ母は、興奮してまくし立てた。何ですって！　この無垢な、大事な息子が罪を背負って生まれただの、だから名付け親が必要だなどという連中はぜったい許せないわ、とんでもないことだわ！　この一喝で問題は片付いた。みんなは彼を、ルイス・ヘンリー・サリヴァンと名付けた。そしてこの名前がナポレオン三世の栄誉にあやかったものではないことが宣言された。ヘンリーの名はあきらかに祖父を崇拝してつけられたものだった。サリヴァンはやむを得なかった。だがこの名は、その持主以外のみんなから軽んじられていた。アイルランド人はひどくきらわれていたのだ、彼らのボストンへのおだやかな浸透は、一部の党派をおびえさせていたのである。彼の妻さえ味方にならなかった位だから、パトリックには立つ瀬がなかった。時どき彼女はその名をフランス語読みして使っていたが、これで結構うまく隠しおおせていた。ついで彼女はある霊感というか、光明のひらめきを得て、テュリヴという語を発明した。それが意味するものが何であれ、本名に替わる名前として一般に通用し、彼女は幸いにも一生を通じて本名から逃れとおした。もっとあとになって、そう、十二歳くらいのころと思うが、息子は父にこのサリヴァンという名前についてたずねたことがあった。それは、ちょうどアイルランド人の囃し歌が流行った時分のことと思う。すると、父は、彼にこんな物語をして聞かせるのだった。昔、アイルランドの素敵な戦闘の時代に、オサリヴァン一族には四つの部族があった。オサリヴァン・ムアの一族、オサリヴァン

・マックの一族、そして他の二つの部族である。四つの部族はアイルランドの西海岸を略奪し、そこに定着したあるスペインの略奪者の末裔であった。彼の名前はオスリヴォヤンといったが、これは片眼の帝王という意味である。さて、この海賊の親分の栄光は偉大なものであったろうが、その子孫、オスリヴォヤンの末裔にしてオサリヴァン・ムアの一族たるルイス・ヘンリー・サリヴァンは、この海の男にはっきり優るものをもっているのだよ。この帝王はなるほど多くのものを見ただろうが、それは片眼でだった。それにひきかえ、お前は二つの眼で、略奪の欲望なしに見ることができるのだからな、と。

それらはすべては、この、日ごと出歩く少年の一部となっていった。彼はいまも歩き続け、またこれからも毎日、歩き続けるだろう。

そしてそれらは、いまそれを読む彼の、また彼女のものとなるのだ。——ホイットマン

Ⅲ　そして春

冬の美しさは雪解けが始まるとともに色あせて、あらわな地面がところどころに現われはじめた。だが溝にはまだ吹き溜りの名残りの深い雪も残っていた。日ごとにその景色は見る影もないものとなり、いたる所泥とぬかるみであった。だが、少年ががっかりしたわけではなかった。彼は、どんな天候でも満足していた。いや、というより、どんな天候にも自分をうまく合わせることができた。生まれつき彼が融通のきくたちでもあったのだが、このことは彼が健康であるということでもあった。

春は、冬の足跡を追いかけては消していった。そういうことを、彼は知らなかった。彼が早速興味をもったのは、溝の吹き溜りの低いほうの端から流れ出している小川だった。彼はこれらの小川がどこから流れ始めているのかを知りたくなった。そこで、雪をシャベルですくい、下のもろくなった氷をこわして、その消息の知れそうなあたりまで掘り返してみた。ついですぐさま別の吹き溜りへ行って、最初と同じ結果が見られるかどうかを調べるために働いた。この作業は彼をまったく夢中にさせた。新しい、とてつもなくおもしろい事件であった。それからまた、野原の水につかった刈り株を踏んづけて歩いたり、ぬかるみの道をこねくりまわしたりした。どこが一番ぐちゃぐちゃしているか、またどこが最も泥が深く、べたべたしているかを、熱心に実地踏査して歩いたわけだ。雨が降り続いた。雪がとけてしまった。大地、野原、木々すべてがあらわになった。少年は、この経過を納得した。

都会で暮らしてきた彼は、知らなかった。こんなことがあろうとは思ってみもしなかった。こんなつまらない裸の大地に——今ではその中に隠されていたのだとわかっているが——恍惚とさせられるような美が立ち現われてくるということが。雨ははげしくなり、時折太陽が輝いた。風がやわらかいそよ風に変わった。それからすべてを静穏と平和と、愛撫し勇気づけるような大気が包んだ。こうして春がやって来た。草は、現われるとしだいにその繊細な緑の勢力をひろげて行った。少年は、最初のネコヤナギを、庭の最初のクロッカスを見つけた。木や灌木の上に靄のようにかかる繊細な金線細工を、また彼が好きだった森の湿った秋の落葉の中からのぞく小さな野生植物の芽を、深く心に刻んだ。すべてのものが動いていた。金線細工はしだいに濃密に、色彩ゆたかになっていた。草は見る見る生長し、小さな野生の植物も丈を伸ばした。庭も、ほかの所と同じように活動しはじめていた。桃や、桜や李《すもも》が、爆発するような勢いで花開き、それは恍惚と歓呼と、生きる歓びとを呼びおこした。すべてがパレードのように、お祭のように動いていた。太陽は暖かくなり、輝きを増した。すべてのものの上に光がみちあふれた。蜜蜂が唸り、花々にもぐりこみ、何かを騒々しく探しまわっては飛び去った。マルハナバチの低い唸り、さまざまな虫の鳴き声、まっ黒に群をなして飛んでゆくカラスの鳴き声、ありとあらゆる鳥の歌が聞かれた。蜂も虫も花々や木々も、すべてがごたまぜのようでありながら、そこには大いなる調和があった。すべてが動いていた。巨大な力で動いていた。彼はすべての中心にあって、この騒がしくも甘美な喜びを限りなく味わった。それはもう耐えられないほどであった。そして突然、リンゴの果樹園が歌うように開花した。あれは何の力によるものだったのだろう？　騒々しさの中で沈黙しているあの力。それはおだやかで甘く、愛撫する力であり、同時に呼び覚まし、駆り立てる力であった。彼を魅了して九天の高みにまで舞い上がらせたこの世界、新しい、春の戸外の驚くべき世界は、しだいに、この日ごと出歩く少年の一部と化して行き、生涯彼の心の内に生き続けることとなったのであつた。

満開の果樹園の眺めのなんとすばらしかったことだろう。あの山なす花。見る者を魅了するあの輝きと広がり。今や少年は度を越えた緊張に達していた。彼の心臓は、彼が走りまわり、喝采し、歓声をあげるのにやっとのことで持ちこたえていた。息せき切って家へ走り帰っては、「おばあちゃん、おいでよ！　きてみてごらん、きてみて！」というのを、何度繰り返したことだろう。彼はこの喜びを万人と分ち合いたいと願った。この不思議な園は彼のものだった。野原も、森も、鳥達も彼のものだった。空も、太陽も、雲も、彼のものだった。彼の友達だった。この世界に、彼は全身を投げ出した。この愛と喜びに満ちた世界のはるか彼方で、幾百幾千もの人々が、互いに殺戮しあっていることなど知る由もなかった。遊びでは「ドヌルソン砦[(6)]奪取！　ドヌルソン砦奪取！」と、家のまわりを叫んで走ったり、木ッ端や小麦粉の樽の栓を砲艦に見立てたり、苦労してメリマック[(7)]をこしらえては、たらいに水を張って、その船を走らせたりすることもあった。南部と北部とのあいだの戦争のことを聞かされたこともあった。〃反乱軍〃

と〝北部軍〟について話されるのも聞いた。だが、何のことかよくわからなかった。何もかも丘の彼方の出来事だった。彼は戦争について何も知らなかった。そして、戦争について何も知らないという点では、今もってそうである。

春はゆっくりと過ぎて行き、事物は確実に動いていた。花が散ると、その場所に小さなまるい物がついた。木々はすっかり葉の繁みに覆われ、枝はゆらゆらと揺れ、葉っぱはそよ風にヒラヒラとひるがえった。畑は耕され、馬鍬がかけられ、種が蒔かれた。少年は、農場のなかに、自分の好きにしていい小さな地面をもらった。彼はおもちゃの農具でそこを耕し、花の種を蒔いた。キンレンカの芽がいつまでたっても地上に出てこないのに業を煮やした。指でほじくってみると、驚いたことにそれは本当に根を生やしていた。彼はそれを再び地中にもどした。だが、悲しいことに、これでキンレンカは死んでしまった。とはいえ、はじめての試みとしては、まずまずの出来であった。

少しずつ彼は学んでいた。今や彼はソバカスだらけの、歯ッ欠けの少年となっていた。彼の重たい黒い髪は、ブラシとは無縁であった。手は泥だらけで、服は汚れきっていた。帽子はかぶらず、はだしで、半ズボンを膝のところまでまくり上げていた。動作は粗野で、さながら地べたから生まれた子供のようであった。通りすがりの人々には、しぶとく、頑丈な、野放しにされた小悪党のようにも見えたことだろう。だが、もっと鋭い観察者なら、二つの眼が澄んで輝くのに目を止めたかも知れない。彼は、すべてをあるがままに見た。彼にはまだ事物の表面に隠されたものを見ることはできなかった。彼のはなはだしく情緒的な心の反応——本人はまだ気づいてはいなかったが——束の間の〝恍惚〟、夢の中で夢見るような思いは、彼を混乱させた。それらが何であるのか、しばしば彼をとりこにするこのものが何なのかを知りたかった。が、できなかった。彼には分らなかった。今に到るも同様である。そうやって彼を混乱におとしいれたものは、彼の思考より遙かな深部に横たわるものであり、彼の内部でそれ自体生きている不可解な存在であった。だが、はた目からは、彼はむしろ動くことの好きな、実際的な子供であると見られていた。彼の家族は、〝青っ白いのがいない家族〟という評判だった。

少年の父は、ある種のばくぜんとした観念をいだいていたが、それは言葉にはなりにくい性質のものであったよう

3

だ。美術、絵画にはひどく熱心で、同時代の画家の作品と名前に精通していたし、風景画や静物画のかなりすぐれた鑑賞家であった。彼はまた、いいオーケストラを賞翫した。あるものを求めて、教会から教会へと渡りあるいたが、彼がさがし求めたのは牧師や伝道者ではなくて、思想家、講演家であった。ついに彼は、自分が求めていたものを、セオドア・パーカー[8]に見出した。その講演会には一人でいつも出席していた。このことをもって、彼がユニテリアン[9]の信仰に傾いたと推論されるかもしれないが、それは違う。彼は雄弁術に傾倒していたのだ。ついでにユニテリアン派の信者になったとしても、まあいたしかたないところであったが、そういうことにはついぞならなかった。彼は、パーカーを高く賞讃しただけであった。

母は、ある固定観念をもっていた。存在とは膨張する生成、生命に続く生命の一連の絶え間ないつながりであり、実体のない完全な至福の状態に到達するまで、螺旋を描いて限りなく上昇を続けてゆくというのである。この軽やかな信念は、彼女の心の美しさと純粋さをよくあらわしていた。また彼女は、ルナンの『イエス伝』の熱心な読者でもあった。

祖父はといえば、宗教を〝人間の興味ふかい弱点であり、また普遍的な愚かさの動かしがたい証拠である〟としか見ていなかった。祖母ひとりが信心していた。静かに神を、キリストの憐れみを、またキリストがもたらした大いなる愛――見捨てられた者へも惜し気なく与えられる愛――を信じていた。その愛が偉大で、柔和で、慈悲ぶかいのは、キリストが万人を救うべく苦悩のなかに地上の生を投げ出し、無上の犠牲となったからである。その地上の生が終ったとき、神の愛は時を通じてあまねく啓示されたのだ。そして、神として、天上の高御座にまします栄光の父なる神に加わるべく昇天されたのだ――、こういったことを、祖母は固く信じていた。この信仰は彼女の精神生活をとりまく大気のようなものであり、日々の営為の源泉であった。教義、教理を信奉していた。ヘブライ語の聖書を、至聖なもの、真実神の啓示を受けたものと考えていた。彼女は改宗を考えたことはなかった。自分の教義を保つことに満足しており、それを妨げられることもなく、また他人のそれを妨げもしなかった。おそらくこれが、ルイスが彼女を愛した理由であったろう。信教や教義や信条とは関係なく、彼は祖母を愛した。彼は、彼女が誠実であるがゆえに愛したのであり、彼の敬慕する眼には、彼女が美しかったから愛したのだ。

その祖母はまた、一方で、彼女と、夫と、息子そして孫からなる家族の責任ある長であった。几帳面で、規律正しく、本当の意味の倹約ということを知っていた。あらゆる品目をすばやく帳簿につけ、毎月収支決算をした。数字に明るく、慎重であってしかも寛大であった。彼女の主要な仕事は、ボストンと呼ばれるこのおかしな市《まち》の名門と呼ばれる人々やその子弟たちにフランス語の個人レッスンをすることだった。暇な時間は、ひたすら編物に費した。手袋、ミトン、襟巻、短靴下、長靴下、ショールなどを彼女は編んだ。絹でも毛でも木綿でも編んだ。木や鉄の編棒を、通常は二本、ときには三本使って編んだ。また、しばしば夜の静かな時間を、聖書を読んで過ごした。床に就くのは、いつもきまって午前一時だった。寝室にコーヒーを用意しておき、きっちり十時に起床した。祖父の時間は、これとあべこべであった。夕方、八時かそこらになると彼は軸の長い陶製のパイプを置き、欠伸をし、短くチュッチュッと舌を鳴らすと、居心地のいい椅子から体を引きずり出すようにして立ち上り、みんなにおやすみのキスをして退くのだった。ルイスはすぐあとについて階段のてっぺんにある開け放しのドアのところに行った。部屋の中を覗くと、いつも祖父がベッドに体を長々と伸ばし、読書用ランプをつけて天文学の本を読んでいるのが見えた。子供は、そこへはいって行くことは遠慮した。祖父が、多くの物事を冷笑していたが、太陽系を笑いものにしたことはないのを十分承知していた。天文学と、そして星々で充ちた空、そこでは彼はまじめであった。それは、彼の大いなる情熱であった。そのほかはすべてくだらないことなのだ。その広大さを彼は畏れ、その輝きは彼に霊感を与えた。彼は惑星の軌道を熟知していた。月について、巨大な焔のかたまりである太陽について、そしてまた地球の螺旋を描く軌道について、はてしもなく知識を積んでいた。

プレアデス星団、ヒヤデス星団、オリオン星座、おおいぬ座などの星の群が地平線上にすっかり姿を現わし、連合して堂々と運行する偉観が見られるようになるのは秋だった。その季節になると祖父は、夜もまだ早いうちから出かけて、星座のこの見事な飾りつけを崇め、それに憧れ、天の輝きに我を忘れて星々と共に夜を明かすのだった。このときほんとうの人間を、彼は取り返すのだ。それ以外の時の彼は抜け殻なのだ。夜の静寂のなかで、最も静かな時間のさなかで、星々とどんな霊的な交渉を彼がもったかは何人も知り得ぬところである。折あるごとに、彼は自分の知識を少しずつ孫に分け与えようと努力した。けれども、孫の年齢がそれにはまだ幼なすぎることもよくわかっていた。それでも少年は、いくつかの星座を見分けてその名をいえるようになったし、またいくつかの大きな恒星や惑星も覚えた。ある夕べ、二人は一緒に庭の小径を歩いた。三日月が、西の空の木のてっぺんのところで微笑んでいた。二人とも黙っていたが、突然祖父がいった。

「ルイス、お前は月の半影を見たことがあったかな」

半影の意味をたずね、その答を聞いて、少年はそれが三日月に隣接する月の残りの部分であることを理解した。で彼はいった。

「うん、おじいちゃん。見たよ」

「それはどんなものだ」

「それはね、ふちのところは曲ってて、あとは平らなんだ。うす青いろで、霧みたい。とってもきれいだよ」

「ああ」

祖父は大きな声でいった。

「お前の若い眼がうらやましいよ。わたしはそいつを見たことがないんだ。オペラグラスでものぞいてみたがだめだった。さぞ素晴しい眺めだろうな――それが、わたしには見えない。いいかな、お前。お前にはまだ分らんだろうが、そのよく見える眼がお前に素敵な宝物を持ってきてくれるのだ。お前は、わたしがもう見ることのない物を見るのだ。大きくなったら、いまわたしがいったことの意味がわかるよ」

少年はハッとした。彼は祖父が近視であることを知らなかったのである。そういえばたしかに彼がベッドで読書するとき、本を非常に眼に近づけていたことを思い出した。また、眼鏡をかけた人間が多勢いることや、祖母も夕方になると眼鏡をかけることを思い出した。だが祖父は、けっして眼鏡をかけなかった。それならなぜ祖父には月の半影が見えないのだろう？　不思議だった。まったくわけがわからなかった。しかし、祖父にとっては、不思議などというものではなかった。悲しみであった。どれほどの熱意をもってしても、思うようにならない眼のお蔭で、月の半影を見ることができず、これからもけっして見ることはないということは、彼の不幸であった。

一方祖母はといえば、こちらは想像力のあるほうではなかった。そのかわりに、行儀作法やしつけ、社交術のあれこれ、そしてしきたりにうるさい連中がほかと同様このサウスリーディングにもいるのだという自覚等々に関して、きわめて明確で充実した観念を持っていた。彼女がこの土地へやって来てまっさきにやったのは教会を捜すことであった。教会に出席することは、とりもなおさず、彼女のちゃんとした女性としての体面を保証したし、同時にそれは彼女の独特の宗教的信条にできるかぎり即した行ないなのだった。彼女は当時の社会秩序に忠実であった。彼女自身はそういうものとは無縁だったが、他人が善人ぶったり勿体をつけたりすることにはまるで無頓着だった。この点で、彼女は娘のアンドリーヌと意見が真向から食違っていた。娘のほうは、世俗の罪を覆い隠していると彼女には見える、人格高潔を装った仮面を痛烈に罵った。公正と誠実が彼女の人格と品位における理想だったのである。村では選ぶといっても限りがあったが、祖母はすぐにバプテスト教会にきめた。彼女は、毎回きちんと通いはじめた。今では孫も礼拝に出席すべき年齢に達していると彼女は考えた。こうして、彼がまだ経験したことのない新しい世界が立ち現われることとなった。

納屋や牧場のいろいろな宝物のなかで、いちばん大切なビリーという名の馬がいた。当時の専門的ないい方にしたがえば〝どんな御婦人にも安全に駆せる家庭用馬〟というやつだった。ビリーはうす青黄色をしたおいぼれ馬で、奴隷労働からは最終的に解放され、種馬としての余生を送っていた。納屋には、家で〝一頭立て馬車〟と呼んでいたものがしまってあった。家族用の乗物で、周囲にかこいがついていた。小ざっぱりとした頑丈な馬車で、作りも仕上げも良く、内張りがしてあって恰好も良かった。それは立派な社会的地位のエッセンスともいうべき物であった――もっともビリーは、やや見劣りがしたけれども。ビリーも、馬具は申し分なかった。日曜日になるとビリーは、できるかぎり上品らしく手入れされた。ビリーは、さながら膏薬の中に落っこちた蝿みたいだったが、このビリーと馬具と馬車のとり合わせは、なかなか興味のあるみものであった。このとり合わせはこう説明することができる。祖母は臆病だったのだ。少なくとも心配性で、大変用心深かった。自分の身の安全を自分で守るために、馬車の手綱をとることを何人にも許さなかったのである。夫は近視で、そのうえいつも心ここに在らずだったし、息子は無鉄砲だし、孫は幼なすぎた。そんな訳で、彼女は何事も自分の手で運ぶことにしていたのだ。堂々とした馬車に、毛並も良く、威厳があって足を高々とあげて歩く馬を組み合わせるという考えは、したがって彼女には歓迎されなかった。それは危険であり、どんな災難のもとになるか知れない。望ましい上品さと、だがより多く安全性ということとの折衷案としてビリーは選ばれたわけであった。その結果世間体という点ではいくらか割引かれることになった。なんといっても、サウスリーディングは古くからの植民地だったのだから。

祖母は、ビリーに止め手綱(頭を下げさせないようにするための)をかけることには、どうしても賛成しなかった。それは無慈悲なしわざだと彼女は言い張るのだった。その結果、ビリーの頭の通常の位置は、祖母がかくあれかしとビリーの努力に期待した高さにはなく、だらしなく地面の近くに下がっていた。

鞭もちゃんと備わっていたのだが、祖母は物言わぬ動物を打つということは決してしなかった。出発しようとする時とか、またこのほうがしょっちゅうのことなのだが、ビリーのだく足（そう呼べるものとして）の歩調を速めようという時には、彼女は両手で手綱を波打たせ、チッチッと口を鳴らして勇気づけるのだ。決して喧嘩腰になることはなかった。そして、彼女は、〝どんなご婦人にも安全に馭せる〟この馬を持っていることに満足しているのだった。ところが、ここから様子がおかしくなった。善意にみちたあつかいと引きかえに、ビリーはこの仕事に就いたのだが、彼はたちまち性格上の欠点を暴露してしまったのだ。彼は予測できない狂気の発作を起こす癖をもっていた。もうろうとよろめくように歩いていたかと思うと、とつぜん放れ駒のように駈け出すのである。これは、警戒を要することではあったが、完全に狂ってしまったというわけでもないようだった。ぜんまいの壊れた時計が、完全に止まってしまうまでひどくぎくしゃくしながらも動いているようなものだった。その逸走が百ヤードを越えることはめったになかった。そこで、彼の奇行を慎重に観察し、また彼がそうのべつ駈け出すわけではないという事実も斟酌し、かつは祖母が彼の癖を知悉しているということでもあったので、ビリーはどんな御婦人にも安全に馭せる家庭用馬として復職することができたのだった。

ある日曜の朝、夏のはじめの晴れた日のことである。ビリーと馬車は申し分なく整備され、家族は村の埃っぽい道を災難にも会うことなく進んで行った。教会に着いた。教会は石造を模して白ペンキを塗った木造の建物で、いかにも見栄を張った感じであり、そのなかであまりにもしょっちゅう語られている罪に染まりでもしたように醜かった。ビリーを柵につなぎ、ルイスはビリーの鼻づらを軽く叩いてやって、家族はなかにはいった。幅広い階段を二階へ上り、大きくて薄暗い、不毛な感じの部屋にみんなしてはいり、家族席についた。たちまちルイスは落胆の苦味を味わった。ここには、おもてで彼も加わって謳っていたあの春の歌の、木霊さえなかった。彼はあるはずだと思ったのだ。会衆を見渡して、まじめくさった顔ばかりがズラリと並んでいるのにびっくりした。なぜまじめくさっているのだろう。静寂の中にヒソヒソ声が聞こえた。なぜヒソヒソやるのだろう。なにがはじまるというんだ。どうしたというの？　とたずねてみようとしたが黙らされてしまった。待った。礼拝がはじまった。最後まで彼は熱心に聞いた。何ひとつ聞きもらさなかった。

彼は、牧師が大声を張り上げたり、猛烈に腕を振りまわしたり、大きな聖書をドンドン叩いたりするやり方や、それに続いてこんどはほとんど囁くような小声で、これこれのことを行なわず、しかじかのことを信じないならばかならずや降りかかるにちがいない恐ろしい状態を指摘するその語り口にひどく感心した。彼が地獄について、身の毛のよだつような唸り声で喋ったときは、少年はガタガタと身震いをしたほどだった。天国についてはシロップのように甘ったるく、ヒステリックに喋った。彼は、毎年、同じ描写をやっていたのであり、また同じような調子を繰り返していたのである。聴衆は、今やゾクゾクするほど感動し、リラックスし、想像をふくらませながらその長談義や祈りや讃美歌をありがたく聴いていた。説教壇の上に突っ立ったこの男は彼らの心をすっかり占めてしまっていたのだ。彼は、聴衆が切望しあるいは恐れているものについて喋るさいには要領のいい老練なやり方を心得ていたが、そのほかのこととなると調和に欠け、力もなかった。説教は、きまって旧教徒どもに対する非難の長広舌で終るのだった。この結びは、聴衆にはもっとも満足すべきフィナーレとして気に入られた。礼拝のおしまいの祝禱が終ると、会衆はしばしば教会の外に残って、いくつかのグループになり、男たちはホラを吹き合い、女たちは自分の押しつけっこをやるのだった。だれもが説教に満足の意を表明していた。それがしきたりであった。そのあとでみんなは家に帰って行った。

　だが、少年にとってははじめての激烈な体験であり、全体の印象はただ混乱と動揺と当惑であった。彼を迷わせたのはつぎのような点であった。なぜ、牧師は祈るとき両手を握りしめ、いつまでもそうしているのか。なぜ眼をつぶるのか。なぜ頭を下げ、また時おり見えもしないのに顔を天井のほうへ向けたりするのか。なぜ哀れっぽい声で喋るのか。彼はそんなにも神と親しいというのなら、なぜひれ伏すのか。説教のときはあんなに怒鳴ったり唸ったりしたのに、祈禱のときはなぜ怒鳴らないのか。説教のときのようにシャンとして立ち、眼をギラつかせ、腕をふりまわし、拳を握りしめ、聖書をドンドンと叩き、行ったり来たりし、男らしく振舞わないのはなぜなのか。牧師は何かを怖れているようだった。いったい何を？　なにかおそろしいものでもいたというのか。それに、あの旧教徒連中への誹謗は何のためか。彼らが何者であるにせよ、なぜあれほどまでに辛らつに、激烈に、残酷に、彼らがおそろしい地獄の火で永劫に焼かれることを願うのか。そのことを彼ははっきり請け合ったのだ。少年は、家で、旧教徒とは何なのかとたずねてみた。祖母は、カトリック教徒のことだといった。祖父は阿呆な連中だといった。そこで、ではカトリック教徒とは何者かとたずねると、祖母は、かんたんに、新教徒《プロテスタント》じゃない人達だといった。じゃ、新教徒って？

祖母は同じくかんたんに、しかし、いかにももったいぶった口調でカトリック教徒じゃない人達だといい、祖父はこれに付け加えて、これまた阿呆な連中だといった。けれど、つぎの説教のおしまいに、牧師がすべてを説明してくれた。彼は憤然としてこう宣言した。旧教徒どもは異教徒であり、不信心者であり、異端で、偶像礼拝者であり、下等な野獣であり、きたない野蛮人で、無知で下劣であり、この世のカスのクズなのだ。神がお慈悲をもって、彼らを選ばれたる民から区別してこの世に置いておかれるのは、つぎにことごとく地獄へ落とさんがためなのだと。

牧師は、旧教徒どもがこんりんざい神の王国にははいれないということを、疑う余地なく証明し、いっぽう善良でしっかりした浸礼教徒《バプテスト》にはそれが可能だし、まずまちがいなく天国へ行けるだろうことを証明してみせた。他の宗派についてはあやふやというか、もっとありていにいえば、はっきり疑念を懐いていた。けれども、と彼は続けた。神の恩寵はかぎりなく、父なる神の英知は人間の理解の及ばないものなのだ。その一方で、彼は自らを罪人《つみびと》として認識し、しばしば一種誇らしげな口ぶりで、この集会のひとりびとりをとっても、また全体としても罪人なのだと宣告したが、会衆のほうもこれに同意するのだった。さらに彼は会衆に告げて、罪の報いは死であるといった。また、一種の宗教的な情熱をこめて、人間が純潔をもってつぐなわなければならぬ血にまみれた根源について語った。少年は祖父にこのことをいった。すると祖父は、この牧師はもの知らずで、話は中味のない与太話だといった。少年は悩んだ。この新しい体験には、彼のこれまでの世界と一致するものが何一つなかった。すべてめちゃくちゃで、すべてが歪められ残酷さと甘ったるさにみちていた。彼の知った美しい春とも、またあの美しい冬ともちがっていた。新しく知ったことに喜びも笑いもなかった。祖母にもうったえた。だが、彼のしつこくぶしつけな質問は、彼女の静穏を乱しただけであった。彼女はお座なりの返答しかしてくれず、少年はそれに満足を見出せなかった。

彼は、おそらく祖父が正しいのだろうと考えるようになった。さらに何回かの説教やら祈禱やら罵言やらを聴くうち、彼がこれまで一つのものと考えていたこの世界、この生活というものが、二つに引き裂かれているのだということをはっきりと感じるようになった。彼は本能的に反感をおぼえた。自分の生活から引き離され破壊された美などいるものかと思った。口に出してそう言ったわけではない。ただ、心からそう感じたのだ。悲劇が近づいていた。彼が愛したもの、生活のなかで大切にしていたものを失おうとしていた。自ら知り、自ら感じるものとしての生活を彼は失おうとしていた。彼は反抗した。牧師への信頼は失われた。彼が喋ることをもはや信じなかった。のみならず、牧師の喋ったことのすべてに対してまもなく不信感をもつようになった。少年は自由を回復していった。礼拝はますます彼を苛々させた。そこで、日曜学校へ替らせてほしいと頼んだ。そこでなら、少なくとも少年達に会える。旧約聖書の物語は楽しく、おもしろかった。それらの物語の世界を、ほとんど彼は生きた。が、キリストの磔のところへきたとき、再び彼の心は反抗し、それがあまりに激しかったので、教会のときと同様日曜学校からも解放したほうがよさそうだということになった。いまや彼は、肚の中で、いずれはあの丘のほとりの古ぼけた白い学校とも別れてやろう、と考えていた。

Ⅳ　休暇

ルイスは不機嫌であった。来る日も来る日も、丘のほとりの学校と、そこですることのすべてにうんざりさせられていた。彼の友達の鳥達は森で、野良で、そして牧場で、自由を謳歌していた。なぜ彼だけが、周囲を壁に囲まれ、ふさぎこんで囚われの身でいなければならないのか。

彼はいたって決断の早いたちであった。ある朝早く、食物の貯蔵庫へ向かった。棚を見渡しているうち、いつも「パーカー軒のロールパン」を配達に来る血色のいいパン屋を思い出した。彼は、気前のいい言葉といっしょに、一ダースとして十三箇のパンを置いて行くのである。「これがウチの一ダース」と、台所へやって来るごとにいい、それからせっかちにこうたずねる。「皆さん、お元気？と、きくまでもないな、この子がいい見本だ。」そして積荷のもう残り少ない荷馬車に急いでもどり、ガタガタいわせながら去って行くのだった。少年は、静かな食物貯蔵室の中で、シャツのボタンをはずしながら考えた。学校じゃこんなことはできないな、先生はいつも優しいわけじゃないし……。二回も先生はぼくの右手のてのひらをムチでぶった。そのとき彼は、もう一方の手で眼を覆い、頭を垂れて泣いていたのだ。そう痛くはなかった。先生はこういうのだ、「あなたより先生のほうが痛いのよ」、クラス全体にむかってそう言うのである。彼女はこうもいった。彼をみせしめとして教壇に立たせるのは、彼がもっと身を入れて勉強するようにするためなのだ、そうするのは彼女の道徳的な義務なのであり、つらくてもやらなければならないのだ、怒っているから罰するのではない、深く悲しみつつ罰しているのだ。言い終ると先生は、一段高い教壇の机に突伏してすすり泣くのだった。少年は、先生が生徒を打つたび、こんな風にして泣くのを思い出したが、そうしょっちゅう打つわけでもなく、だから少年も先生に対してそう悪感情をもっていたわけではなかった。それでも、家ではどんな罰も折檻もされたことのない彼としては、なぜ学校では鞭打たれるのかいぶかしく思われた。再び、あの身ぎれいなパン屋のことに思いが漂っていった。すばしこくて、ピンク色の顔をし、青い眼をキラキラさせ、楽しそうに笑いかける彼。こんなことを考えながら、彼はシャツにロールパンやドーナツやクッキーを一生懸命つめこみ、そうしてボタンをかけた。胸には小さなスズのコップをしのばせた。これからある所へ行こうとしているのだ。森の峡谷をぬって流れる小川の音を聞きに行こうというつもりであった。おじいさんとの散歩の途次、彼はそれを一度見ただけだったが、その景観は彼のイメージの世界で特別な位置を占めていたのだ。ひとたび見出し、親しみを覚えると、それは、学校にいる彼に、幾度も、近づくことのできない遥かな彼方から呼びかけてくるのだった。この朝、それはあらがい難い力で、ごく近くから彼を呼んだのである。

出発することは誰にも言わなかった。彼はストンハム街道を、北方へまっすぐ伸びる道の門に着くまで西へ進んだ。南京錠のかかった門をよじ登って越え、道に沿って行くとまもなく左手に、丈の高い闊葉樹の繁みをのせた長い丘にさしかかった。ついで道は下りになり、またのぼって、頂上で道は終っていた。それをのりこえ、新しい自由の天地にはいりこんだ。斜面を軽快に横切り、とうとう約束の地へと到着した。

彼のゴールはすばらしい場所だった。それは、峡谷の狭まった谷間にあり、高くアーチのようにひろがった樫の下を、自然石の間をぬって急流が音高く流れていた。ダムを作るのにはピッタリの場所であった。彼は早速仕事にかかった。持ち扱えるかぎりの大きな自然石を集めた。小さい石も集めた。以前にスコットランド人やアイルランド人が農場の壁を造っているのを見て、どうやればいいかは知っていた。石割りハンマーは、もし持っていたにしてもそれを使うだけの力はなかった。そこで、それなしで仕事を進めた。柄のない鍬の残骸を見つけ、それで堅い地面を少し掘った。自然石と、泥と、小枝と草とで、ダムを作りあげた。大工事であった。

夢中だった。せきとめられた水は急速に水位をまし、ここかしこから洩れ出した。もっと仕事を急がなければならない。壁は高くするほど長くしなければならない。底のほうからはもっとたくさん洩れ出ていた。穴をふさぐ必要があった。ついに水の力と少年の力の均衡は破れた。大いなるクライマックスが近づいた。それこそ、こうして大骨折った目的なのだ。いまや小さな湖の観を呈している。時こそよけれ、壁の中央の上のほうを、彼は渾身の力をこめてつき破ると、すばやく後にさがって歓声をあげた。奔流が押し出し、大きな怒号のような音をさせながら巨大な洪水となって彼のダムを破壊し去った。すごいや！　彼は笑い、金切り声をあげた。得意だった。ダムを作ったのだ。すばらしい昂揚感だった。彼は一人だけでダムを作った。何が起こるかをきちんと計算してやったのだ。おとながやってたのと、同じくらい大変な仕事をやったのだ。ボクの年齢《とし》にしてはすごいことだ、そうじゃないか？　学校だろうが家だろうが、これにくらべられるようなものが何かあるというのか。

仕事と喜びとですっかりへとへとになって、彼は短い草の上にあお向けに寝転んだ。上には大きく広がった枝があり、葉むらのすきまに青空のカケラがチラチラと見えていた。そのやわらかな葉ずれの音と、日を受けてきらめく様を心に留めた。心がやすらぐのを覚えた。こんどは強い空腹がめざめた。彼はパーカー軒のロールパンやドーナツやクッキーや、それからスズのコップやを、物蔭の玉石の上にしまっておいたのだった。彼はお手伝いのジュリアから乳の搾り方を教わっていた。コップを手にした彼は、野原のほうへ雌牛をさがしに出かけた。雌牛達は友好的だった。コップはたちまちあたたかいミルクで一杯になり、彼は大満悦であった。大いなる勝利の遺跡に立ちもどって、そのそばで食事をした。食べ終えたあと、あたりをブラつきながら、この誇り高き水力技師の誕生が、だれかおとなの手によって本に書かれることを思い描いた。将来自分のやるべき仕事を自覚したというのではない。彼はただ夢見ただけである。それはまだはっきりとしない白昼夢のようなものだった。わきあがる情念、ある感動、自分に対するある宣告——けれどもそれは、彼を、彼が理想としていた人々へと結びつけるものであった。その人々とは、排水溝を掘る人々であり、壁を建てる人々であり、大きな木を截り倒す人々であり、斧をふるう人々であり、大槌やくさびを使って材木を割る人々であり、ひとつなぎの大きな労役馬を馭す人々である。あの、大きくて逞しい人々である。そういう男達を、彼は崇拝していたのである。彼らに強く引きつけられ、仲良くなりたいと願っていた。いま自分は彼らと同じことをやってのけたのだ。いつ彼らのように大きく強くなれるだろうか、待てるだろうか。待たなくてはならないのだろうか。そんなことを、幾時間も夢想した。

影が長く、濃くなってきた。労働と熟考のすばらしい一日にすっかり満足して、夕食の時分どきに彼は家に着いた。祖母はいつもの祈りを唱えた。彼女が恵み深き神に祈っているあいだ、みんなは頭を垂れた。慈み深い神に、彼

4

女は祈った、力と勇気を与え給え、日々の生活や仕事に努力しているこの小さな家族に神の祝福を与え給え、神を愛し従うすべての者のうえに神の力をゆたかに与え給えと。けれども、少年の思考は即物的で実際的であり、祈りについていってはいるものの、その関心はごく局部的な事柄に集中していた。祖母は、そうした神への訴えを流暢な古いフランス語でやるのだった。彼女の声は柔らかく、心からのものであり、それはそのまま地上の平和であった。少年にも少しは理解できた。彼の知った Que Dieu nous bénit という言葉、それは彼にはクジャヌーベイニーという一つの言葉として聞こえたが、それは「神の御恵の我々の上にあらんことを」という意味であった。彼としては、家族のより高貴な一員としての神には異存はなかった。彼が嫌い、遠ざけたのは牧師の唱える神、地獄の神であった。が、それにしても、いつもお祈りが短く終ってくれることを願わずにはいられなかった。なぜなら、祖母が祈っているあいだ、口の中はよだれでいっぱいだったのだ。神が祖母の大きくて強い友達なんだという友好的な考えがなかったら、彼はこのお祈りを、耐え忍ばなければならぬ害悪として受け止めただろう。彼は、祖母が愛する者は、彼もまた愛さなくてはならないことを知っていた。たとえ、彼がほかに彼自身の愛するアイドル——あの力強い人々——をもっていようとも。

お祈りが終り、銀の鈴が祖母の手で振られると、ジュリアがまっ赤に上気した姿を現わした。彼女が運んで来たのは鉄板で焼いたケーキの山、本糖蜜をみたした水差し、そして……だが、毎日三度三度頭をもたげる、この空想家の、老いた悪霊のような大食いぶりなど、話題にするまでもないだろう。

夕食のあとで、彼は大きな庭のなかの、彼だけの小庭園を訪れた。それは、去年よりひとまわり大きくなっていた。オシロイバナや、キンレンカや、ゼラニウムや、モクセイソウや、その他の、彼の一族がよく育っているのを満足して見わたすと、こんどは石投げの練習をしようと、御影石の階段をいそいで駆け下りて舗装してない道へと出た。石投げ遊びは、畑では厳しく禁じられていたが、草の生えていない牧場ではやってもよいことになっていた。彼の家と、向いのタイラー農場のあいだに、道路よりやや低く、自由に出入りできる空地があって、そこに小さなわき水のある池があった。この池には食用蛙や淡水亀や小魚や蛭などが住みついており、ぐるりには蒲がはえていて、迷い牛が時折うろついていた。この池も彼の財産の一つだった。タイラーの池と呼ばれていたが、そのこととは無関係に、彼のものと決めこんでいた。石投げをやめると、すべてに異常がないことを確認すべく見まわりに出かけた。池へとやって来ると、蛙の軍団がどこかにいるその王様に捧げる歌をうたいはじめるところだった。水に少し足を踏み入れると、喧噪ははげしくなった。雨蛙やキリギリスやコオロギの鳴き声が加わると、低音はいっそう強調された。その合唱の中で、ホタルがそこここに光を放っていた。みんな親友だった。ぬれた草むらに、彼はジボタルを見つけた。それを手でつかまえたとき、池の面が深紅色に輝いているのに気がついてびっくりした。これは新しい発見だった。水の中をもう少し進んで、さざ波が彼から遠ざかって行くにつれて、銀色に、そして深紅色に変化するのを見た。それは、楽しい眺めだったがいくぶんまごつかされもした。水の中に立った位置で、なにげなくまっすぐ前方を見ると、ちょうどトンプソンの小山の上の木立に日が沈もうとしており、木々のシルエットが浮き出し、空の下のほうが真赤に染まっていた。それまでにもたくさんの日没を眺めたが、この夕べのそれはどこか独特なところがあった。祖父に話してあげよう、と彼は思った。陽が視界から沈むと、西の空は灰色に和らぎ、たそがれが宵闇へと深まってゆくあいだ、少年はあたたかい浅い水に膝頭まで浸って夢想にふけりながら立ちつくしていた。あいまいで、遠く、また近くを彷徨《さまよ》い、うっとりするようなまた心の内になにかが響きわたるような想いであり、いまは先ほどのやかましいコーラスも、大地と太陽とが少年の夢想とひとつになって奏でる二重唱のおだやかな伴奏でしかなかった。彼は我に返った。太陽のことをおじいちゃんに話してあげなくちゃ！

祖父は喜んで、しかしまた注意深く孫の話を聞いた。少年の心が感じやすいものであることをじゅうぶん心得ていた。鋭く彼を観察していたが、何もいわなかった。彼は孫を、囲いをした庭の中で高貴な植物が自らの意志で伸びてゆくのをじっと見つめるかのように、静かに、ねっしんに見守っていたのだったが、それを孫に気付かせようという気持は全然なかった。彼はしばしば少年の不埒なまでの率直さを笑った。それはこのうえなく彼を喜ばせた。けれど、少年が理解したことを話す段になると彼は用心ぶかくなり、少しずつそれとなく知識をつけ足すのだった。このとき孫はねっしんに、子供らしい言葉ながら生き生きと日没を表現していたが、とつぜんあることに気がついてたちまちひどく興奮してしまった。「ぼくはまだ陽が昇るのを見たことがないんだった！　どうやって昇るの？　どこからなの？　教えてよおじいちゃん、ね、お願いだから教えて。」

祖父は瞠目して、神秘的な金の鈴が時を打ったことを悟った。彼は少年に語った。日の出はコードレイの丘にさえぎられてこの家からは見えないこと。太陽がほんとうに登るのはこの丘の向うからであること。日の出を見るためにはこの丘に登らねばならず、そこからなら地平線が見えるのだと。彼は地平線という語を、あたかもカードを投げつけるように大胆に使った。ついで、単純なことばをたくみに使い、やさしい直喩をまじえてそのイメージを少年の内に結ばせようとしたが、丘陵地帯のこの場所で、いまだ外洋の景色に接したことのない者の心には、それはむずかしいことであった。それから彼は、家の西の方の土地は東の方ほど丘陵が多くないので日没の光景を眺めるにはかなり良い位置を占めているのだとも話して聞かせた。

説明の中で、彼は地球の自転運動には触れないように気をつけていた。少年が感覚の世界に住んでいることをよく知っていたのである。

「でもおじいちゃん、日の出は夕日と同じくらいきれいなの？」

「そりゃもうずっと美しいよ、お前。叙事詩のように壮麗だ。だが日没は叙情詩的だね、悲歌《エレジー》のようだ。」

これらのことばは、祖父の束の間の情熱にせかれたものであった。ばかなことを、と、彼は孫の小さな顔の輝きが翳るのを見て思った。「叙情詩的」と「悲歌」はなんとかうまく説明できたが、「叙事詩」のほうはむずかしかった。孫の「大きくて強い人々」のことを彼が知ってさえいたら、それはいたってかんたんに説明できたことだろうが。祖父は続けた。「だがね、夏には太陽はとても早起きなのだよ、私が起きるよりずっと早くだ。わが少年天文学者がだ、太陽が寝床から出るのを見るために、夜明けのずっと前に自分の気持のいい寝床から起き出すなんてことは、ちょっと考えられんがね。」

そういうと、祖父はくすくす笑った。

「起きるよ、おじいちゃん。起きるともさ。」

彼は何としてでも起きて、翌る日そのプランを実現させるのだと決心して祖父の膝からすべりおりた。

眠れぬ夜を過ごし、ほの暗いうちから起き出して手早く身仕度をすると、大きなセイヨウトネリコの木のほうへと続く道を登って行った。

この木はつねづね彼が親しく仲間づきあいしたいと願っていた木なのである。さて彼はこの驚くべき木の下にやって来た。道の向かいの、コードレイの農場はまだしんと寝静まっている。夜明け前の静寂《しじま》がここかしこで小鳥の囀りに破られ、あしたを告げる雄鶏の高音《たかね》が遠くまた近く、あるものはしわがれ声に、または弱々しく、さらにずっと遠くでは消え入りそうに聞こえ、夜の終りのうす青いろをした空のドームには、消え残りの星がいくつか穏やかに輝いていた。彼は立ちつくし、谷のむこうの黝い眠けをさそうようなはるかな山なみを憧れの眼差でみつめていた。と、青白い東の空にピンク色の戦きがさっとひろがったと見る間に、それは火事の先触れのような燦然たる深紅色のひろがりにとってかわられ――そのとき太陽の上辺が山なみの彼方から現われ出た。ゆっくりと円盤の姿を顕わしてゆく太陽は、昂まり、光輝にみち、傲然と、そして情熱にみちて彼に直面した。その威厳と華麗さにうたれ、まず戦慄をおぼえ、ぼうぜんとし、ついで身内に情熱が沸騰した、偉大な赤い球体は彼を圧倒して山々の上にあかあかと昇り、地上に光の洪水をもたらした。白い眼の眩むような光のなかで、世界はその仕事へ、その希望へ、その悲しみへ、その夢へと目覚めるのだった。

疑いもなく、少年は、セイヨウトネリコの木の下で、この光景の唯一人の目撃者だった。木は彼のすばらしい後見人であり、固いきずなで結ばれた友であって、大地や空や自由な生き物たちを堂々とした品位あるやり方で彼とわかちあってきたのだ。昇る太陽の挑むような光輝に夜のとばりが破れるのを、遠く広く流れ行く光の奔流としぶきを、彼は見た。そしてたしかに、日ごと出歩くこの少年は、自分がこの朝日の一部となったことを感じ、同じくこの朝日が永久に自分の一部となったことを感じたのであった。天地の王の力強く響きわたる声は、いま少年の心の中に喜びにふるえて応える者を見出したのだ。少年はいまその黄昏の夢から、叙情詩的な日没から、まどろむ哀愁から脱け出して、覚醒した世界に、その唯中にいた。大いなる世界は生き生きと動きはじめていた。人々はその果てしない労苦へと再びもどって行った。少年は、日に照らされ、荘大な叙事詩的ヴィジョンに我を忘れていたが、漸く自分をとりもどし、小さな自分を、その短い一日の営為を思い出した。

帰りはずっと遠まわりをしてホイットモア家のそばのいかつい松林をすぎ、そこで道を横切って小さな谷へ降り、谷から小波の立つ沼地へ出た。沼にはザゼンソウやそのたぐいの草が茂っていた。低い壁をよじのぼり、小川に沿って進んだ。この小川は彼のたいせつな例の泉から流れ出ている。そのほとりで坐って蛙を見ているうちに眠りこんでしまった。眼覚めて窪地の道を牧場のほうへと登り、納屋へと続く両側が壁の道を歩いて台所の前のポンプまでたどりついた。もちろん、朝食にはおくれてしまった。祖父は何か一言いいたそうな顔をしていたが、何もいわなかった。彼はチビが何をやってきたかはお見通しだったのだ。というのも、朝、孫が家を出るのを聞きつけると、いそいでガウンを羽織りスリッパをはいて、少年が日の出の見える丘のほうへと登って行くのを、その姿が視界から消えるまで見つめていたのだから。ジュリアはひどいアイルランドなまりで時間に遅れたことをがなり立てた。少年はといえば、もともと天真らんまんに何でも喋るほうだったのだが、この日の冒険についてはロをつぐんでいた。自分だけの、たった一人の経験なのだと思われたからである。祖父は孫の奇行を面白がりつつも驚き、また動揺していた。早熟を恐れたのである。アカデミックな教育を受けた人間というのは、しばしば人間の持って生まれた素質が明らかになることに対して臆病になりがちなものだ。

祖父を安堵させた唯一のことは、何かに魅入られたようになっているときの孫はおそろしく実際家であるという点だった。ルイスは、ほとんどまったく本能の世界に住んでいた。知的な面といったら、物事を観察するさいのするどい的確さと、何かを建設するということへのはげしい興味くらいのものであった。労働への賛美も、熟慮の結果というわけではなく、労働する人々を見ること、また自分が労働すること、とりわけ自分が労働に参加するということが彼の子供らしい喜びなのだった。一度も重い病気をしたことはなく、食養生に早寝早起きときわめて用心ぶかく育てられて、健康だった。彼は祖父母のペットであったが、年齢がひどくかけ離れていたから、仕事とか考え方といったことについては放任主義であり、したいほうだいといってよかった。老人達が安堵していられた理由は、彼が破壊的な性向を全く欠いていたことである。これは彼の目立った特質でもあった。それがわかっていたればこそ彼にやりたい放題の自由を許していたのだ。

この朝の行動も、朝食に遅れたことも、ジュリアの怒りも、彼は意に介しておらず、食事がすむとすぐに庭へ出て行った。彼は目ざとく倒れたキンレンカを見つけると、犯人のネキリムシを指で掘り出しにかかった。なんだっておまえはこんなひどいことをやるんだ。これはみんなぼくが種から大事に育てたんだぞ。毎日毎日、子供のときから花が咲くまで、葉っぱの一枚一枚が大きくなるのを、ちっちゃな蕾がきれいな花になるのを、ぼくはみまもってきたんだ。水もやったし、草も抜いたんだ……。それが育つあいだ、どんなに大きな驚きを彼は味わったことだろう。何度も何度も手をついたり膝をついたりして近ぢかとみつめ、いつまでも眺めた。そのすきとおった愛らしい姿に魅せられて、むさぼるように、細部にいたるまでみつめた。それらが育ってゆくことを〝実感〟した時は、ほとんど尊敬の念をおぼえた。かれらは彼の世界のものであり、また彼の世界のものでなかった。彼の生き方とはちがった生き方をしているように思えた。けれど、このことを祖父や祖母にはいわなかった——彼ラニハワカラナインダ——祖父はきっと笑っただろう。

ひとわたり注意ぶかく視察したのち、この日はこれで庭の友人たちと別れて、前と同じ仕度をし、かの不屈の小川が流れ、ダムの残骸のある峡谷への道を辿った。だが、この日はダムを作るのに適当な日ではないと思った。彼はまだ自分の領土の全域を見渡したことがなかった。探険しなくちゃ、といいつつ、木々が厚く繁った峡谷の道を小川に沿って東へと進み、広い牧草地へと出た。清らかな水の流れは、ここではもうゆったりと蛇行していた。そこから目を上げると、牧草地の中にポツンと、他にぬきんでて美しい樹が立っていた。それが楡であることはすぐ分かったが、これほど高くすらっとした上品なのははじめてだった。幅広のきゃしゃな葉が高く繁り、美しいカーヴを描いて垂れ下がっている様子はうっとりさせられる眺めであった。彼はこの樹と、トンプソン家の二本の楡とをくらべてみた。この二本も丈高く、葉も繁っていたが、ゴツゴツして頑丈な感じであった。今にして、なぜそれがしっくりこなかったのかがわかった。この二本は、大枝の下の部分が刈りこまれていたのだ。ところがこの牧草地の愛らしい妹は、その枝分れした羽毛のような葉の下ですらっとした幹から繊細な泡のような小枝を、ほとんど牧草すれすれにまで伸ばしていたのである。彼女の美しさは比類のないものと思われた。

つぎに彼はあのセイヨウトネリコについて考えた。なんという相違だろう。丘の上のそれは威厳にみち、思いに沈み、用心深く見えた。折にふれて彼はこの木は父親なのだと、また兄なのだと確信した。だが、この美しい楡には彼をうっとりさせるものがあった。一眼見てそれが自分のものであると感じ、そしてなお、これまで味わったことのない甘美な思いでじっと見つめ続けた。予言的な美の意識が彼をとらえ彼の内部に広がり、震撼させた。一瞬名づけようのない夢の中に溶解し、その中で彼は彼女に満ち足り、彼女もまた彼の庭の草花と同様彼女自身の生を生きており、それは彼の生とは別のものであることを了解した。とはいえ彼らは同じ大いなる世界に生き、いまはこうして同じ緑の野に立っているのだ。通いあうなにかがある――彼女が、彼がいまここにいることさえ知らないということがありえようか？

ふと我にかえった彼は、思い出して牧草の中の野生のオランダイチゴを探すという実際的な仕事にかえった。夢想は、空を飛ぶ鳥のように軽やかに翔け去った。今や分別をとりもどして彼女をもう一度見上げた。やっぱり、こんなきれいなものはないな、と率直な讃嘆の気持で考えた。今では彼は二本の木を持つことになった――どちらも彼自身のものとしてだ――そのどちらも大いなる尊敬に値する木であった。そのことに異存はなかった。それからさらに北へ、もっと高い松の木のいっぱいに繁ったほうへと移動した。その繁みを少し分け入ったところで、頭上にカラスの巣を見つけた。骨折ってよじのぼり中をのぞきこもうとした時、ものすごいカラスの鳴き声が起こった。怒ったカラス共がとつぜんあちこちから襲って来て彼の破壊をおしとどめようとした。そのたけだけしい喧騒の中をどうにか無事で降り立つと、その場でこの陰気な松の林を自分の領地の東の境界ときめた。

彼の探険行は、別の野原の、小高い土地に、きれいな水が湧き出している深い泉を見つけ出すまで続いた。そこからその流れに沿って、ときにはその流れを徒渉したりしながら歩いて行った。驚いたバッタが愚かにも流れに跳びこんで浮き上がった。ときには小さな蛙が安全の地へ逃げ出そうとしてジャンプした。土手にはイチゴが少しばかりのぞいていた。水路は牧草地を深くえぐって流れ、水の量も多くなった。大きな曲り角を曲ったとき、すぐ近くにあの大いなるもの、楡の木があるのに気づいて、空にのびやかに広がっている枝を見ようと首をのばした。が、彼の興味は新しい友達である小川に集中しており、とても両方に心を向ける余裕はなかった。小川は小波を立てはじめ、牧草地のまん中で、さんさんたる陽光を浴びている一人ぼっちの少年に甘い歌声を聴かせた。ほんとうに一人ぼっちだった――おおぜいの仲間とともに。そこから小川は流れが早くなり、ゴボゴボと音を立てはじめた。ルイスは、自分の背丈と同じくらいの高さのきれいな小滝を見ようと、いそいで垣根をよじのぼった。この滝を作ったあと、小川は騒騒しく泡立ちながら小石の多い河床をこのまえ彼がダムをこしらえた低いほうへと流れて行き、そのあと沼へと流れこんでいることを彼は知っていた。

ほの暗い木立の中にある彼自身の聖域までたどりつくと、しばらく低い北側の土手に腰をおろして、リスを見ていた。ねずみ色をしたリスが、高い木からまっさかさまに駆けおりて来て草の上にきちんと坐り、尻尾を振り頭をめぐらし、つぎの木へと走り上り、と見る間に枝の端のほうまで駈けて行って隣の木の枝へとジャンプしたりする、そういうのを眺めているのは愉快だった。彼はその道化じみた動作に声をあげて笑った。そのあいだにも下生えの中からは茶色の鶫の鳴き声がし、空からも牧草地からも囀りや鳴き声が聞こえていた。さてこれから北の境界を定めなければならない。谷の北岸はゆるやかな上り勾配で、木立をぬけたあたりから丸味をおびて平らになり、でこぼこの牧草地へと続いて、そこらへんは大小の玉石やモウズイカのまばらな群落が覆っていた。牛乳はここから来るんだし、それに牧草も青々としてきれいだから、ここは領地に含めないわけにはゆかないなと考えた。その北のほうを若い松の木がぐるっととり巻いており、それがなんとなく人をはねつけるようなよそよそしい風情だったので、北の境界はここ、と断固として定めた。

南の境界については、彼は少し迷った。それは、山峡の峰からちょっと南寄りの、林の終るあたりとするのが適当と思われた。彼は高みへ登り、その何もはえておらず、石ころだらけで陽に灼けた牧場の端に立った。木もなく、牛もおらず、モウズイカだけがはえていた。これではどうしようもないとは彼は思った。けれども、そのむこうの、峡谷と平行して続く堂々とした闊葉樹林を王冠のように戴いた長いトンプソン小丘を、憧れとともに見遣った。あの林は自分のものにしたいが、このみすぼらしい牧草地はいただけないと思った。考えぬいたあげく、こんなふうなかたちで問題に決着をつけた。すなわち、南の境界は峡谷の南の峰と定め、トンプソンの林は前哨地点として領土に編入するというものだ。牧草地の境界はすでに決めてあった。峡谷のずっと南、泉のそばを横切っている柵で、牧草地はここで終りそこから先は畑になっている。しばらく熟慮したのち、まず満足すべきものであろうと自認した。

さてこんどはあの沼である。きのうも木の間ごしに、物欲し気にみつめたあの沼だ。彼の期待は、新しい発見によってとてつもなくふくらんでいた。美しい沼は長円形をしており、低い木立の奥に厚い灌木にふちどりされて大事にされていた。沼の遠いほうの対岸のあたりには湿地性のマツやセイヨウスギが真直ぐに、先端が一点にむかって細まりながらまばらに生えていた。密生した雑木林のうしろに立ったそれらの木々は、あたかも保護者のように彼を歓迎した。沼そのものは——それにしてもなんという美しさだったろう——水は膝頭の半分くらいの深さで、丈の高い蒲や、葦や、アヤメの類やその他の細長い植物が一面に繁り、ゆらゆら揺れる岸辺に沿ってあちこちに目も鮮かな花が咲いていた。彼は縦横に沼の中を歩いてアヤメを引っこぬいてまわった。剝くと食べられる芯が出てくるのだ。そしてまた岸に沿って歩いて、隠れている花をさがした。

まったく、何という贅沢さだったろう！

そのあとで、愛情と感謝の念にあふれつつ西の境界線を定めたが、それはこのはかり知れないほど貴重な沼をその心臓部として含む、漠然とした半円形の緑野となった。そしてゆっくりと彼のダムのところへもどった。これらすべての事柄をよく考えてみるために。

さて、仕事は終った。彼の領土の境界線は決定され、領土はまさしく彼のものであった。誇りで胸がふくらんだ。すべてぼくのだ。ほかのどんな子だって、あんなに素敵なあたりまで入りこんだ者はいないだろう。誰にだってわかりはしないだろう。彼は、動きまわることを好み、戸外にいることを愛したが、それと同様に一人でいることが好きであった。

こんなふうにして、まる一箇月、彼は好き勝手に過ごした。彼の心をわずらわせるものは何もなかった。兎やリスや小鳥や蛇は満足すべき仲間であった。他の少年と遊びたいと思えば、出かけて行ってゲームに加わった。彼の心がある一点に定まるまで、何回も冒険旅行を企てた。何人もの農民や靴職人達のところへ出かけて行った。ある日などはずっと遠く、停車場に近い線路わきのストーヴを作る鋳物工場まで行った。平気で職人のところへ行き、しばらく眺めてから、仕事してるところを見るのが好きなの、といった。鋳物工はひどくおもしろがり、どうやって全部できあがるのか見せてあげようといった。ルイスは午後中をそこですごし、鋳物工は注意ぶかく、仕事の手順を細大洩らさず説明してくれるのだった。少年は驚嘆し、そしてここにまた新しい世界が開かれた――手仕事の世界であり、のちの日彼がくぐり、探険するであろう偉大な芸術の世界の、それは玄関口であった。この鋳物職人は、さして大きくもなく強そうでもなかったが、特別な尊敬の念と共に彼の心に長く残った。彼は籐《とう》細工の工場へも出かけてみた。だが、ここは音と埃がひどくて好きになれなかった。機械から出て来る細長い棒を見ただけであった。

あるときは、一人の荷車に乗った男を見かけた。荷車は、馬なしで動いていた。彼は靴職人のところへも出かけた。ボードマンという名で、彼のすぐ近くに住んでおり、よく知っている男だった。浅黒い肌をした小男で、黒いあご髭とビー玉みたいな黒い眼をし、その眼をクルクルと動かしながらいそがしく嚙みタバコを嚙んでいた。そこでは、木釘で止めたり縫ったりして靴を作ってゆくのを細かい点まですっかり覚えた。はじめから終りまで、靴は、まさに築きあげられるのだった。この靴職人とは何時間も過ごしたが、他の農民たちが靴を作るのは冬の間だけだというのに、彼は毎日靴ばかり作っていた。少年が傍にいるのが好きで、時折、少年を面白がらせようと仕事の手を休めては、向かいの壁にとまったハエにタバコの汁を正確に命中させて殺してみせてくれた。ルイスは躍り上がって喜んだ。あんな風に唾がはけるなんて、なんてスゴイ男だろう。彼は自分でもやってみたが、結果はみっともないものだった。靴職人は、歯の間から強く唾を吐かなくちゃ駄目だと教え、ルイスはいわれたとおりやってみたが、大してうまくはゆかなかった。ついでこの男らしい男ボードマンは、手でハエをつかまえ、食べてしまった。それとも食べるふりだけしたのかもしれない。ルイスはてっきり食べたと思った。そんなことをやってみせてから、靴屋は再び騒々しい仕事にもどるのだったが、ルイスはもう感嘆で一杯になってただうろうろするのだった。近所の人達は、このボードマンという男は下品なバクチ打ちで、あらゆる種類のレースに賭ける金を稼ぐためにだけ一生懸命働いているのだといっていた。ルイスは、そういう世間の評価にはとんと無関心であった。それが彼を喜ばせたのであったろう。いつのことだったか、すっかり着飾ったボードマンが、神経質そうに足を高々と揚げる悍馬に牽かせたサリー[10]に乗り、ストンハム街道を意気揚々と砂埃を巻き上げながら下って行くのが見られた。このあと、ボードマンの姿はこのあたりで長いこと見かけられなかった。

　彼はまた農民のホプキンスの所へもよく出かけて行った。彼が一つなぎの巨大な雄牛を使って未墾地を開墾するのを見るためだった。牛たちは頭を振り立てながら力強くくびきを押し、頭を下げ、口から泡を吹いていた。農民はすき跡に長靴をはいた足の片ほうをつっこみ、すきの刃を操って低地の美しい土を掘り返しながら「ハイハイ、ドウ、ハイドゥ」と掛け声をかけた。

　こういった短い旅行に、自分の領地を出発点として何回も彼は出かけた。夜になるとジュリアにアイルランドのお伽話をねだった。妖精や小人や地の精、いろんな花形連中が登場する、月光の呪文を織りこんだその物語は愛らしく、美しかった。彼はその者達を生き生きと思い描いた。ジュリアは頑健なアイルランドの農民の娘で、この家にもう九年間もいた。髪は燃えるような赤だった。真白に輝く完璧な歯並びを彼女は自慢にしていた。気短かで、それはもう、嵐のごとき癇癪持ちであった。アメリカに来てからまだそう長くはなく、夕方になるとしょっちゅうアイルランド人の女友達がたずねて来て、アイルランド語で喋り合っていた。小川のせせらぎを別にすれば、これほど調子よく流暢に聞こえるものはない、と彼は思った。彼は何時間もそれに聴き入り、ジュリアは言葉をいくつか教えてくれることもあった。

　すべて順調だった。ずっと学校を欠席していることなどまるで念頭になかった。まる一箇月というもの、誰も彼に何もいわず、たずねようともしなかった。

　が、すべてはおじゃんになった。先生が手紙を寄越したのだ。家では何もいわれなかったが、学校へ再びやられることになった。彼はしゅんとして元気がなくなったが、まったく突然に救いの手がさし伸べられた。父はその頃ニューベリーポートにサマースクールを開設していた。祖母はママに手紙を書き送り、ママから父へ伝えられて、父は祖父母が孫を甘やかし過ぎていると判断した。これでは子供は雑草みたいに育ち、我儘になってしまうにちがいない。そろそろ息子を手許に引取って尊敬や秩序や規律や従順といったことについての正しい観念を植えつけるべき潮どきであるというわけだ。で、ママはサウスリーディング行きの汽車に乗った。彼女は数日を両親の許で過ごした。息子には、母が悲しげに自分を見る理由がわからなかったが、彼女は叱る気にはなれなかった。二人が出発する日が来た。はげしく泣きながら、彼はすべてのものに別れの挨拶をした。停車場へは馬車で行った。母と息子はニューベリーポートへの汽車に乗り、機関車が蒸気を勢いよく吐いて速度をあげた。少年の白日夢のような時代は終った。

V　ニューベリーポート

汽車はニューベリーポートへとひた走り、我らが詩人も、夢の国から薄暗いほら穴を這うようにして出て来て、あたりに注意を向けはじめた。彼がこれまでに汽車で旅したことは唯一度、二年も前の大昔のことであったので、もう忘却の彼方だった。それ故すべてが新しく、物珍しかった。たちまち彼は母に、すべての子供がやり、すべての母親を窮地へ追いこむ、耐え難くも果てしのない質問の雨を降らせはじめた。結局のところそれは、彼が母に、彼女が線路沿いの農場主の名前をすべて知っており、なぜ木々があんなにも速く通り過ぎ、またなぜ電線が浮き上がったり下がったりするかを知っていること、さらにまた汽車の車掌や制動手と個人的に知り合いである等々の理由により、彼女が頼みもしなければありがたくも思わない賞讃を呈することでケリとなった。息子が興味をますます募らせて、四十七番目の質問をしようとしたときには、まだ二十八歳でそう頑健なほうでもない母親は、疲れて眠ってしまったからだ。彼女だけが眠いのではなく、乗客はみんな眠っていた。誰もが汗と埃でベトベトしていたが、なぜかみんな寛いだ様子でいることを記憶にとどめた。

彼は制動手の名前がなんとしても知りたかった。それを聞こうと、通路を抜け、首尾よくドアを開けてデッキに出た。もしここで、このガタガタ揺れる列車が急カーブを切ったら、彼は天国へ放り出されてしまったことだろう。顔面蒼白になった制動手は、しかし彼をひっつかんで客車へ押し返すことはせず、ひどいニューイングランドなまりで、いったいぜんたいなんだってデッキに出て来たんだとたずねた。子供が、あなたの名前を訊きに来たのだというのに、制動手はこう答えた。

「ほう、そうかね、めんこい子だのう。おめえいつか大統領になれるぜえ」

そこで子供は、すぐに質問責めの相手を、うとうとしている母から、この眼をパッチリとあけた、気が良くておもしろそうな男にとりかえることにした。男の名は、筆者の記憶の限りでは、マシュー、ルーク、ディビッド、もしくはモーゼス、そんなふうな名前だったと思う。そういうのが当時好まれた名前だった。彼はまず制動手から家族関係や家庭生活について根掘り葉掘り聞き出し、彼が旧教徒ではないことやら、学校の先生が嫌いではなかったことまで喋らせたのち、種々の問題についての果てしなく、かつ徹底的な質問の矢を放ちはじめた。最初は技術的な調査だった。なぜ電線はしょっちゅう上がったり下がったりするのか。電線は何のためにあるのか。なぜ電柱はピューピュー鳴るのか。「電信」とは何か。あの、カチカチカチカチというい音は何から出ているのか。

次から次へと果てしもなく続けて行きながら、彼は制動手の知識にびっくりした。その知識の該博ぶりは驚嘆に価した。その時、次の駅への到着を知らせるラッパが鳴った。すると制動手はドアを開け、少年がびっくりして跳び上がるほどの叫び声をあげたが、その声はあのサウスリーディングのバプテスト教会の牧師を思い出させた。それから力いっぱいハンドブレーキをまわしはじめた。少年は開いたドアから一部始終を見ていた。こんなに速く走っている列車を止めるとは、一人の男の力とはなんと強くすばらしいものか。働く人間を見ることくらい、すてきなことがあろうか。彼はためらうことなくこのルークを友だちの一人に加えた。駅では、ルークはステップから助けおろしてくれ、そこで彼はさっき説明してもらったことを確かめにかかった。ルークはただ喋ってくれただけだった。彼はそれを自分の眼で見たかったのだ。連動装置、連結機のピン、車輪の輪ぶち、古びてすり切れたように見えるレール、オープンジョイント、継目板、太釘、枕木などを彼は吟味してまわり、見知らぬ男に「お前、あぶないぞ」といわれてぐいと引っ張り出されたときには、台車を調べようと車輛の下に腹這いになっていたところだった。ベルが鳴り、制動手は彼を車内に抱き上げた。まだ、前のほうに行って機関手に会い、名前を訊ね、火夫に会ってその名を訊ね、さらにどれくらい薪を使うのか、あのシュッシュッという音はなぜ出るのか聞いていないというのに。そういうことについても制動手が話してくれたことは確かだが、実際に自分の眼で見てはいなかったし、偉大な連中である彼らと個人的に知り合いにもなりたかった。機関手は、制動手のいうとおりとすれば、機関車を軌道の上を走らせ、どんなカーブでも見事に操縦してのけるすばらしい男だ。制動手は、火夫というものはいつの日か機関手になるのを夢見ており、自分も一生列車の制動手なんかをやるつもりはないというのだった。「この仕事はな、冬は地獄だぜ。」それから彼は自分の野望を語って聞かせた。「誰かのために長ながと働くなんて真っ平だ、金を貯めて、他の連中を自分のために働かせるんだ、そうやってもっと金を稼ぐんだ。おれぁそいつらを働かすんだ」と彼はいうのだった。「そいつらがおれんために働いたら、一日働くってことがどういうことか、おれぁそいつらに教えてやる、おう、教えてやるとも……」といくらか興奮気味に喋り続けた。少年は、こういう話には興味を覚えず、それまで邪魔しないように見守っていた母のところへぶらぶらと戻った。彼は母に、新しい友人のことを逐一話しはじめた。ね、すごいんだよ、彼は真冬でも毛のシャツ三枚しか着ないんだよ。駅の名前を全部知っているし、連動装置や連結機のピンや機関車や電信や、そのほかなんでも知ってるんだ。とうとう母は疲れ果て、彼に向きなおって喘ぎながらいった。

「ルイス、ルイス、ルイス、お願いだからいい加減にしてちょうだい！」

ルイスは自分にはこれほどおもしろいことが、ママにはおもしろくないということが不思議だったが、自分が制動手の一攫千金のロマンスに退屈したことなど、ケロリと忘れていた。列車は走り続けた。列車はガタガタドシンドシンガチャガチャと鳴り、上がったり下がったりし、カーブではギイギイという音を立て、煙と埃と猛烈な轟きの中を進んで行った。まもなく二人は埃と汗にまみれて眠りこんでしまったが、一人はその轟きがもたらした夢を見ていた。制動手、車輪、機関手達、電信、薪、連動装置、連結機のピン、台車などがごちゃごちゃと出て来る夢であった。だが車掌は出てこなかった。車掌はちっともおもしろくなかった。大きな腹をし、それに重たい金時計の鎖をかけ、灰色の頬髭を生やし、眼鏡をかけているが、行ったり来たりして切符に鋏を入れたり小さな紙片を客の帽子にさしこむくらいのことしかしないからだ。制動輪がかるくきしんだ。そして、遠くのほうで「ニューベリーポート！」と駅名を呼ぶのが聞こえたように思った。

*

町そのものは、ただ静かで平凡という印象以外のものを彼に与えなかった。サウスリーディングとそう変っておら

5

ず、ただもっと大きくて通りや家が多いというだけだった。

家族は、ホテル(少年には新しい言葉だった)と呼ばれる古めかしい建物に滞在していた。ホテルは樹木のある広場に面しており、ホテルとは向かいあわない別の側には公会堂《タウンホール》があって、その前にはかなり新しい街の井戸ポンプがあった。

家族は食事をホテルの〝賄い〟でとっていた。食堂は、ただ広いばかりの、ガランとしたほら穴みたいな部屋で、寄宿人が向きあって坐る長いテーブルが一つ置いてあった。まん中に坐ると、列の端のほうの血色のわるい顔は見えなかった。家族の席は中央で、ルイスはママの隣りだった。彼はいつも腹を空かしていた。消化不良を起こさせないための用心からそうさせられていたのだ。しばらくは黙っていたが、やがてルイスは、農場でやっていたような気がるな調子で、思慮深い判断を口にした。

「ママ、この肉汁《グレイヴィー》はおばあちゃんが作ったのとはちがうね。これはただの小麦粉と水だけだ。」

ママは眼を剝いて彼の腕をギュッとにぎった。クスクス笑いが向う側の列に広がり、ナプキンが口に当てがわれ、囁きが交された。不作法な何人かは声を出して笑い、一人などは「フレー」といった。祖父がその場に居合せなかったのは幸運だった。もしいたら、天井が落っこちていたことだろう。誰もが少年の蛮勇にあっけに取られたが、表情では同感を表明していた。おそらくみんなそれぞれのおばあちゃんの肉汁をなつかしく思い出したにちがいない。それを知っている者であればなつかしくないわけはないのだ。少年は向かい側の列の人々の顔をびっくりして眺めわたした。一体どうしたというんだろう? 肉汁が小麦粉と水だけだったらなぜそういわないんだ。おまけに、彼はただ母に話しかけただけなのだ。何がおかしいのかまったく分らなかった。この小麦粉と水の一件は、頭をひねらせられる問題であった。

しばらくして二人だけになったとき、ママは彼に、いってきかせることがあるといった。彼女の考えでは、子供というものは、公衆の中ではおとなしくしていなくてはならない存在なのだ。喋ってもいいのは喋るべく求められた時だけである。行儀よく、慎重であらねばならぬ。年長者に対してはとりわけ礼儀正しくし、出しゃばったり、恰好よくしようとしたり、目立とうとしたり、一風変ったやり方で人の気を引こうとしたりしてはならない。後のほうに引っこんでいるべきなのだ。話すときはおとなしい口調で話し、「はい、そうです」「いいえ、ちがいます」「はい奥様」「いいえ奥様」と言わなくてはならない。と、まあこんなふうに彼女は子供一般の守るべき行儀作法のおきてを説き、とりわけてもお前にとってこれは大切なのだ、なぜといってお前は、どこかの子供のようにテーブルマナーに無知で、通りの下品な言葉を話す無頼漢のような子供になってほしくないからだと言うのだった。だがこれは母の理論であった。実行に移すだんになると、彼女はグラつき、迷い、揺れ動き、飛躍した。持ち前の情にもろい性格と母性愛の合い間合い間に、こうした理論にすがりつき、そうして8の字か螺旋を描くようにこの間を行ったり来たりしていたのである。そればかりではなく、彼女は秘密の帳面を一冊持っており、これに息子の驚くべき言行を逐一注意ぶかく記載していた。それには彼女自身の見聞もあり、祖母からの長い手紙で送られて来たものもあった。肉汁の一件も型どおりこれに記入し、これについて祖母に長い手紙を書いた。その中で彼女は、荒涼索漠とした食堂でかの邪悪なる真実——これはおばあちゃんの肉汁とはちがう、ただの小麦粉と水じゃないかという宣言が声高になされたとき、彼女自身いかに歓びを抑えるのに苦労したか、また居合わせた他の人達がどれほど笑いころげたかを告白していた。公式的には、息子をむりやり黙らせ、保護者然とした顔をしていたのだが、秘密のノートのなかでは自己満足に浸っていたわけだった。

父はこうではなかった。息子に関し感傷的な考えも実際的でない考えもいだかなかった。いかに愛しい一人息子のためとはいえ、そのために三十分もたわ言を並べたりは決してしなかった。即座に正しい判断を下し、それはつまり鼻がきかなかったということだと、遺憾の意を表明した。

雑草のように育ってしまった息子にふさわしいものとして彼が心に堅く決意したのは実用的なプログラムであって、それは、ある見通しをもった教育としっかりした訓練とを結びつけた、肉体的なトレーニングであった。そのプログラムは、まず朝の五時にベッドから引っぱり出し、せき立てて服を着せ、街の井戸ポンプまで引き立てて行くことではじめられた。ついで父親は、水が最も冷たい温度になるまで勢いよくポンプで水を汲みあげ、それを子供に飲ませた。子供は言われたとおり、コップになみなみとつがれた水を飲み干し、身震いして寒さを訴えた。よろしい、寒かったら走れ。血液の循環——これも新しい言葉だった——が良くなる、と父親はいった。そうするよりほかにしようがなかった。寒さで身を切られる思いで四分の一マイル走ると、パトリック・サリヴァンの息子は、今やもう「血液の循環」はすっかり良くなったと確信し、そう口に出して言った。二人は速歩きの歩調にもどした。二マイルばかり行くと、細い入江に行き着いた。せまい美しい淵になっていて、その奥まったあたりでは水は深く、きれいな緑色で、岸はきわめて高かった。裸になれ！ 裸になった。と、思う間もなく、祭司長は機敏に新信者をひっ摑み、子供を前後に振りまわすと遠くへ放り投げた。飛沫をあげて子供が沈むのを見届けると彼も跳びこみ、バチャバチャブクブクやっている近くで立泳ぎをしながら子供を静め、そしてその胸の下に手を当てがって科学的な水泳の初歩を伝授するのだ。「水の中に長くいすぎてはいけない」と彼は言った。「岸までパパの背中にまたがって行くかね？」息子はそれをやってもらった。自分の下のすばらしい泳ぎ手が力強く浮き沈みするのを感じて彼は歓喜した。彼は父の髪につかまって岸が近づいて来るのを見ていた。

岸に上がった彼は、父の毛深い胸や、つやつやした白い肌や、動きの度毎に陽光が躍る敏捷でしなやかな筋肉に注目した。彼はこれまで男が素裸でいるのを見たことがなかった。このような父を持っていることを喜び、また大いなる誇りとした。とりわけ父が彼に見学させようと、模範の跳びこみや泳ぎのあれこれを練達の技前でやってみせてくれたときにはそう思った。そして父に、自分にもそれらの技術を教えてほしい、自分もまた偉大な泳ぎ手になりたいからと、頼みこむのだった。

いまや彼は新しい理想を抱いていた。この朝生まれた理想であった。それは裸の力強い男達の集団という幻像であり、その男達はその肉体を使って光輝ある事業をなしとげる力にみちていた。

帰りの道は興奮のうちにたちまちに過ぎた。パパ、またあのプールへ連れてってくれる？　勿論、毎日連れて行こう。もっとたくさん塩水を飲まなくちゃならないかしら？　いや、まちがって口を開けなければ大丈夫だ。なぜ水は塩辛いの？　それに、どうしてこんなに皮膚がヒリヒリするの？　海の水だからだ。海を見せてくれる、パパ？　ああ、見せてあげよう。それから航海する船も。パパは今度いつかお前を船を造っている造船所へも連れてってやろうと思ってる。すごいや！　世界は急速に広がり、大きくなっていた。そのことを、父は約束していた。

前方にホテルの薄汚い建物が見えて来ると、急に強い空腹を覚えた。子供にとってボール一杯の冷えたオートミールは甘露以上のものだった。父の食餌に関する規律は厳格であった。質素な食物だけを食べ、コーヒーはだめ、紅茶もだめ、練り粉を使ったものもだめ。肉は少量なら食べてもよかった。精白した小麦粉のパンは絶対にだめ、というのは、そのころはまだ製粉業というものがはじまったばかりであったから。なにがしかの量の褐色の砂糖、大量の野菜とくだもの、焼くか皮のままゆでたじゃがいもは食べても良かったが、脂っこいものはだめだった。たまのおごりがごく少量のクラレット[11]という具合であった。時間のきまりもあって、子供のそれは八時消灯五時起床であった。彼は息子を弾力のあるしなやかな身体に鍛えようと、高度な柔軟体操を課した。毎日井戸ポンプと入江に息子を伴い、年齢の割には、すぐれた泳ぎ手に育て上げた。柵を跳越させたり、石を投げて標的に当てさせる訓練も行なった。また正しい歩き方を教えた。頭を挙げ、顎を引き、胸を張り、肩の力をぬいて、腰から前に大股に歩くことである。子供は楽しんでそれをやった。全体が遊びになっていた。こういったことを父は一緒にやったからである。二人は一緒に駆け、標的に石を投げた。競争でそれをやるのだ。たしかにはげしい訓練ではあったが、父はそのすべてに通じており、どういうところが一番困難で、どこでは息抜きできるか、またどこでは注意深くやらなくてはならないかをよく知っていた。父はその時四十五歳だったが、当時の同世代の人間としては驚くほど博識であった。職業柄、自由な時間が多くあったことにもよるのだろう。

家族はよくメリマック河の気持のいい土堤とか、そのほかの日蔭のある木立や景色のいい所へピクニックに出かけた。その日曜日、というのは、メリマック河にはじめて出かけた日のことだが、晴れわたった穏やかな夏の一日で、あまり暑くなかった。川の曲り角のところに小さな芝生が見つかった。ちょっとした日蔭になっているが、河向うの森を広々と見渡すことができた。大いなる河は静かに流れ、黒ずんだ褐色の水面に、森や空を絵のように写していた。

少年はまだ河を見たことがなかった。何と驚くべきものだろう、と彼は思った。広々として、暗く、水は音もなくすみやかに流れた。何がそうさせているのだろう？　なぜ、今までこれを知らなかったのだろう？

あちこちで小さい魚が跳ね、その落ちた所に小さな円い波紋を描いた。と、今度は巨大な蝶鮫が空中に跳りあがり、重おもしく落下して大きな陥没をつくり、そこから魔法のようにふくらんだ波紋のうねりが岸へ押し寄せて来て空や樹々の影をゆらめかせた。そして再び静寂が訪れ、大いなる流れは動じる気配もなく流れ続けた。「そう、流れ続ける、海に達するまで」と父は言った。「昼も夜も、夏も冬も、何年経とうと流れ続ける。私達が生まれる前にも、また死んでからも、永久に海へ海へと。」

父と母は対岸の景色の写生をはじめ、それに熱中していた。

少年は、蝶鮫があとからあとから跳び上がっては落下するのを眺めていた。まるで弾丸のように水面から跳び出すのだ。こんなに大きくて強そうな魚を見るのははじめてのことだった。サウスリーディングではサンフィッシュやミノウといった小魚より大きな魚は見たことがなかった。

河の岸に沿って下流のほうへとぶらつきながら、サウスリーディングのあの小川やダムや沼地のことを思った。それらはいかにも小さく思えた。すると、その残念な思いを慰めるかのように、あの丈高くすらりとした楡の木と偉大なセイヨウトネリコの木が思い出された。

ぼんやりと丘を登り、欝蒼と繁った木立に入りこみ、大いなる河メリマックに沿って歩きながら、彼は考え続けていた。自分をとりまく世界があまりにも大きくふくらみ、いまや自分とは不釣合になってしまっている、という考えに捉われていた。自分の小さい身体にくらべてこの世界はあまりに大きく、無教育な自分はうろたえさせられるばかりだと。

そんな思いにふけっているあいだに、彼は何か大きな黒っぽい物に、知らぬ間に近づいていた。葉群をすかしてのぞき見ると、どこか不吉で、いまわしい姿に、それに見えた。何だろう？　よく見えなかったし、何であるかもわからなかった。巨大で、長く、黒っぽい色であることだけはわかった。彼は引き返そうと思った。何といっても小さい子供で、黒く流れる河や木立を見て気を落ち着かせようとしても、その林の中で彼は一人きりだと思うと。怖ろしさでかえって神経質になってしまうのだ。河がチラと見えた。帰ろうと思いながら、足は無意識に前へ向かっていた。黒っぽい物はしだいに近くに見えて来た。凝然としたその物はぼんやりとした姿からやがて全容を現わした。魂消るほどに巨大なそれは、広い河の、岸から岸をまたいでいた。

少年はおびえきっていた。この怪物は何なのだろう？　父を呼ぼうとした。声が出なかった。叫ぼうとしたができなかった。大きな鉄の鎖が空中に垂れ下っているのが見えた。どうやって鉄の鎖が空から垂れ下るのだろう？　彼はジュリアがしてくれた妖精のお伽話で巨人共のやったことが思い出された。どこかこの近くの林の中に妖精がいるのだろうか？　鎖の下に長い平らなものがついていたが、これも空中に浮かんでいるとしか見えなかった。ついで彼は木よりも高い二個の大きな石塔を見つけた。ひょっとしてこれが巨人たちだろうか？　その時ふいに奇怪至極なことがはじまった。一人の巨人、といってもふつうの男よりさほど大きくはない巨人が、妖精の一隊を駆って森から出て来るのが見えた。巨人は空中に浮かんだ平らな物体のほうへまっすぐ進んで行き、そして消えてしまった。てっきりここは、ジュリアが話してくれた魔法の国にちがいない。邪悪な魔法使いがこれをやったのだ。もうじき巨人がやって来て小っちゃなぼくを喰うだろう。木々もそう囁いた「そうとも、邪悪な魔法使いがやったのだ。巨人がお前を喰いに来るぞ。さよならだ坊や……」。河も言った「さよなら坊や」、鎖も言った「さよなら坊や」。少年は悲鳴をあげた「パパ！　パパ！　パパァ！」。

父はすぐやって来た――良い妖精がしなやかな細杖を振ったのだ。父は、子供が長いこと見えなかったのを心配していた。そして許しを得ないで出かけて来たことに腹を立てていた。子供をピシャリとやるつもりだったのだが、そのふり仰いだ顔の、気ちがいじみた光を宿した眼を見ると、びっくりして止めてしまった。「どうしたんだ坊主、何が怖いんだね」「ああ、パパ、見てよ。鎖が空から垂れてるでしょう。巨人が石になっちゃってるでしょう。何か平らなものが空中に浮かんでるでしょう。別の巨人がたった今、馬と馬車でそれを渡ったんだ。ぼくは巨人に食べられるところだったんだ。魔法の馬車に乗った巨人がぼくをつかまえに来るところだった。ぼく、巨人に食べられちゃうのかな。木もさよなら坊やって言ったし、河もさよなら坊やって言ったんだ。おおパパ、きっと良い妖精がパパを来させたんだね。」しんから驚いた父は反射的に言った。「そうだよ、坊や」、ついでなだめるように「いいかいお前、お前はもうジュリアのアイルランドのお伽話のことなんか気にしちゃいけないんだよ。あれはほんとのことじゃないんだ。巨人や魔法使いなんてものはいないのだし、巨人とか小妖精とか妖精とかいったものもどこにもいやしないのだ。そういったものは、ずっと昔、アイルランドの国ができて間もないころに、人々の空想のなかに住んでいたものだ。それは語りつがれてきたお話にすぎないんだよ。アイルランド人というのは空想のお話が好きだからね。彼らの頭の中は風変りな考えで一杯なんだ。彼らは自分じゃそうは思ってないがね。パパはアイルランドで暮らしたことがあるからよく知っているんだ。さて、じゃ橋へ行ってすっかり見てみよう」「橋って何なの、パパ。」「お前がこれから見るものさ。怖いことはないんだ。お前に何もしやしない」。そうして彼らは橋のそばへ行った。

橋をエイムズバリー側へ渡っているあいだ、父親は、その手の人差し指に、子供が興奮してしっかりとつかまっているのを感じていた。彼の機嫌はよくなっていた。いまは子供にはっきりした認識を持たせてやらなくてはなるまい。そこで彼は話しはじめた。橋の上の道路はほかの道路とまったく同じで、ただ大きな鉄の鎖で河の上に架けられているのであり、大きな鉄の鎖は空中に浮かんでいるのではなく、石の塔に支えられていて、その塔のてっぺんを越して、端のところが地面にしっかりと固定されており、そして路盤は河の中へ落ちこまないように鎖に吊り下げられているのだ。それだから橋はたいへん丈夫で、大勢の人や荷を積んだ馬車が同時に渡っても大丈夫なのだ。話し聞かせているあいだに、幸いにも何人かの人や馬車が渡って行った。父は、自分が知っていることをやさしく説明するのは上手であった。この技術は、長年、おちびさん達にダンスを教えてきたお蔭だったが、この点に関する彼の技巧と忍耐はまったく大したものであった。彼は少しずつ、息子を夢魔の世界から、白日の現実へと引きもどしていった。そうして息子の心の恥ずべき恐怖を、自信と勇気に置き換えたのだ。こうして、子供の心は再び解き放たれ、人類の業績への驚きに目覚めた。サウスリーディングという小さな世界から突然に放り出されてやって来たこの子供は、さらに大いなる世界へと順応しはじめていた。あの大地の片隅の土地では、彼は河も橋も見たことはなかった。河も橋もなかったのである。母のもとへと戻る途中、子供は振り返って、畏れと愛をこめて偉大な吊り橋を見やった。橋は力にみち、美しくそこに架っていた。鎖は魅惑的に撓み、道は岸と岸とにかろうじて触れていた。これを作ったのは人間なのだ！　人間は何と偉大ですばらしいものなんだろう。こんな橋を作れるとは何という力だろう。再び、彼は労働者への崇敬の念を新たにした。

母は心配していていたが、近寄りながら父は「黙って」という身ぶりをした。夕闇が迫り、空気は露を含んできた。暗いメリマックは静かに流れ、蝶鮫はまだ高く跳ねていた。早くもコオロギが機嫌よく鳴いていた。それらをあとに家族はあの小麦粉と水の、憂欝な家へと帰って行った。

その日子供は間もなく寝床にはいって眠りについたが、父親は深い物思いに沈んでいた。これだけはやらねばならぬと彼は考えた。もっと克己心をもたせなくてはならない。あまりにも感激性でありすぎる。一人で森へ行かせたりなどできぬし、神秘的なものに近寄らせることもならない。血を冷やしてやることが必要だ。つまりはもっと水が必要というわけだ。肉は、いけない。そして、彼の心を日常の事柄に向けさせなければならぬ。またもっと活動的な世界を見せてやるべきだろう。造船所へ行って船を造っているところを、またプラム島へ連れて行って塩を含んだ海の空気を吸わせ、本物の大洋とその上を帆をはらませて往来する船を見せてやることにしよう。こういった実際的な物事についてはっきりと説明してやり、精神を健全にするのだ。現実を教え、訓練し、あるがままの人生を見せてやらなくてはならぬ……と、父親はそんなことを思いめぐらしながら眠りについた。

かくして、父と子は、造船所へとやって来た。四、五隻の船が建造中で、他にも何隻か、傾斜した船台で艤装をほどこされていた。一隻はまだ骨組のままだったが、一隻はほとんど進水の準備ができていた。喧燥がみちみちて、男達が行ったり来たりしていた。鉄をコーキング（訳註＝継ぎ目を叩いて気密にする）するやかましい音、ここかしこに立ちこめたタールの匂い、港のすばらしい眺め、そこを行き交うあらゆる種類の船、そして錨をおろした船。造船所のなかは働く男達でごったがえし、いろんなことをやり、みな一度に動きまわり、仕事の偉大な終点へむかって自分達を駆り立てていた。

子供はもう有頂天だった。ここには彼の熱愛する強い男たち、労働者がいた。彼らこそ子供の偶像であった。彼が連れこまれたこの世界は、なんと巨大な世界であったことだろう。大河、すばらしい橋や港、堂々と進む全帆走の船。それに新しい言葉があった。循環、柔軟体操、懸垂線、食餌療法、吊り橋等々。それらはまったくおそろしく長く、またひどく風変りな言葉に感じられたものだった。こんな風な言葉が、まだまだたくさんあるのだろうか？　言葉の世界が開けようとしていた。

彼は、一人の男が手斧を使って仕事するのを熱心に眺めた。その男は仰向けに横になって、頭の上を削っているのだった。ついで向きを変え、横の方を、それから足のあいだを、そしてまた足の前を削った。なんということだろう！　手斧を見るのも、それを使って仕事をするのも、見るのははじめてだった。やがて男が大きな木ッ端をどけると、あとにうすい削りくずが残った。これまたすばらしいことに思えた。彼は話しかけようとしたが、男は多忙をきわめていた。たぶん、早く家に帰りたかったのであろう。他の男達も皆忙しくて、彼の話の相手にはなってくれなかった。彼がここにいるということにさえ、気づいていないふうであった。もっとも、熱いタール釜のそばにいた男だけは、「そこをどきな」と彼にいった。ここでは男達が大きな厚板に穴をあけていた。むこうには板材に蒸気を当ててやわらかくしている男達がいた。さらに板材を運ぶ者、船の肋材にするために板を曲げる者、その板を適当なところにあてがって、鉄のボルトをハンマーで打ち込む者もいた。この男達は、自分と話したりする暇はないんだろう、と彼は推測した。彼は、なぜどの船も水のほうへ船尾を向けているのかを知りたいと思った。それにまた、どうやって船を水に浮かべるのかを知りたいと思った。そこにはまた、まいはだ――これも新しい言葉だ――を板材のすき間につめこんでいる者たちもいた。薄い楔と、おもしろい恰好をした槌でそれをやるのだが、その音は太鼓を叩くように聞こえた。彼は、十分話ができるくらいその男達の傍へ近寄ることもできたが、だれも忙しさにかまけて耳をかしてはくれなかった。すっかり進水の用意ができた船にペンキ塗りをしているところも見た。新しい物事が殺到し、押し寄せてきて、彼はぼうっとなっていた。彼は大変しあわせであり、また同時にすっかり真剣になっていた。

彼はこのときはじめて協同作業というものを見たのだったが、これがそういうものであることはわからなかった。彼には、個々の人間は別々に働いており、そうでないとしても小グループの人間たちが互いに助け合って仕事しているのであり、大勢の男たちは、それぞれの仕事を、自分なりのやり方でこなしているのだ、というふうに見えた。あちこち歩きまわって労働者に何事かいい、労働者はそれに従わなくてはならないような男達がいるということに気づきはしたのだが、彼はすっかり混乱していて何が何やら分らず、そのために父にこのことについてたずねることもできなかった。ともあれ、彼は船がしだいにできあがってゆくのを、そして労働者達がそれを造り上げているのを熱心に眺めていた。

彼は父と、好奇心にみちて、そこら中を見てまわった。あらゆる場所が物音にみちていた。彼は、それのもつ大きな意味を鋭敏に感じとっていた。これだけのことが出来る人間、あのメリマック河の上空高く大いなる橋を架けることのできる人間、そのような人間にとって不可能ということがはたしてあるだろうか。彼は質問の雨を浴びせ、父はそれにまずまずの答え方をしていたが、畑ちがいのことになると少々衒学的になるきらいがあった。やたらに大袈裟な言葉を使用した。知らないことは、つまりそうやってゴマカしたわけだ。

数日後、父と息子は船の進水を見に行き、子供はまた別種の、驚異の戦きを経験した。押している人間が見えなかったから、彼には船がひとりでに進水して行くように見えた。「彼女もまたその命の戦きを竜骨に感じているかの如く」と、父はうたうように言った。韻を踏んだ詩であった。この時、子供は詩というものを知った。これも新しい言葉であった。そしてまた、いつもの一連の質問がはじまり、父も最善を尽くしたが、たぶんその講釈にあまり聞きなれない、長たらしい文句が多かったためだろう、じきに飽きて眠たくなり、家に帰りたいといい出した。そんなふうにして、二人は家路についた。

ついで間もなく、子供は、前に父が話してくれた大洋を見にプラム島へ連れてってくれとせがみはじめた。まったく不可解なことに（と彼には思われたのだが）サウスリーディングには海がなかった。大きな河や素敵な橋が、また立派な造船所や港がないことも同様であった。サウスリーディングにあったものといえば、鉄道と、大小二つの池、そしていくつかの丘、それだけであった。そんなわけで、息子は父に伴われ、プラム島へと出かけて行った。「連れてってくれるはずだよね。そうでしょパパ？」こういう場合の父は寛大であった。

二人は、激しい潮風に吹かれて、急傾斜の湾曲した浜辺に立った。青い空に雲が漂い、沖合には船が浮かんでいた。ほんとうは、これまでに、アン岬で海を見たことがあったのだ。荒れ狂う海、たけり立つ海、嵐の海を見た。そしてまたその巨大なうねりも、日の光とたわむれるさざ波も見た。だがそれはもう大昔の、彼が三歳のときのことであり、三歳のころのことなど、——あるいは四歳五歳のときのことであろうと——もう記憶になかった。そこで井戸に落っこちたことも忘れていた。彼の毎日は、ちょうど、あの造船所の職人たちのように、あまりにも多忙な日々であったのである。サウスリーディングでの生活さえ、新しく立ち現われる日々の光、飲みこむようなニューベリーポートの光彩の前にすでに影うすいものだった。濡れて固い砂の上に立ちつくした二人の姿は孤独で、はるかに打ち続く単調な浜と打ち寄せる白波のなかの小さなしみ、とるに足りないアクセントでしかなかった。少年は無感動に広い海を眺めた。海は気が滅入るほど平凡で、どこまで行っても何もない無意味な広がりであった。何の情緒も風情もなくただ荒涼として、鈍い色を放ち、そこここに雲の影を映しているだけだった。何の感興も覚えなかった。わずかに、押し寄せる波の白と緑だけが陽気な気分を作り出していた。彼は浅瀬に入りたかったが、父はきっぱりとだめだと言った。浜の勾配は急だし、引き波も強すぎる。引き波？　その新しい言葉に対して、またたくさんの説明を聞いた。彼は砂の城を作ったが、押し寄せる波がたちまちそれを壊してしまった。浜辺を駈けまわり、歩きにくい乾いた砂の上を歩き、野性のツルコケモモの茂みを見つけたりした。それから彼は、海の方を向いて腕組みをし、黙想に沈んでいる父のところへ走ってもどった。

このずっと東のほう、はるかな水の彼方に、アイルランドがあるのだ、と親は息子に言った。彼はアイルランドをさがしてみたが、どこにもそんなものは見えなかった。だが、ふいに彼は叫んだ。「パパ、船が沈みかけてるよ！一つはマストを残して全部沈んじゃった。もう一つはいま沈むとこだよ！」

教育に熱心だった父は、今こそその時だと判断した。だが、どうやって海の湾曲を説明したものか。水平線についてどう教えればいいのか？　船は沈もうとしているのではないことを、どう証明するのか。彼は勇敢に、忍耐づよく、頑固に、一歩一歩やりはじめた。画用紙に図解までした。少しずつではあったが、少年はその概念を会得して行き、その顔は知性の光に輝いた。まさにその時その場所で、父は、息子がそれまで思い見たこともない新しい世界——海よりも空よりも広大な、知識の世界への道を開いたのであった。少年にとって、この無辺際の世界への門口は、ある一つの幻影によって象徴されていた——沈みゆく船の幻影である。

さて、いまやボストンに帰るときが来ていた。学校は間もなく始まるだろう。その準備の大さわぎにかまけて、七歳の誕生日は、彼自身さえ忘れているうちに過ぎて行った。ニューベリーポートは去り、ボストンが待っていた。

Ⅵ　ボストン

「記憶」という水晶球の深みをしずかにみつめるとき、あるいは、記憶という名では呼ばぬにせよ、ずっと以前に過ぎ去った出来事の光景や音や色彩を探索しようというとき、つまり過去の出来事を、思い出すのではなく、再びその中へ入りこもうと努力するとき、そこに二重の運動が生じていることに気づく。忘却の仄暗い表面から映像が浮かび上り、薄れて行く靄《もや》をとおして、やがて広びろとした視界がそれが生きて真実なものとして感じとったかつての時そのままの色彩と動きをともなって開けてくる。一方、集中した精神は、間にはいって邪魔をする大気の厚みを突き抜け、特定の時、場所という充実したリアリティを求めてひたむきに下降して行く。近づくにつれて、それはより明瞭に、またより色彩あざやかに、脈打ち、魅惑し、納得のゆく姿をとってくる。空間はひろがり、細部は精密になり、村や町、農場や工場、集まりまた散って行く男や女、そして子供達――つねにどこにでもいる子供達――それらが、その響き、色彩、動きが、眼にも耳にもいっぱいにひろがってくる。そんな具合に進行して、二つの大いなる幻影、一人の夢想家の二つの夢は、加速されながら突き進んで、やがて二つながら、一つの、これまた夢に過ぎない生命の中へととけこんで行く。過ぎ去った日の夢は、今日の夢想家を包み、支配している。今日の夢想家は、過去の夢のリアリティを内に包み、それに参加し、かつそれを所有する。すべては未知の力の測り知れない沈黙の内にあり、我々は、我々のもつすべて、我々が自ら真実《リアル》であると信じるものすべてと共に、そのなかに浮かび漂っているのだ。我々は真実《リアリティ》の存在を信じ、力の限り生きている時間を、実際的な行動を、雄弁に喋る瞬間を、そしてまた沈黙の時をすら信じている。眠りのなかにもいろいろなイメージが現われる。漂い流れるようなイメージもあり、あとになっては取り戻すことのできないイメージもある。またときにははっきりした説得力のあるものもある。我々は気楽に夢について語る。そして夢のなかみを人間の野心にまで拡張しようとさえする。帝国を、支配を、成功を、また何事かの達成を、夢見るとか、夢見たというふうにいう。そうした夢は、おとなになって、その力の絶頂において形成されるというのではなく、子供のうちから昼の光の中に芽生え（夜の夢にそれなりのあり方があるように）、熱情を喚起するものであることも、折にふれての様々な見聞から我々のよく知るところだ。

我々は、夢想というものを、日中忙しく立ちはたらいている時の思考や行動と一緒にはしない。日中、星を見ることはないのと同じだ――けれども星がそこにあることは知っている。同様に夢も、つねにすべての人間の心にある――昼夜の分ちなく、絶えることもなく。

我々は夢想を咎め立てして、ある種の人々を「夢想家」と呼ぶ。むろんその人をあざわらってのことだが、目くそ鼻くそを笑うの類である。かつては我々自身が、ひと足ごとに白昼夢にふけっていたことを忘れているのだ。実用向きの思考というものは、それほどに自然さからも素朴さからも遠いものである。我々はまた、かつて我々が子供であったことを忘れ、我々が小さな子供が大きくなったものとして今日あるのだということを忘れている。また子供の日に考え、感じ、感動し、影響され、歩きながら夢見たことに今の我々は縛りつけられており、一生を通じて、好むと好まざるとに拘らずあらがい難い力で支配されるであろうことを――つまり、少年の日の我々が受け入れたことを今の我々は受け入れ、少年の日に我々が拒否したものを今の我々は拒否しているのだということを、くだらない考えとして一顧だにしないのである。

こうして、記憶の深い沈黙の淵から、少年の日が、人生を通じての夢として、永遠の時間と空間とを有する夢として立ち返ってくる。その少年のなかに、かつての、そして今の我々を見出すのだ。環境は、影響を及ぼすことはできても、変更することはできない。なぜなら、環境というものは思考とか行為とかによって次から次へと作り出されるものであり、その思考や行為はやがて時到れば途切れることなく成熟してゆくものなのだが、そういう環境そのものを創り出すのはほかならぬ子供自身、その多様性なのだから。我々が今生きているこの環境、その基礎を作りあげる者は、ずっと昔の、あの活発で多様な要素をもっていた子供なのである。こうして、記憶の鏡のなかに、我々は、我我自身を再び見出す。その中に、我々が信じているとおりの我々の姿を見出すことを期待するが、その像は、もう長いこと忘れていた少年のころの容貌と分ちがたいものであるだろう。この像を否認する人もいるだろうが、私にはできない。

自己を凝視することをしばらくやめて、あたりの子供達に眼を向けてみよう。子供達が動きまわる潮の満干のような波を見る。我々は、部分的に彼らに支配され、同時に、彼らは部分的に我々の支配を受けている。だが、彼らの我我に対する支配のやりかたは新しく、我々のは古い。我々の動きは老人のそれだ。我々は子供のころのやり方を忘れ、思考や行為の堆積を、潮垂れた衣の裾のようにうしろに引きずっている。

このようなイメージを心に描きながら、筆者はこれまで、拠り所となるべき子供の頃の生活のスケッチを長ながとやってきたわけである。長い年月が明らかにしてくれたことは、本能とか知性という、時を超えて引き継がれてきた大いなる遺産に深く根ざした、そうした土台のみが、力強く聳え立つ上部構造を育てることができるということである。人は愚かにも、その子供を自分の模写であると信じている。また、子供を自分に似せて、自分のために創造するのだと信じている。彼らは、自分が通常は、子供達が予見できないような一人前の男や女に育つまでその手助けをするだけの存在にすぎないということに、まるで気づいていないのだ。子供達は、彼らとは本質的にはっきりと異質なのだ。それ故、子供の、環境の影響を受け入れあるいは拒絶する個性の奔流にも彼らはまったく関与することはない。さかのぼって見ても、またこんにちのありようを見ても、我々は子供の運命の支配者ではなく、むしろその支配に服する者であるというべきだろう。なぜなら、運命というものも、子供が何を受け入れ、何を拒否するかによってきまるのだから。

*

脇道にそれて注釈を加えたが、さてもとにもどって、おなじみの少年の物語を再び始めよう。そして彼の、虚実とりまぜて果てしもなく拡大して行く世界における一連の取捨選択を——幼いときから見てきたように——それがどのように行なわれ、またそれが、彼の進路の決定にどのような意味をもったかが窺えるようなチャンスにめぐり会えるまで、引続き見てゆくことにしよう。いまのところ彼はまだ、自分で人生行路の方向を定めるまでには到っていない

6

のだ。

彼らがニューベーリポートからボストンに戻って間もなく、父はある個人的理由から、家族を連れてノバスコシアのハリファックスに移り住むことに決めた。そして六箇月間、そこで暮らした。

＊

小さな少年が一人、メイン州イーストポートの桟橋に、手に大きな西洋スモモを一個持って立っていた。その少年は、ファンディ湾を行き交う人々の重労働をくい入るように見ていた。それから、いま自分が住んでいるハリファックスのホテルを見た。そこではいま彼のための特殊学校が開かれていた。少年は、父の厳しい訓練に辛抱強く耐えた。父は、風の吹きすさぶ「北西の入江」に沿って、零度以下の天候の中を何マイルも歩かせるのだった。頬と鼻を真っ白にして帰って来ても、雪で顔を洗えというだけだった。父も同じことをした。少年は、彼が神のごとく崇拝する者達が、固い粘板岩の岩盤を貫いて送水管を通すために、深い溝に発破を仕掛けているのを見た。また大きな砦が高台に聳えているのを見た。そこからも港を眺めたことがあった。

災難がふりかかった。母がジフテリアにかかったのだ。そのころ大きくて堂々としたニューファウンドランド犬がいた。彼らがここにやって来たとき熱烈に歓迎し、たちまちなついてしまったのだったが、その犬は忠実に母の寝室のドアを見張りながら、毎日毎晩横たわっていた。母は回復したが、この病気は家族に変化をもたらすことになった。

春になって彼らはボストンに戻った。ルイスは、秋になったら両親のもとへ帰されるという条件付きで、サウスリーディングの祖父母の所へ遣られた。農場でのちょっとした仕事にたちまち彼は没頭し、できることは進んでやったし、小さな仕事にも大いに精を出した。それを労働と考えていたわけではなかった。楽しみとしてやったのだ。心身共に活発であった。自分の仕事にいつも熱中し、またなかなかに建設的だった。祖父も働き者だったので、二人は良い相棒となり、一緒に計画し、働いた。まわりの自然は、彼にとって前ほど神秘的なものではなくなっていた。それを愛してはいたが、ぼうっとするほどの驚きにとらえられるということはもうなかった。幼年時代の繊細な開花の時期は終って、少年期の活気と積極性が、同じ深い根から伸び出る枝のように伸びて来ていた。野外への彼の愛は昔と同様熱烈だった。彼の裡には自尊心、野心、そして盛り上がる力の意識が育っていた。その力をいつの日か思いきり行使してみたいという気持は、いまや彼の一番強い願望であった。その夢の中には、意識されないものではあったがより深い白熱した力が宿っていた。その力こそ、この同じ場所でかつて彼が見聞きし、そして充実した生命を実感した、移ろいやすく騒がしさに満ちた春、その春を満たしていたあの力であった。

祖父は、少年の教育ということにはまったく頭を悩ませていなかった。というのも、賢明にも彼は、少年がその資質や年齢相応の教養を日々自ら体得していることを知っていたのだ。が、祖母はそうは思っていなかった。孫には教育が必要であり、とりわけフランス語の系統立った勉強は今始めなければならないと考えた。ルイスは大変意欲的で、上機嫌で習いはじめた。響きも気に入ったし、イタリック体で記された言葉は美しいと思われた。しばらくは順調に進んだ。だがもう少し先へ行くと、文法書やリーダーのばかばかしさに重苦しさを覚えはじめた。その内容ときたら、まるで蠟細工みたいな父親が、やはり蠟人形じみた子供達を毎日散歩に連れ出しては、その道中わざとらしい道徳的言辞で造物主の仕事を説き、信心深い退屈なお題目を果てしもなく並べるといったていのものなのだ。ルイスは反抗的になった。ぼくはアメリカ人だ、友達は誰もフランス語なんか喋らないのに、なぜ僕だけこんなことをやらなきゃならないの、とわめき立てた。祖母は、いつもの寛大さで教育を一時中止した。彼女には少年の心がわからなかった。彼女にとって、孫とは、無限の愛の対象であり、それだけのものだった。けれどもその愛をもってしても、自身の幼年時代の思考に穏やかに固まっている老人と、自分の考えと衝動的な意志をもつ活気にあふれた若い動物との間に、裂目のごとく横たわる大きな隔たりを、越えることはできなかった。そういう祖母を、少年のほうでは、世界一優しい人であると思い、またそう思っているだけだった。

こうして夏は大きな鳥の翼の一薙ぎのように過ぎて行き、ルイスはそうやって過ぎて行く夏を見た。まさにそのようなものとして彼は見た。見かけがどうであったにせよ、本質的に彼は神秘家であった。自分で言葉にすることはできなかったが、見たものの不思議さに打たれ、そして信じた。こうした束の間の黙示は、現実主義的で感覚的な日常の間奏曲として去来するものだった。彼は詩を聞くくらいなら石壁を築く手伝いをしているほうであった。ただジュリアのしてくれるお伽話だけは別で、それにはロマンスがあり、そしてロマンスには彼は弱かった。

ある朝——九月三日のことだ——ルイスは早起きして、さっそうと得意満面に出かけて行った。ストンハム街道で、知り合いの農民に出会って彼は話しかけた。

「こんにちは！　ぼくが今日から八歳だってこと知ってる？」

「うんにゃ、そうかそうか、そりゃてえしたこった。いってえおめぇさん、いくつになったって言っただね？」

「八つだよ。ぼくはもう大きいんだ、ぼくの力を見せてあげようか」

「いやぁかんべんしてくれ。おめぇは強えともさ。」

「そうさ。ぼくはね、ぼくのおじいちゃんが持ち上げるのと同じ位の石を持ち上げられるよ。もちろん、おじいちゃんはぼくよりずっと年上なんだ」

「おめぇはいくつになったって言っただっけね？」

「今日で八つって言ったんだ、覚えといてよ。ぼくの胸をドンとやって見たい？　なんにも言わないよ（ぼくの胸をあなたが思いきりどやしつけたいならおやりなさい、ぼくは黙って耐えてみせる）。ぼくの新しいブーツを見た？　おばあちゃんが誕生日にくれたの」

「うんにゃ、まだ見てねえな」

「じゃ、いま見てよ。ね、爪先に銅がついていて、上側は赤なの。スゴイでしょう」

「ああ。おめぇ、いくつになったって？　そんな良えブーツ買ってくれたばあちゃんは、偉えばあちゃんだねえ」

老人は自分の子供の頃を思い出し、今の衰えと老いとを反芻しながら埃だらけの道をよぼよぼとあるいて行った。

一方、少年は、大威張りの自慢話を家から家へ、野良から野良へ、男だろうが女だろうが、また子供だろうが見つけしだいに喋ってまわった。だってそうじゃないか。ぼくは八つなんだ！　彼はその日、小さい子供と少年との間の見えない線を越したのだと、さながら英雄にでもなったような気分で思ったのだった。素晴しいブーツは勇気と、彼が為し、またこれから為すであろう行為の証明書であった。それはまた、彼が全身全霊こめてあこがれていた男らしさの象徴であった。（そう、その通りだと彼は言ったことだろう。）彼の武勇談は喜びと、あふれるような信念にみちていた。

しばらくして、南から合図の角笛が吹き鳴らされた。角笛に応えて、彼は帰って行った。ボストンが彼を、ぐいと呑みこんだ。

効果はたちまちあらわれたが、それはみじめなものだった。よく繁った植物を戸外から薄暗い地下室に移したようなものだった。大都会の瘴気が、環境に敏感な少年を蝕んだ。黴が生えた。野心の芽も葉も落ちてしまった。すでに都会の毒に染まったまわりの連中には、ごく近しい人にさえも、何の慰めも見出せなかった。彼は大ぴらに悲しむことをやめた。大都市へのもどかしく無気力な反抗心で心が膨れた。たくさんの街路は曲りくねり、汚れ、その飼葉桶のような横丁にはばかげた恰好をした家々が肩と肩とをくっつけ合って利己的な豚みたいに犇めいており、それらは彼を苛立たせ、息苦しくさせた。人や馬車の群があてもなく――と彼には思えた――走り廻り、彼を困惑させ、圧倒し、驚きと吐き気と狼狽とを惹き起こした。それにつけても思い出されるのは、最愛のサウスリーディングの美しい戸外であり、ニューベリーポートでの偉大な人間の営為であった。そこでは人間は何事かを為し、明白な目的のある行為があり、卓越した力の明示があった。だが、このボストンはもはや朽ち果てた街のように見えた。彼はあまりの憂欝と当惑と心痛で、自分の悲嘆や失望を言葉にすることもできなかったし、気休めも見出せなかった。そのすべてをすっかり自分の中に閉じこめておいたので、倦怠と絶望が彼を毒してしまった。ますます大きく素晴しく感じられはじめた戸外の世界から閉じこめられ、一冬をこの狭苦しい所で過さなければならないことを思うと、しばしば逃亡へのやみ難い欲望で一杯になった。もし父が、直ちに再び冷水浴と戸外の運動という厳しいトレーニングを開始しなかったら、あるいはまたロクスベリーやドーチェスターやさらにはブルックライン——そこには少しばかりの緑と、のびのびと開けた感じがあった——への長い散歩に連れ出すことをしなかったら、彼はまちがいなく脱走の決意を実行に移していたことだろう。どこへ逃げようというのか？　解放と自由のある処ならどんな所でもよかった。

最初の衝撃からいくぶん回復してきたころ、情容赦のない父は、コモンストリートにあったプリマー校に彼を就学させた。ルイスはこの学校を、下品で、言いようもなく陰気で、子供のための不潔な監獄であると感じた。彼は何も学ばなかった。彼を教える者もいなかった。彼がここで見たものは記録するに足りない。

冬は過ぎて行き、ルイスはいつも、あてどない気持で本当の教師を待ちわびていた。だが、薔薇が善い堆肥のなかから芽を出し優雅な花を咲かせるように、この学校の不潔な泥は、正反対のあるものを育てた。それはある熱烈な、飢餓にも似た憧れの念であであったが、それは彼を晴ればれとさせ、また喜びさえもたらした。それは公認の抑圧ときまりきった日課とによって彼の心の内に築きあげられていたダムを破壊し、溜っていた汚水を一気に押し流して再び生命の流れを正常に回復させたのである。栄養のよく行き届いた子供の飢えとは、そうしたものなのである。

一八六四年の冬がその終末の呻吟のさなかにある頃、母は再びジフテリアに罹ったが、今度も回復した。都会の冬が終り、春も過ぎて行った。やがて夏休みになるとルイスは祖父母の許へ戻り、今や十分な広がりのなかでの動きを取り戻し、そして秋に都会へと帰った時には、彼の苦痛もいくぶん弱まっていた。彼はさっそく、創立されたばかりのライス校に入れられた。その学校は、当時ワシントン通りの西側、ドーヴァー通りからちょっと離れた所にあり、間に合わせに薄暗い建物に間借りしていたが、そう穢くはなかった。ここでも、はじめのうち、以前に機械的に身につけたものが抜けぬ間は、やはり何も学ばなかった。その頃、ビードルの十セント小説本が流行に乗って近くの本屋に現われた。ルイスはそれに飛びついた。彼はお寒いメロドラマを貪り読み、更にもっととせがんだ。とうとう、彼はロマンスにめぐり合った。再びここに大いなる人間の営為を見出した。ここには戸外の活動があった。彼はその中で生きた。ワシントン通りのおそろしく俗っぽい空気の中にいる時も、またライス校で2：4＝4：8をつめこまれている時でも、その活動をありありと思い描くことができた。彼は、つねに蠱惑的な美しさをたたえ、またつねに十八歳でもある標準的な淑女にとりたてて関心を抱くわけではなく、またしばしば悪漢にも寛大であったが、物語のヒーロー――その耳もとを、大きくて残虐な蛮人の放つ矢が掠めて行くあの華々しい神人――彼こそはルイスの腹心の友であった。ページ毎に彼は戦慄を覚えたが、それはこれまで学校で感じたもののどれをも上まわっていた。彼は数年間、この学校にとどまることになり、その間に少しずつ都会化されていった。その活動範囲も当然絶えずひろがって行き、この数年の年月は大なり小なりの様々な事実で満ちていた。彼の地理探検行もサウスリーディングを中心にストンハム、ウォバーン、ノースリーディング、ソーガス、イプスウィッチへと、またボストンを中心としてロックポート、グロスター、マーブルヘッド、セーレム、リン、ナハントへ、また南へはジャマイカ平原へと広がった。ボストンとサウスリーディングの間にはサマーヴィル、モルデン、メルローズ、グリンヴィル、サウスリーディング交叉路などの村や集落が点在していた。その交叉路の西には水晶湖《クリスタルレイク》と呼ばれる小さな湖があり、周囲は何もない荒蕪地だったが北側の岸に氷室が一つあった。サウスリーディング――当時はたぶん二千人位の村だった――の北にある大きな池は、公式にはクォナポウィト湖として知られていた。この湖の西の岸から岬が突き出していて、この岬に共同墓地があった。

　この時期のルイス・サリヴァンはむやみと物を知りたがり、ボストン中のあらゆる街路や細道や袋小路を、またドックや波止場の端から端までを縦横に探索してまわった。さらにチャールズタウン、チェルシー、南ボストンの一部まで踏査の足を伸ばした。こうして、多様で多少とも混み入った活動力の集合体としての都市がもつ客観的な意味を、徐々に明確な観念に形づくっていった。実際彼は都市を力として――これまでは知らなかった力として――感じ取っていた。それは彼の地平線上に新たに勃興する力であったが、しかしまたそれは、少年の日に夢見た力の中味をふくらませ幅をおし広げた力であり、かつて彼がそれを夢見たとき、戸外を行進して行く季節の華麗なマーチの律動として明瞭に感じ取ることができたあの力であった。けれども、彼の子供らしい見方によれば、両者の間には神秘的なはっきりとした相違があるように思われた。戸外ではすべてが自由で、広々として、輝いていた。都市では何もかもが縮かまり、制限され限定されており、無慈悲に詰めこまれていた。自分と都市の間には永久に解消されない厳しい対立が横たわっていると感じた。あたかも人間はその狂気の時に都市を作り、それが人間の支配下に成長して行くあいだに、人間を征服し監禁してしまったのだと思われた。にもかかわらず、男や女や子供達は、いつでも十分自由に振舞っているように見受けられた。こうした疑問や危惧は時折波のように彼を訪れ、そのつど少年のまごつく心に一種の沈澱物を残して行った。彼の学校への敵意は少しずつ薄れて行き、それにつれてばらばらの知識が教科書から這い出して来て、それらはそれぞれに正当らしく思われたが、彼自身の世界とはあまり関係がなかった。彼はまったく反抗をやめ、ためになるとかいうやくたいもない薬を呑むように、固くるしい型にはまった教育のきまった服用量を呑みくだしていた。ここまでのところでは、父は彼の唯一人の成功した教師であった。

少年はこれまでにいろいろな知識を獲得してきたし、いまも引続き獲得し続けていた。その一部は、彼の抱いていた幻想を裏返しにするような一連の衝撃――しばしばそれは不面目なものだった――を通じて得たものであり、また一部は、彼自身のするどい観察とおそらくはある種の直感によるものだった。けれども、その大部分は、そして基本的には、彼の外界に対する強い感受性を通じてであった。その感受性を不断に彼は持ち続けており、もはやそれは彼を性格づけ、限定し、いわば個性となっているものであった。いま、また別の衝撃を迎える機が熟していた。

ある日、父は彼を南ボストンへの散歩に連れ出し、頂上に貯水池のある高い丘を駈足で登らせた。天辺にたどり着くと、眼前にすばらしい視界が開けた。見るなり少年は、生きとし生ける物への、また母なる大地の大きく広がる力への畏怖に打たれた。もう久しく忘れていたハリファックスでの日々以来、こうした景観をもつ頂きに登ったことはなかった。父の〈風景〉への愛が、二人をここへ連れて来たのだった。驚きでぞくぞくしながらみつめている少年に、父は、次から次へと美しい風景のそこ此処を指し示した。おしまいに二人は〈青い丘陵〉へやって来た。実際その丘は青く、地平線を背景に、靄に包まれたその姿は魅惑的だった。靄の性質などを説明したあと、父は、近くに隣りあって聳えている大きさのちがう二つの峰に注意を向けさせ、単刀直入に質問した。

「あの二つの山のどっちが大きい？」

息子は手もなく罠にはまって答えた。

「もちろん大きいほうが大きいよ――なぜそんなことをきくの、パパ。」

はめられたルイスは正体をなくす位びっくりした。なぜなら父は（その時の父の口調に意地悪さがこめられていたことは疑いの余地がない）こう言ったのだ。

「小さいほうが大きいんだよ」

我にかえったルイスは猛烈に反論したが、父は、自分はそこに行ったことがあるから知っていると言うのだった。それから、この教訓的な冗談の効果を十分に見届けたうえで、息子にまじめに話して聞かせた。印象、外観、見まちがいは、実は遠近《パースペクテイヴ》の問題であるのだと。そして彼は、遠近感の本質をその特別な場合や通常の場合について大変巧みに、わかりやすく、いろいろな実際的な例をあげて説明した。だがルイスは、この知識を拍手と喜びで受け取ることはせず、新しい世界が眼前に開かれているというのに、深い憂鬱にとらわれていた。父は、自分は息子を教育しているのだと心から信じていたのだが、その実息子をもう少しでだめにしてしまうところだった。彼は心理家ではなく、人間的な思い遣りや洞察力にも欠けていた――それ故、自分の息子の内面で何ごとかが進行していることに気づかなかった。息子は彼自身の大事な世界を作りあげていた。それは夢想と、実用性と、深い信頼と、そして外界を純粋に受け止めることなどから作りあげられていた。だが今それは、新しい世界の発見によって根柢から震え揺らぎ、彼の上に崩れ落ちようとしているか、さもなければ未知の世界から突きつけられた恐ろしい暴露の前にあえなく消失しようとしているのだった。父が〈パースペクティヴ〉と呼ぶ化物じみた超自然現象を彼は怖れた。父がそれについて話してくれたことも助けにはならなかった。なぜなら、父の見るパースペクティヴの背後に、少年の見るパースペクティヴがあったのだ。それは父には見えないものだった。それは不可思議さというパースペクティヴだった。それは外観の背後に、またその内部に、そしてその前に横たわり、必要ならすべてを説明し明らかにしたことだろう、ちょうど父が、自分のパースペクティヴをもって不完全に説明し明らかにしたように。あの優美な楡の樹の中にも、この不可思議さは棲んでいなかったろうか？　またあの偉大な朋《とも》であるセイヨウトネリコの樹は、不可思議さに包まれていなかったか？　彼と大地とを光り輝かせたあの昇る太陽もこの不可思議のパースペクティヴの一部であり、それは外観の背後に、そして父がパースペクティヴと呼ぶ透明なお化けのさらに背後にあるのではないのか？　真実らしく見える物を信じてはならないのか？　ボストンそのものが、そのすべてが、仮面であり、いつわりなのだろうか？この中に、あるいはこの背後に、パースペクティヴなる、それさえ理解したらこの町を黙示し明らかにし理解させてくれる不思議があるというのか？　この不可思議は理解できるのだろうか？　断固として、彼は決意した。理解するのだ。遅かれ早かれ、それはできるだろう。こうして、父の面白半分の冗談は少年を激動の中に放りこんだのだった。このような緊張度の高い感情は持続しないものだ。このような幻像は消え去らなくてはならない。このような恐怖は過ぎ去らなくてはならぬ。そしてそのとおりになった。この混沌は短い白日夢程度しか続かなかった。だがその白日夢のなかで、その混沌の底で、決して過ぎ去ることのないより深い夢が生まれていた。こんなふうにルイス・サリヴァンは受け入れ、拒否し、そして拒否し、受け入れたのだった。

　彼は以前と変りない学校と街へ戻った。休み時間になると早速、自分と同じサイズなら誰であろうとやっつけてみせると宣言した。すると〈彼のサイズ〉の誰かが彼をせせら嗤い、かくして二人の〈同サイズ〉たちは、公正に始まり不公正に終る規則にのっとって殴り合いをはじめるのだった。二人は取っ組み合って通りの真中まで出てしまう。まわりにはいろいろなサイズの興奮した悪党どもが集まって、熱をこめて声援しながら取巻いていた。適当な時が来るとその一人が吹鳴る。

「もういいだろう、止めさせろ」

ルイスの宣言は、時には実行され、また時には不首尾に終った。しかしそれはどちらでもよかった。すべてゲームであった。学校には、印刷こそされないが、ちゃんとした〈紳士録〉があるのだ。また厳格な階級制度が確立されており、その中での順位は、彼が誰をやっつけたか、そして誰が、またどのサイズなら彼をやっつけられるかによって明確に決定されるのだった。こんなことと並行して、ルイスは少しばかりの地理と算数の知識のほかに、あらゆる種類の罰当たりな言行、必要なかぎりの隠語、覚えられるだけの益体もない言葉屑を拾い集めていた。言うなれば彼はギャングの端くれか、ならず者の片割れみたいなものであった。けれども彼は、善良な少年達をぶん殴るということは、彼らが善良であるというそれだけの理由から、自尊心にかけてやらなかった――といって、それでどうこう言われるということもなかった。

彼の勉強は申し分なく進捗している、と母は思っていた。何故かといえば、彼の先生がどういうわけからかそう保証したからで――おそらくそれは真実を隠すためだったのだろうが――それで母は今や彼にピアノを習わせるべきであると考えるようになった。ルイスはそうは考えなかった。が、母は断固として実行し、ルイスは屈した。練習は毎日三十分だけでいい、と母は約束した。彼女は誠実にもピアノの上蓋の上に時計を置いて――これは致命的な誤りだった――練習は始まった。ルイスは音楽が嫌いなのではなく、その逆だったのだ。そのちょっと前にも、両親は彼を、ヘンデル・アンド・ハイドン楽団の演奏する壮大なオラトリオを聴きに、ボストン・ミュージック・ホールへ連れて行ったのだった。彼は合唱隊のすばらしいハーモニーと豊かな声量にまったく圧倒され、またも新しい世界を啓示された気分になっていた。

彼は、母に、荘厳な楽曲に編曲されたすばらしい五指練習曲の一つを弾いてくれとせがむのを我慢した。そんなことはできなかった。ルイスは母を愛していたが、自分がピアノに付き合わされるのは嫌いだった。レッスンは破局へと進んだ。五指練習は彼をうんざりさせ、練習小曲は憤激させた。彼は時計をみつめ、ピアノを蹴飛ばし、見当違いの鍵を叩くなどして、まったく手に負えなくなってしまい、ある時など、とりわけひどい三十分の苦悶の果てに、母はヒステリックに泣き出してしまう始末だった。ルイスは、自分のせいでそうなったことを知ると、これも母の首に抱きついて、一緒になって胸が張り裂けんばかりに泣いた。こうしてピアノのレッスンは、相互の理解と母の寛大さによって終了した。母は、ひどく腫れ上がった眼からまだ涙を流しながら、後悔はしても矯正不能の息子を、黯然と、言いようのない悲しみにふたがれてみつめるばかりだった。だが——ここで小声で言っておくなら——ルイスの手はピアノには向いていないことを母は知っているべきであった。ルイス自身もそんなことは知らなかったが、すべての災難の原因はここにあったのだ。

今度は、父が息子に絵を教えようと思い立った。息子のほうでは教わりたくなかった。図画は大嫌いだった。皺伸ばし器や、脚立や、テーブルや、それにモップやバケツといったものを前に、石版画の模写をやるという図は、どうも気乗りがしなかった。ルイスは文句を言った。父は、鞭が少しは効果を発揮するだろうと考えた。彼はそれを実行に移したが、母が雌狼みたいな眼で睨みつけた。父はひるみ、絵の勉強は死産ということになった。一回きりであった。

その頃、サウスリーディングという村の名前は、住民投票によってウェイクフィールドに変わった。籐《とう》成金のサイラス・ウェイクフィールドが、自分の名前と引替えに新しい公会堂を寄付するというのはうまい考えだと思ったのである。住民のほうでもそう考えたのだ。そのとおりに事は進んで、ルイスの住み慣れた農場はサウスリーディングからウェイクフィールドへと、魔法の絨毯に乗って飛んで行ったような按配だったが、さしあたっては昔のままにじっとしていた。

一方、一八六八年にはまた、バックベイ地区の新しい埋立地に、新しい学校の建物の建設が進んでいた。その学校はあらゆる面にわたって最新式の設備が施され、ライス中学校ビルディングと呼ばれることになっていた。

この年の冬、母は五度めのジフテリアに罹り、生命は絶望と見られたが、またも危機を切り抜けた。父は、今やすっかり怖がってしまい、ついに東風は死を意味すると信じこむまでになった。それで、一八六九年の夏に、彼はルイスを祖父母の許へ残し、そこで教育を続けさせることにして、シカゴへ引越して行った。ルイスは母の肩で啜り泣いたが、父に「さよなら」を言ったときは少なからずほっとしていた。今や彼は自由の身だった。

Ⅶ　ニューライス中学校

ある日、ボストンで、九つの少年がワシントン通りの東側を、北へ向かって歩いていた。ちょうどその時、〈ヤンキードゥードル〉(12)を口笛で吹きながら、男が一人軽快な足どりで通りかかった。初老の男で、色褪せたブルージーンの肩から一足の長靴をぶら下げ、長年使い古したひどいシルクハットをかむり、灰色のアンクルサム流の顎鬚を生やしていた。このヤンキードゥードルは、来る日も来る日も、もう何年にもわたってこのワシントン通りのいつも同じ東側を行きつ戻りつしていた。この男は、いまでは伝説的な存在となった靴直し職人であった。少年は、近づいて来る男の優しそうな顔を見やって、その澄んだするどい響きの口笛にこれで百回めの絶望的な賞賛を送った。それに負けない口笛をなんとかして鳴らそうと、無駄な試みを繰返していたのだ。ヤンキーは少年とすれ違って南のほうへ行ってしまい、少年はサウスベネット通りへと曲がって南側の歩道を歩いて行った。ハリソン街までのちょうど半分位来た所で、彼の前の歩道に紙袋が落ちて来て破れ、舗道に堅いキャンディが散らばった。少年はびっくりして跳び上がり、周囲を、それから上を見た。真向かいの二階の窓からむき出しの太った二本の腕と、広い胸と、大きくて横幅のある赭ら顔がのぞいていた。髪はまっすぐで黒かった。太った指が彼になにか合図し、厚いくちびるが何か言った。戸口の番号は二十二だった。彼が生まれた家である。が、そこにはもうP・サリヴァンと黒く筆記体で書いた銀色の名札は無かった。

アリス・ルックという名前の可愛らしい子供の思い出が、もう何年も見ていないある場所へと彼を誘《いざな》った。彼女は、彼らが共にまだ三つだった頃、隣りの家に住んでいたのだ。彼女が住んでいた神聖な家を、また二人でままごと遊びをして彼女が母親役をやり、彼のことをパパと呼んだあの中庭を、いま一度見たい、と彼は思った。

懊悩しつつ彼はハリソン街のほうへあるいて行った。ベネット通りは一ブロックの長さで、そこで終っていた。そこまで来て、彼は、堂々とした恰好の何本かの木立に眼を止めた。木々には葉がまるでなくて、一見して病んでいた。小枝や太い枝のあいだに、幹にさえも、何百という毛虫の巣がかかっていて、それが木を老いたみすぼらしい姿にしているのだった。一本の木にかかった巣の数をかぞえているあいだにも、毛虫は次から次へと、高い所から下へゆっくり降りて来た。空中に、見えにくい状態で一時《いっとき》ぶら下がっていて、すっかり下へ降りきらぬうちに偶然通りかかった人の上に落ちるのもいた。その一匹が、コートの袖の上で身をくねらせているのを仔細に眺めていた時、少年は小太鼓が鳴る音を聞いた。両側の歩道に人だかりがしはじめた。太鼓の音は悲しみにみちていて、どうにもならない倦怠感と、もう何もかも終ったというような感じをその響きに漂わせていた。通りの北のほうに、青っぽい人の群がぼんやりと見えた。歩道の人だかりはますます増えて、男や女や子供達がひっそりと黙って立ちつくしていた。進むにつれてはっきりと見えてきたその群は色褪せた紺服の一隊で、太鼓の哀調を帯びたリズムに合わせて、波のように揺れ動きながら行進していた。太鼓隊が通り過ぎると急に静かになり、その静けさの中を、疲れた男達の横隊がいくつも通り過ぎて行った。彼らは古ぼけた紺色の服を着、右の肩に銃をのせ、どの顔も陽灼けしていた。くたびれた足どりで、舗道に時を刻むかのように、一、二、一、二と過ぎて行った。この行進する男達には、みすぼらしい服を着てショールを頭からかけた女達が、ある者は悲嘆にくれ、ある者は喜びの表情で従っており、そのなかの大勢のスカートには汚れた子供達がぶら下がっていた。整然とした古参兵の一連隊、それに従う女達、その子供達は、二列になって緊張して見守る男達、女達、子供達という三とおりのさまざまの思いのあいだを通り過ぎて行った。見守る者達の多くは涙ぐんでいた。

少年にとってこの光景はあまりに強烈だった。胸が張り裂けそうだった。この帰還兵のドラマははじめての胸痛む経験だった。毛虫に荒らされた木に凭掛りながら、彼は同情の涙を流した。泣き止んでコートの袖から眼を上げたときには、ハリソン街はもう空っぽだった。だが、少年の心の中はそうではなかった。彼は同情で一杯だったが、それと共に、今見たすべてが何を意味しているのかわからなくて不機嫌であった。あの色褪せた紺色服の男達の背後にある秘密は何なのだろう？　満足の行く答は見出せなかった。男達は除隊させられたのだという言葉が、彼が聞くことのできたすべてだった。

彼は週末にサウスリーディングへ行く許可がもらえるまで、そわそわと落着かなかった。表向きは祖父母を訪ねるのが目的だったが、実のところはジュリアに会いたかったのだ。自分の心を打明けることができるのは彼女だけだった。彼には祖父がいうだろうことはわかっていた。祖母のもわかっていた。彼がどうしても聞きたいと思ったのはジュリアが何というかだった。祖父と祖母とに心をこめた挨拶をしたあと、彼は台所へ忍びこんだ。そこにはジュリアはいなかった。納屋へ行ってみたが、やはりいなかった。それで今度は三文小説流をやってみることにした。遠まわりをして古い果樹園を抜け、インディアンがやるように木から木へ身を隠し、草地を調べ、四つん這いになってゆっくりと進み、不意打ちに備えて後方にいる架空の相棒に合図を送り、そしてとうとうあの幅広い背中と燃えるように真赤な厚ぼったい髪を見つけ出した。ぴったりと匍匐して、隣りの木のうしろから接近した。ジュリアは乳搾りの椅子に腰掛けてじゃが芋の皮をむいているところだった。悪漢は狂気の如くに襲いかかった。ジュリアは残忍に捕えられ、首に腕をまわされ、頭をうしろに引張られ、顔中にキスされ、髪の毛はめちゃめちゃにされ、肩を乱暴に揺すぶられた。ルイスは大喜びで鬨の声をあげ、ジュリアをアイルランドの希望、果樹園の女王と囃し立て、椅子を彼女の下から蹴とばしてしまった。

アイルランド女は憤然としていた。草の上にへたりこんで、拳骨を振り回しながら彼女は金切声を挙げた。「鼠め、ごろつきめ。こんな不意打ちをやるなんて、まったくなんて子だろう。おじゃがと水をひっくり返しちまったじゃないか、悪魔にでも攫われちまえばいいんだ。私に腰掛けでひっぱたかれないうちに、とっととどっかへお行き！」

ジュリアは乱暴なアイルランド訛りで猛烈なはやさでまくし立て、腰掛けを振り回して放り投げたが、ルイスはそのあいだ、ジュリアから教わった不謹慎な歌を口ずさみながら彼女のまわりを踊り回っていた。ジュリアはまたどっかと草の上に腰をおろして大きく喘ぎ、ルイスは遠くへ投げ飛ばされた腰掛けを拾いに行った。祖父が通りかかって、この様子をちらっと見やりながら言った。

「ああ、今日お前とジュリアは話があるんだったね」

7

ルイスはジュリアに歩み寄ってこんなふうに喋った。

「ジュリア・ヘッド、私はここにこの腰掛けを贈呈致します。これは、美しさではとうていあなたにかなわないけれど、その卑しき仕事の分野では、有能なあなたと同じ位に価値あるものです。あなたがわれわれの優しい雌牛の乳を搾るとき、これまで度々あなたの主要な支えとなってきたではありませんか。これをあなたに進呈するのと同じく素直なる精神の勤労の象徴を、どうかご受納ください」

吹鳴り疲れていたジュリアは声を立てて笑った。

「喜んで」と彼女は言った。

「いいかね、もっとお行儀よく来たんなら、あたしだってもっと歓迎したげたんよ」

彼女はじゃが芋の鍋を大きな腿に載せて、静かにすわって再び皮をむきはじめた。ルイスも、彼女の傍らにおとなしくすわり、その小さい手をそばかすだらけの太い腕にそっと置いた。彼は「ごめんね」と言い、彼女を宥めようとかかった。彼は、彼女が教えてくれたゲーリック語で話した。ロマンチックな甘く優しい言葉だ。ジュリアは和らいだ。両手で彼の顔をまっすぐに自分のほうに向け、彼をいたずらっぽく見ながら言った。

「この暴れん坊め、いったい何がしてほしいっていうんかね」

「ジュリア、お伽話をしてくれない？　短いのでいいからさ、お願い」

「おちびちゃん、お話はあとでしてあげるよ。それよか、ボストンのこと話してよ。弟がね、あすこで働いてんのよ。あれがどういう暮らしをしてるか知りたいんよ私は。ユージーン・ヘッドって名前でね。私よりあとで来たから、ここにゃまだたった一年なんよ。トレモント通りのキングズ教会の近くのバーにね、おつとめしてんの。まじめでお酒はやらないっていってるけど。ちょこっと何人かぶっ飛ばしたともいってたね。あんれまあ！　私がいうのは、人をぶん撲ったちゅうことじゃないんよ。そんなこと言おうとしてたんじゃないんよ、どっちにしろ。つまんないこと言っちまって。でも、ボストンちゅうとこは地獄よ。」

そこでルイスは、いま一番気になっていることを打明けた。彼はあの古ぼけた紺色の服を着た兵隊達と、その妻達と、ぶら下がっていた子供達のことを話した。あれは一体どういうことだったのか。なぜあんなに悲しく、なぜ泣いてしまったのか、と。

「いいかね、ルイス。戦争ってね、悲しい仕事なのよ。その、あんたが見た兵隊達はね、除隊されたとこだったの。みんな立派な兵隊だったんだけどもね、疲れちまったのよ、みんな。ショールかぶってたことと、汚い子供達ってことから、その人たちがアイルランド人で、貧乏だってことがわかるね。誰でも知ってるように、アイルランドは戦争に勝ったんよ。ここんとこ、よく考えてね。おおマリア様！　アイルランドは隣人のためにたたかいました！　それでどうなったことでしょう？」

「でも、ジュリア、何のためだったの？　そうしたことのうしろには何があったの？」

「うしろに何があったかは言うまいよ、私は知ってるけどね。何も知らん者《もん》には一ことも言いたくないよ。お前はまだ子供だし、教育も受けてないもんね。言っても分んないだろうね。なんでお前はもっとしっかり本を読んで、勉強しないの？　すべての聖者様の名にかけて、あんたのお父さんがあんたにお金を使ってるのは何のためかね。お腹一杯食べさせて、きれいなええベッドに寝かせて、ええもん着せて、本買うてやって、そりゃみんなあんたに教育を授けるためじゃないの？　アイルランド人はね、教育を誇りにしているの。あんたのお父さんも誇り高い人よ。そして父さんは息子を誇りにしたいんよ。神様の御名にかけて、なんであんた、自分がせんならんことをせんの？　覚えてる？　私があんたにしてあげた、いつまでも月を見てた男の話。それは、心が優しかったんよ。あんたもおなしように、おっかさんのスカートにぶら下がった汚い子供らを見てたのね。おおなんて立派な心だろう、なんて大した教育だろう。あんたがその人達を見たとき、これっぽっちも世界がどうなってるかなんて考えないんだからね。ほんとにひもじいってことがどんなことかも知らない、ほんとの悲しみも、心が張り裂けるような思いも、絶望も知らない。ドアのところで吠える血の凍るような狼の声も聞いたことない。ルイス、あんたのその大きな心と小っさい頭ではわかんなかったんかね、本が無かったとしてもよ、その眼で見てわかんなかったかね、その子供らこそ、あんたのいう、うしろにあったもんの一部なのよ。ああ、話してるだけで胸が痛む。あんたが見た男達は、出かけて行った男達の全部ではないのよ。でも、もう止めよう。うしろにあるもんのことなんか、これきりもう言わないよ。でもあんたにもうちょっとだけ教えてあげる。そのからっぽの頭に、ちょこっとした知識をぶちこんであげようよ。いいかねルイス、あんたは情にもろいってだけなのよ、憐みの心はないのよ。あんたはきっとどっかでお世辞が上手になる薬でも飲んで来たのね。そうしておいて、私の乳搾りの腰掛けを蹴飛ばしたのね。」

「私の女友達から聞いた話をしてあげようね。その友達の弟は、ある有名な男を知ってたんよ。ケリー郡から来た男でね、あのキラニー湖のある所よ。あんたにゃ何べんも話したげたけど、忘れちまったろうねえ。あんたのちゃらんぽらんの頭じゃ、アイルランドが海のこっちにあるんか、それともあっちにあるんかさえ分かってないんじゃないかと思うよ。人から聞いた話だから、長くも短くもせずに聞いたとおりを話そうね。」

「このケリーから来た男ってのは、軍隊とも関係あったんよね。アイルランド人のほとんどはそうなのよ、昔っから生まれつきの戦士だからね。ある日、その男は散歩に出た。健康のためにね。そんであちこち歩き回ってた。男は地べたの上に毛布が敷いてある所にやって来た。するとその男はすぐさまその毛布を取り上げて、大声で笑って言ったの。おれはおれの毛布をたしかにめっけたぞ。ちゃんと名前も書いてある。UはパトリックのU、Sはマカーティの Sだ。教育ってのはありがてえもんだ、父っつぁんも前によく言ってたもんだが、とね」

「まさか、ジュリア、そんなこと本当とは思えないよ。アイルランドのほら話でしょう」

「そうだね、ほんとじゃないかもしれないね。ほら話だろうね。でも私はこれはほんとの話だと思うよ。私はこう言いたかったんよ、このケリーから来た男は、ほんとの教育ってものを身につけてたってこと。あんたは私が冗談言ってると思うだろうけどね、あんたがもっと大きくなって分別がついたらね、誰でもがそうするってことがわかるよ。高い教育を受ければ受けるほど、パット・マカーティがやったとおりのことをするんよ、それぞれもっと勝手なきれいごとを並べてね。さて、走ってって焚木を持っといで、雑用もやってもらうよ。私はもう足が棒みたいなんよ。ついでにこの鍋と椅子も持ってってね。それはあんたのちょうど一食分の仕事よ。私は足の小指に水ぶくれができてるし、洗濯したんで背骨は折れそうだし、あんたのお蔭でおしゃべりにも精を出したしね。あんたときたら学校の中でも外でも、まるで勉強してないふうなんだから。それでいて、妙におとなっぽい力のあることを聞くしね。たしかにあんたの頭のうしろんとこにはなんかがあるんね。きっと、あんたのお父さんが、あんたが力を出さんならんときは助けてくれんさるんよね。」

そんなことをジュリアは口の中でぶつぶつ言いながら台所口のほうへと去って行き、ルイスは言いつけられた雑用をした。だが、心の中では別のことを考えていた。ジュリアは彼に侮蔑的に話したのだったが、その話のどこかに、それが何かはわからぬまでも、ある痛みを残しているのを感じていた。生粋のアイルランド人であるジュリアの言葉の、背後にあるのは何なのだろう、と彼は思い耽った。彼女はある未知の力を暗示して彼を動揺させ、彼は彼女のしてくれた話の背後に隠された秘密を何としてでも知るのだという決意を固めていた。

*

さらに後、彼がそう、十三歳位の頃だが、この少年は、自分自身でもびっくりしたことに、建築物に興味をもっていることに気がついた。とりわけある一つの建物に彼は夢中になり、他と切離してそれを自分の不思議の世界に据えた。それはトレモント通りとボイルストン通りの北の端に建っていたフリーメーソンの教会で、荒削りの花崗岩で造られており、明るいグレイの色調で、見るからに楽しくなってくるような建築だった。ビルディングの密集体ともいうべきボストンは、ルイス・サリヴァンを、彼がその中に放りこまれて以来、絶えず憂欝にしていた。これらの建造物は、彼の軽やかなものを肯定する叫びを、息詰まるような否定の合唱で、巨大な「否！」で、断固として拒否した。拒絶のしかたにもいろいろあった。野に咲く花など、満場一致で、無縁なものと否認された。あるものは峻厳苛烈な様子をし、あるものはこれ見よがしにお高くとまっていた。ある混雑した通りに面した建物など、まずそこにその建物があり、あとでその通りができたといわんばかりだった。他の建物と違っていることを神に感謝しているていのものもあれば、私は飽き飽きしたと溜息をついているものもあった。ほとんどは古いものだったが、ごく目あたらしいものもいくつかあり、その一つ一つが、それぞれの流儀で、あやしげな特異性をルイスに印象づけようとしていた。彼は、それらの建物に、人相や風采を、ときには人格をさえ感じていた。たとえば、金色のドームをもった州議事堂は、彼には痩せてみすぼらしいけちんぼの老婦人のように見えたし、一方、パーク通りの教会はその古き墓地の忠実な墓守り、また下界の民衆の好意的な警告者というふうに見えるのだった。ある日祖父と二人でファナルホール(13)を見ていたとき、祖父がぽつりと言った。

「市《まち》の阿呆共はこれの名誉を踏み躙ってしまったが、その眠りを醒ますことはできない。」

この言葉はジュリアの魔法の国のようにルイスをぞくぞくとさせ、空想の世界へ誘った。しかし祖父は、これはある本からの引用で、その意味する所は子供には深遠すぎる、これはほんの独り言なのだと言った。

このようにして、建築物はそれぞれの言語でルイス・サリヴァンに語りかけた。あるものは下品に、あるものは慎重に、またあるものは横柄に。だが高潔なものは一つもなかった。彼の歴史の教科書は尊敬すべき建築物もいくつかあると述べていたが、彼の新鮮で、無知で、悪ずれしていない正直な眼で見た限りでは、それに価するものは一つもなかった。そのかわり、建築物の何とも言いようのない陰気さが、彼の心をもゆっくりと覆ってしまうようであった。建築は、彼の意識に、一つの独立した世界として立ち現われはじめていた。切り離された事物の世界であり、それは彼に向けてある未知なる力からのメッセージを一斉に伝えようとしているかに思われた。

これほどの傾倒ぶりであったから、彼を魅了したあの建物へは何度も足を運んだ。これこそは彼を歓迎するただ一つの建築物であり、ロマンスの香気を放ち、喜びを発散し、笑みをたたえている唯一の建物であると思われた。午後の太陽を浴びて、それはなんと眩しく輝いていたことだろう。アーチはなんとすばらしく、天辺の尖塔はなんという優雅さだっただろう。そして、建物の角にある小塔《タレット》はなんと気品にみちていたことだろう。それは百合の茎のようにそれ自体上へ上へと伸びあがって、花が咲いたような小尖塔と可愛らしい天辺の頂華の房へとつながっていた。そんなふうに、ルイスは夢中になって賞め讃えた。愛は盲目とは、言いふるされた言葉である。ルイスがこの新しい崇拝物を彼の優雅な楡の木、かの幼なかりし日の美しき乙女になぞらえたとしても、それをとやかくいうのは余計なお節介というものだろう。愛は盲目というそのご当人自身盲目でないとはいえないし——それに、愛はすぐれた洞察力を伴うものでもあるのだから。

＊

ある日ルイスは、コモンウェルス街をぶらぶら歩きながら、顎鬚を生やし、シルクハットをかぶり、フロックコートを着た、かなり大きな、威風あたりを払うという感じの男を見かけた。男は近くの建物から出て来て馬車に乗り、馭者に出発するように合図しているところだった。男はまったく勿体ぶっていた。ボストンという町の、男という男はみんな勿体ぶっており、しばしばことさらに勿体ぶってみせていたものである。が、ルイスはその男が誰か、またなんでまたそんなに勿体ぶっているのか知りたいと思った。そのへんで働いていた男にたずねると、その男が言った。

「知らねえのか、ありゃこのビルの建築技師さんよ」

「へえ、建築技師さんて何なの、持ち主？」

「いいかね、あの人はこのビルの図面を引いた人なんだ」

「なんだって、このビルの図面を引いたって？」

「そうともよ。紙の上にな。部屋を設計してそれから正面の絵を描《か》く。それでもって俺達が親方の指図で働くんだ。だから建築技師さんはみんなの親方なんだよ」

ルイスはびっくりした。ということは、労働者はその親方をうしろで支え、親方達は建築技師さんをうしろで支えているわけだ。だがビルディングは、それらの人達すべてをしたがえて立っている。彼はその労働者に、あのフリーメーソン教会にもその〈建築技師さん〉がいたのだろうかと尋ねてみた。

「そりゃいたさ。どんなビルにだって建築技師さんが一人はいるんだ」

と、その労働者が答えた。

そのことは素直には信じられなかったが、ほんとだとすればこれはすごいニュースだと彼は思った。彼が熱愛する教会の〈建築技師さん〉とは、どれほど偉大で驚嘆すべき男であったろうか。彼は男に、その建築家がどのようにして教会の外側を造ったんだろう、と言った。すると男は、

「きまってるね、頭の中でさ。それに本も持ってるしね。」

「それに本も」という言葉には抵抗を感じた。それなら誰でもできる。しかし「頭の中で作った」という言い方にはうっとりさせられた。

どうすれば、あんなにも美しい建物を、頭で作ることができるのか。そういう人間とはなんと偉大な、またなんというすばらしい人間であることか。この時、ここで、ルイスは建築家になる決意を固めたのだ。そうしてすばらしいビルディングを「自分の頭の中で」作ってやろうと。この決意を、彼はこの男にだけ打ち明けた。男は言った。

「さて、どんなものかね。お前さんはいろんなことを知りはじめたばかりだし、教育を受けはじめたところだしな。もちろん俺達職人にも本はある。階段だの、横桁だの、そういったものを設計するためのやつだ。だが建築技師さんになるにゃあ、お前さん、もっと頭がいるし、経験も積まにゃならんし、学問もせにゃならん。本もいる。特に本がな。お前さんの親父さんは、お前さんをいるだけ学校に行かせてくれられるんかね。」

「うん。もしぼくが行きたければ、二十一歳までは学校へやってやるって言ってた」

「そうかい、そういうことなら先へ行ってチャンスがあるかも知れないな。だが正直言って、お前さんの頭がそれに

向いてるとは思えないね。お前さんのその夢見てるみたいな眼を見ると、どうも実際的じゃないようだなあ。実際的にならなくちゃだめだな。俺は職長だからな、そんなことしかわからんな。これまでかなりたくさんの建築技師さんの下で働いたがね、実際的な人の中にも他の人とかなり違う人もいるんだ。そういうかなり変った連中ていうのは、本でもってしこたま学問をしていてね、つまらんことにも大騒ぎするんだよ。一緒に仕事がやりにくい連中だな。」

この後半の独り言めいた部分には、ルイスはさして興味を覚えなかった。彼はもう決心していた。彼は職長に礼を言った。別れぎわに男は言った。

「うーん、俺にゃ分らねえよ……ひょっとしたら……」

＊

父がシカゴに向けてボストンを発つ少し前に、ルイスは自分の胸の裡なる願望を打明けた。父は、息子の野心が明確な目標にぴたりと向けられていることにひどく喜んでいるふうであった。彼は、建築というものを、偉大な芸術でありまた諸芸術の母であって、その仕事は崇高な職業であると考えていた。ミケランジェロのことも一言二言付け加えた。だが、続いて父はまるで正反対のことを言いはじめて、ルイスをびっくりさせた。つまり、ルイスは農場と戸外が大変好きだが、このことは彼が性来農作業一般のことに熟達していることと相俟って、生まれついての農民であることをはっきりと示しているというのだった。この道をもっと進んでみてはどうか。適当な準備をしてからルイスを農業大学へやり、科学的な農業を身につけさせたいと考えている。と彼は言った。ルイスは眼が眩んだ。「科学的」という言葉は衝撃的だった。眼前に、麻薬中毒の喜ばしい幻覚のように、森が、野原や雌牛や作物が、壮大な開けた世界が現われた。父は、血統の良い家畜や、植物の交配や、土壌や肥料を化学として研究することや、耕した畑の下の暗渠などについてたいそう能弁に語った。ルイスの決意はぐらついた。沈黙して、長いあいだ彼は父の膝の上で思案にくれていた。そのあとで、彼は言った。

「農業はやらない。もう僕は、決めたんだ。」

こうして、ルイスがボストンに残り、普通教育を受けることが了承された。そのあとは専門校へ、そして、いつの日か外国へ……そう、ルイスは夢見た。

＊

決心がつくまでのルイスは、実のところ、落着きを欠いた人間だった。彼の肉体的、知的また感覚的な面における多様な活動力や、熱中しやすい性格、じかに知りたいという渇望、外界への神経質な反応、時折おとずれる束の間の神秘的な恍惚、まったく子供っぽい直観のひらめき、次から次に彼の前に展開される新しい世界を迎える喜び、世界がますます大きくなって行くだろうという認識、自身ではまだそうと知らない想像力……彼には、これらすべてが、人間や事物や思考や行為で構築されたこの途方もなく大きくて多様な世界においてどんな意義を持ち得るのかわからなかった。世界は、彼にはまだぴったりと閉ざされていたのだ。これらすべては、彼の裡に、形も無く、無目的に、脈絡もないごたまぜとして存在しているようであり、さまざまな衝動として現われはするものの、そこには何の秩序も、形も、意味もなかった。

けれども、それは、まったく事実というわけでもなかった。客観的には表面上そう見えたということであり、主観的には事実でさえなかった。なぜなら、力の示現に対する彼の驚き、人間のなし得た事への、また欲する事をなし得る力への不断の驚嘆の念は、彼の根源的な衝動であり最高の秩序規定であって、これが彼を支配し形成していたのだから。そして、その更に深層には、かって彼が春の歌声の中に聞き留めたあの力、昇る太陽の内に目覚めたあの力がはたらいていた。

まだ漠然としてはいたが、彼の記憶力はしっかりして、溯って思い出すこともできるようになってきていた。内省に耽ることもなくなり、他の少年達と同じように振舞い、同じような恰好をして日を送っていたが、おそらくその頑固な意志という点では並以上であった。学校や本に対する嫌悪感は他の少年達と同様だった。それらにはまったく魅力を感じなかった。しかしながら、教師に対してはさっぱり注意を向けなかったが、書物には何か自分に役立つものがあるのではないか、と思いはじめていた。この考えは、彼が新しくできたライス中学校へ転校した時、さらにはっきりとしたものになった。その校舎の明るさ、快活さ、清潔さが彼を上機嫌にしたのである。

一転して、この気分の良い環境に応え、彼は新しい熱意に燃えた。彼の頭をおおっていた暗雲が去って、ある禁制が緩められたという感じだった。魔法の杖を振ったように彼は突然方針を変え、明るくて楽しい校舎で、真面目で、ファナチックといっていいほどの本の虫に早変りした。教師は二の次だった。見たところまるで隠遁者のようになってしまった。なぜなら、書物のなかには集中が、力の増大がみられるということがはっきりしたからだ。また書物とは人類の事績の宝庫であり、またそれらを為した力の説明であり、書物の中に貯えられた明確な知識は、人が手にした道具を用いるのと同様精神の道具となり得るのではないかと（そしてその通りだったと彼はのちに言ったが）考えたからだった。ひとたび初期の考えに曙光を見出すや、ルイスは素早く、また大胆にその結果の重要性を見てとった。いったん目標が見つかると、ぐずぐずしてはいなかった。とりわけ文法の教科書に彼は魅力を覚えた。学校に通うようになって始めて、書物の中に、彼の頭脳を照らし出す光が輝いた。自分が喋る言葉のしくみが、その原因その理由《わけ》が、彼を驚かせながら、彼に霊感を与えながら開かれて行った。ここにまた一つ、無限に拡大する事物の世界が開かれた。固苦しい規則は、先へ進むにつれて可塑性を帯び、やがてなめらかなものとなった。文法はロマンスと変り、死んでいた本は生命を持った。なかなか思うように速くは進めなかった。いつになったら終りに行き着くのだろう？　そう彼は思った。

終りが近づくにつれて、人間の言語の力というものが、その輝かしい全容を生き物のように、あるいは魔法の国からやって来た巨人のように現わしてきた。ルイスはすべてを見たが、その力が身についたとは思えなかった。彼は文法を、何かの薬のように考えた。例によって彼の想像力が、ほどほどの成果を得るのをあまりに急ぎすぎたのである。一度にあまりに多くを知り過ぎるのは毎度のことであった。一目見て、終りに達するためには生涯かけて訓練を積み重ねて行くことが必要なことを彼は知った。文法ほど熱心にやらなかったとはいえ、同様のことがある程度他の学課についてもいえた。算数にはおもしろ味がさっぱりなかった。それは概して実利的で俗っぽい感じがした。だがその必要性は理解した。彼はそれを日課として受け入れ、苦労しながら勉強した。彼が算数を無味乾燥なものと受取ったのは、彼の落度というより不運というべきだったろう。地理は好きな課目だった。彼は地勢を、地図のようにありありと思い浮かべることができたし、それはまた彼の空想の範囲を大きく、広く拡張した。地誌とか人種とかといったことになるとさっぱりだめで、たとえば日本人や中国人は半文明化した民族である、などといわれてもどういうことかわからなかった。文明化しているとはどういう意味かと尋ねると、われわれがそうだといわれた。ほかにも地理では、いろいろとはっきりしないことがあった。本に書かれた事柄をイメージに描くのはむずかしいと悟った。歴史の本には、不面目にも彼は欺されていたが、そのことを彼は知らなかった。いずれにしても、いくつかの事柄は正しいと信じるほかはなかった。彼が歴史の教科書にあまり興味を感じなかったのは、描かれた人間達が彼が知っている実際の人々のように人間らしくなかったのと、大抵が戦争の話だったからである。彼が得た観念は、愛国心とは戦闘のことであり、常に一方の側は悪であるということだった。

　作文についていえば、生徒は時おり与えられた題で作文を書かなければならなかった。ルイスが与えられた最初の題は「ヘイスティングスの会戦」[14]だった。彼は佗しい思いでこれと取組み、百科辞典に助けを求めて、たどたどしい英語で、二ページの、弱々しいためらいにみちたつまらないエッセイを書いた。まったく義務的なものだった。点も低かった。つぎの題は「ボストンの冬の休日」というのだった。ルイスは、戸外の雪片や、陽気な鈴や、笑い声や、めまぐるしい動きや、愉快なエピソードや出来事を、楽しく生き生きと書いた。飾り気のない、男の子らしい英語で心をこめて彼は語った。いわば言葉で描いた絵だった。それは一つの構成をもっており、散文詩を思わせるものだった。そこには冬の色や形が力強く描出されていた。ルイスは幸福だった。彼は自分自身を四ページの中に押しこめることに最大の努力を払った。点も良かった。作文はクラスの皆の前でほめられた。

時にはそういうこともあったが、作文の題が彼を燃え立たせるということは滅多になかった。それらは大概アカデミックで、非実際的で、わざとらしいものばかりだった。もし自分の経験に根ざしたことを書くように求められたのだったら、彼にももう少しましなことが言えただろうが、ついぞそういう題は出されなかった。

ルイスの性に合わなかったもう一つは、朗読とか〈感想発表〉と呼ばれていた課目だった。ルイスにははにかみ屋の傾向があって、前に述べたような大通りでの撲り合いというようなことは平気なのだが、クラスに向って〈大声で話す〉というのは大変な苦痛なのだった。過剰な自意識によるものだったが、この責苦は彼を怒らせ、反抗的にした。その上、彼は朗読させられる〈作品〉に関して自分なりの意見は持っており、それを敢えて口に出すことにいささかも遠慮はしないほうだった。

日頃彼は『オールド・アイアンサイド』を虫の好かない作品と思っていたが、ある日、まさにこの作品についての意見を述べなければならない羽目におちいった。教壇へ近づいて行きながら彼はかっかとしてきた。クラスの連中のことなどもう念頭になかった。気恥かしささえもうなかった。そして、先生ももうよく見えなかった。彼は肚を決めていた。教壇に登り、向き直り、そして切羽詰ったやけくその辛辣さをこめたかん高い声でやりはじめた。

「嗟《ああ》、今こそあのずたずたの軍艦旗を降ろすのだ！……」

教室はどよめいた。先生は彼に中止を命じ、席に戻らせると、教室を出て行ってしまった。ルイスは席にすわって、一人で煮えくり返っていた。ざわめきの中にいろんな言葉が聞こえた。「お前叱られるぞ」「あんなことやるからだよ」「デブが仕返しに来るぜ」。そこへさっきの先生、ミス・ブランクが戻って来た。ざわめきは静まった。先生は静かに言った。

「ルイス・サリヴァン、ミスタ・ウィーロックが執務室でお呼びですよ。」

校長のミスタ・ウィーロック――通称〈デブ〉――は率直で、背は中くらい、優しくて、天使童子を思わせるような顔付をしていた。ブロンドの顎鬚を生やし、血色が良く、陽気な青い眼と秀でた額をしていたが、髪は薄かった。三十五歳以上には見えなかったが、兵役も経験しており、その生徒への接し方は公平で思いやりがあり人間的だった。

だが、ルイスが部屋に入った時見たのはこういうミスタ・ウィーロックではなくて、顔色は白っぽく、眼に不吉な色をたたえ、左手には長い鞭を持った別のミスタ・ウィーロックだった。

「ミス・ブランクが、きみがクラスのみんなの前で彼女を侮辱したと言ってるが、何か弁解することがあるかね」

ルイスは元来、攻撃的で、怖いもの知らずのほうである。この時はすでに不退転の決意を固めていた。ミス・ブランクについては男らしく率直に謝罪した。だがこれは事件の背景を認めただけで、彼の言い分はほかにあった。彼は鞭に眼をやり、続いてどうしたものかと相手の出方をよく観察しながら作戦を立てた。鞭をもらうのは願い下げにしたい、ここは頭の勝負だ。乱暴にも彼は、自分は詩などという代物はただのたわ言であると考えると切り出した。ミスタ・ウィーロックは鼻先でわらった。彼は続いて、問題の詩を一行一句ばらばらに分解した。ミスタ・ウィーロックはどうすべきかに迷い、ルイスを試験するような眼でみていた。椅子の上でじりじりと動いた。ルイスはかさにかかってまくし立てた。ミスタ・ウィーロックの眼がおもしろそうに輝き出した。顔も平生にもどり、鞭が手から落ちた。彼は屈託のない笑い声をあげた。

「きみはその考えをどこからほじくり出して来たのかね」

ルイスは安心してますます雄弁になり、これまで長いこと胸のうちに積らせてきた見識を開陳した。彼は選択の自由を、忖度するにさいしての誠実な思いやりを、思考の自由を、解釈の権利を、そしてまた発言の自由を訴えた。熱烈に胸うちの希望をうち明けた。校長は頬杖をついたが、いまは思いに沈んだ顔で彼をしげしげと見ていた。ルイスが喋り終えたあと、校長はしばらく沈黙し、やおら身を起こすと打ちとけた調子で笑いながらルイスの肩をポンと叩いて言った。

「なかなか立派な政見発表だったよ、きみ。ホームズ(15)の詩は、さしずめあの軍艦旗みたいにずたずたにしちまったがね。そのほかについては、これがアイルランド人流というものだろうね。ともあれ、このことではっきりと決着がついたのはうれしいよ。私は怒ってきみをぶってたかもしれないからね。クラスに戻んなさい。今後はもう少し女性の感情というものに気を使うことだ。」

ルイスは教室に帰ると、みんなの前で先生に謝った。それから席に着いて教科書と取組んだ。彼が文法を遮二無二やったことは無駄ではなかったわけだ。

こうしてルイスは、独力での勉強を続けた。孤独な鉱夫が鉱脈を掘り進んで堆積した土砂を篩で洗って選鉱するように、彼は知識の固い鉱脈を掘り、知識の堆積土砂を篩にかけた。この若い探鉱夫の両親は、いまはずっと西の、大きな湖のほとりに住んでいるのだった。(16)

再び祖父母と暮らすようになって、ルイスはまたくつろいだ気分を取戻していた。索漠とした都会から逃れての暫しの休息だった。彼は毎晩居間で、家族が何をしていようがお構いなしに勉強をした。遊び仲間にも興味をうしなっていた。女の子達は、うるさいばかりの下等な者として近寄ろうとしなかった。いないのも同じであった。季節天候に関りなく、朝はまだ家族が眼を覚ます前に起き出し、停車場まで歩き、汽車でボストンへ行き、朝飯を食べさせてくれる所まで一マイル、そこからまた学校へ一マイル歩いた。夜、窓枠のガタガタ鳴る音に眠りを覚まされることがよくあった。するどいすき間風の音は、呻きや唸りや悲鳴や口笛のように聞こえ、たくさんの魔女《セイレン》たちが、悲しみの谷底と狂気の高みのあいだを行きつ戻りつしているようであり、音の強さもダブルフォルテからピアニシモまで、さまざまだった。この怪しい田園のオーケストラは彼をなだめて、再び眠りのなかへと誘いこむのだった。朝まだき、まだまっ暗ななかで小さいランプに火をともし、水差しの口に張った氷を割って、凍えるほどつめたい水で顔を洗い、祖母に教えられたとおりに椅子の上にきちんとたたんでおいた服——靴下までちゃんと順番どおりに折り返してあった——を着て、暗いうちに家を出る、そういう朝もしばしばあった。新しく積った雪に膝まで埋めて、まだ誰も通っていない雪に自分で道をつけながら歩いた。毛の帽子を目深にかぶり、両手をミトンにしっかりと入れ、本は皮紐でしばって、厚い羅紗地のジャケットの袖の下に隠すように抱えながら歩いて行くと、停車場のほの明かりがだんだん近づき、遠くからプウップウッと二度鳴らす警笛が聞こえて汽車がやって来るのを告げ、そしてプラットフォームで立って待っている彼の視界を、眼の眩むようなヘッドライトと機関車の咆哮が束の間過《よぎ》って行くのだった。けれども、彼はこうしたことをヒロイズムからやったわけではなかった。ふつうの日課にすぎなかった。彼はこれを日々の営みの一部として受入れ、以前はどうであったかなどと思い煩うこともなかった。

ルイスはこうして、ひたすら内省を深めつつ、目標は変更され得ないと自分にいいきかせながら勉強を続けた。ゴールはまだ水平線の彼方に、そしてその時代ののんきで不毛な思潮の狭隘な視界の彼方にあった。この時分から、彼自身としては、一八七〇年の六月には中学校を優等で卒業する決心を固めていた。そして実際卒業の時には、特待生として、あとにも先にも一度きりの栄誉を誇らしく担ったのだった。

この後は二度と、こんな隠遁僧のような謹厳実直な暮らしとは縁がなかった。その夏、彼は休暇の一部を農場で送り、残りをニューヨーク州北部にあるブラウンズ・トラックという原生林で過ごした。九月にボストンに帰ってすぐ、彼は試験に通って、十四歳でベドフォード通りにあるイングリッシュ・ハイスクールに入学した。

Ⅷ

旅

一八七〇年の初夏の頃、ヘンリ・リストはしきりにその二番目の娘ジェニーを訪ねたいと思っていた。もう、何年も会っていない。一八六二年に、彼女はウォルター・ホイットルジーという鉄道の請負技師と結婚して、ニューヨーク州のライオンズ・フォールズにある三百エーカーの農場に住んでいた。一八六四年の二月二十九日に、彼女は地上の人口を一人ふやし、それは女の子で、しかるべき日に長老派教会の洗礼を受けてアンナと名づけられた。ときにホイットルジー夫人三十四歳、その姉でルイス・サリヴァンの熱愛する母アンドリーヌより一歳年下だった。ヘンリ・リストの希望が決意にまで熟して、それを口にしたとき、その当時の言いまわしでいえば〈待ち構えたどえらい災難〉が出来したのだった。ルイスがのぼせあがったのである。絶対に一緒に行くのだと頑強に主張した。自分もまた、何年もジェニーおばちゃんには会っていないと彼は言った。彼女がどこでどんな風に暮らしているか、可愛い従妹やウォルター叔父は、さらにまた農場や川や大きな滝はどうなっているか、なにがなんでも見たいというわけである。

「おじいちゃん、ぼくは滝を見たことがないんだよ、写真でしか。写真の滝なんて動きもしないし音もしないよ。ぼくはほんとうの滝が見たいんだ。バークシャー・ヒルズやハドソン川も見たいし。だってそうでしょう、おじいちゃん、木でも本物と比べたら、たとえばコウドリーさんちのとねりこの木と比べたら、写真なんか全然つまらないよ。それに、考えてもみてよ、ぼくなんかニューベリーポートより遠くへ行ったことないんだよ。お願いっ、連れてって、おじいちゃん。ぼくは大きいものが見たいんだ。ボストンやウェイクフィールドにあるものはみんな小さくなっちゃったんだもの。ぼくたちって閉じこもったまんまじゃない。地理の本にね、西部へ行くほど大きい物があるし、景色も大きくなるって書いてあるよ。ぼくは行きたいんだ。おじいちゃん。もし今行けなかったら、もうチャンスはないかもしれないんだよ。」

最初、祖父は怒り、頑なに拒んだ。なんたる害虫であるか、なんという厄介者にこの孫はなりつつあることか、と彼は思い、この上なく不愉快に感じた。ヘンリ・リストも年をとるにつれてだんだん神経が昂ぶるようになってきており、元来はのんきな性格なのだが、時折ちょっとした癇癪を起こすのだった。「可愛い従妹だと」と、彼は笑い飛ばした。だが、孫の言い分にあった「閉じこもったまんまのくらし」とか「西部へ行くほど大きいものがある」という言葉に彼はひっかかるものを感じた。それは彼の胸の裡でしだいに大きくなり、しまいに孫の言っていることがすべて子供のたわ言というわけではなく、大きく伸びようとする人間の本然の叫びであり、より広い視野への、またより大きなものへの渇望の現われであって、孫はいわば繭から抜け出そうとしているのだと考えるようになった。二度三度ととっくり考えたのち、やっと彼は同意を与えた。しかし、ルイスには犬小舎と首輪と鎖が必要であるとも考え、これについては、今回は同行しないおとなたちも同意見だった。

その日がやって来て、二人夕方、ボストン経由のオルバニー鉄道で出発した。ルイスは強情を張ってできるかぎり眠るまいと努力しながら、バークシャー・ヒルズとの対面を待ち受けていた。それが夜明け近くに見えると聞かされていたのである。やがてその時が来ると列車は山裾へとはいり、小丘のあいだを蛇行しはじめた。それとともに、機関車は、重い軛をつけた馬車馬のように喘ぎながら、列車をしっかりと引っ張って、いかにもいやそうに山なみの高みへと引きずり上げて行った。山塊の堂々とした偉容が高く聳えているのを見たとき、ルイスは身内が震えて汽車にしがみついた。列車はこの時、バークシャーの山々に向かって深い谷を見おろしながら、霧と青い月光の中を、孤独に、途絶えることのない単調な律動をくりかえしつつゴトンゴトンと進んでいった。遠くに見え隠れする巨大な山巓は、森に覆われ、影のような霧と微光のなかで荘厳な静寂に包まれているようであり、永遠そのもののように見えた。山々は、このひとりぼっちの訪問者、彷徨する若い魂に対して、その大いなる神秘の言葉で彼らの秘密を明かすかのように、あるいはまたそれをおしかくそうとするかのように語りかけるのだった。すると機関車までもが、まるで精神を持った生き物みたいに「やるぞうっ！」と雄哮をあげ、山々もこれに同じ雄哮で応えた。少年は、彼の内と外とにみちあふれた力に対して発せられたこの叫びの木霊が、彼の内と外とで響き合うのをぼんやりと夢見心地で聞きながら、これに応えるべき言葉を知らなかった。彼の沈黙は、存在の深奥からの沈黙だった。バークシャー・ヒルズは、精神にかかった靄と希望の薄明の彼方から現われるように、崇高さの極致として、今まで本でしか山岳というものを知らなかった若者の前に立ち現われ、彼の扉を叩いたのである。そしてルイスは、またも、人間の力への驚異の念を新たにしたのだった。こうして彼を運んでいるこのものこそ、まさに力ではないか。願望し、意志し、行為する生きた力ではないかという想念が、深く彼を促えていた。人間は思いのままに、この高く聳える山々の聖域に大股で踏み入り、お伽話の巨人のようにそれらを自分の掌の内に握ってしまっている。そこに道をつけ、レールを敷設し、多くの人間を通すために機関車を作った。機関車やレールや道は誰もが見ただろうが、彼はその彼方にあるものを見た。人里から遠く、霧の立ちこめたバークシャー・ヒルズの月と黎明のほの明りの中で、彼の前から一枚の帳がとり払われたようだった。ルイスは眠った。張りつめていた気持はしずまっていた。汽笛が朗々と響きわたり、機関車は沈黙し、ブレーキの音が長く歌うように続いて谺に混ざり合った。そのなかを列車はバークシャーの山々をその沈黙と孤高の内に残し、着実な足どりでゆっくりとうねりながらハドソンへと下って行った。ルイスは人間の力に魅せられたまま眠っていた。

彼らは昼間オルバニーに着いた。がっかりしたことに、ハドソン川はルイスが期待していたほどではなかった。その流れは大きく蛇行してはいないで、まっすぐに流れ、その西の岸に沿ってごたごたと立ち並んだ建物が川を小さく見せていた。広びろとした水の流れはルイスの嫌いな眺めではなかった。だが、これまで考えていた川というものの性質からすると、何か欠けていると思われた。橋がかかっていたが、橋脚間《スパン》は短かく、それが無数につながっているというしろ物で、偉大でも美しくもなく、ロマンスの香りもなくて、一瞥して彼は軽蔑した。橋は、広い川を恥ずかしめたことに対して、ひたすら平身低頭してあやまっているようだった。

しかし、列車が彼を乗せてその橋の上にゆっくりとさしかかったとき、昂然とした気分が彼を促えた。彼は満々と水をたたえた流れのおもてを見おろしながら、人間の建造する力の偉大さ——巨大な列車の重さばかりか、彼のこのどえらい意識の重みをも軽がると支えるほど強力な橋を作り出した人間の偉大さ——への驚嘆の念が新たに湧きあがった。ルイスは橋をつくづくと眺めながら思った。なぜこいつはこんなにもけちくさく、みっともなく、卑屈に這い

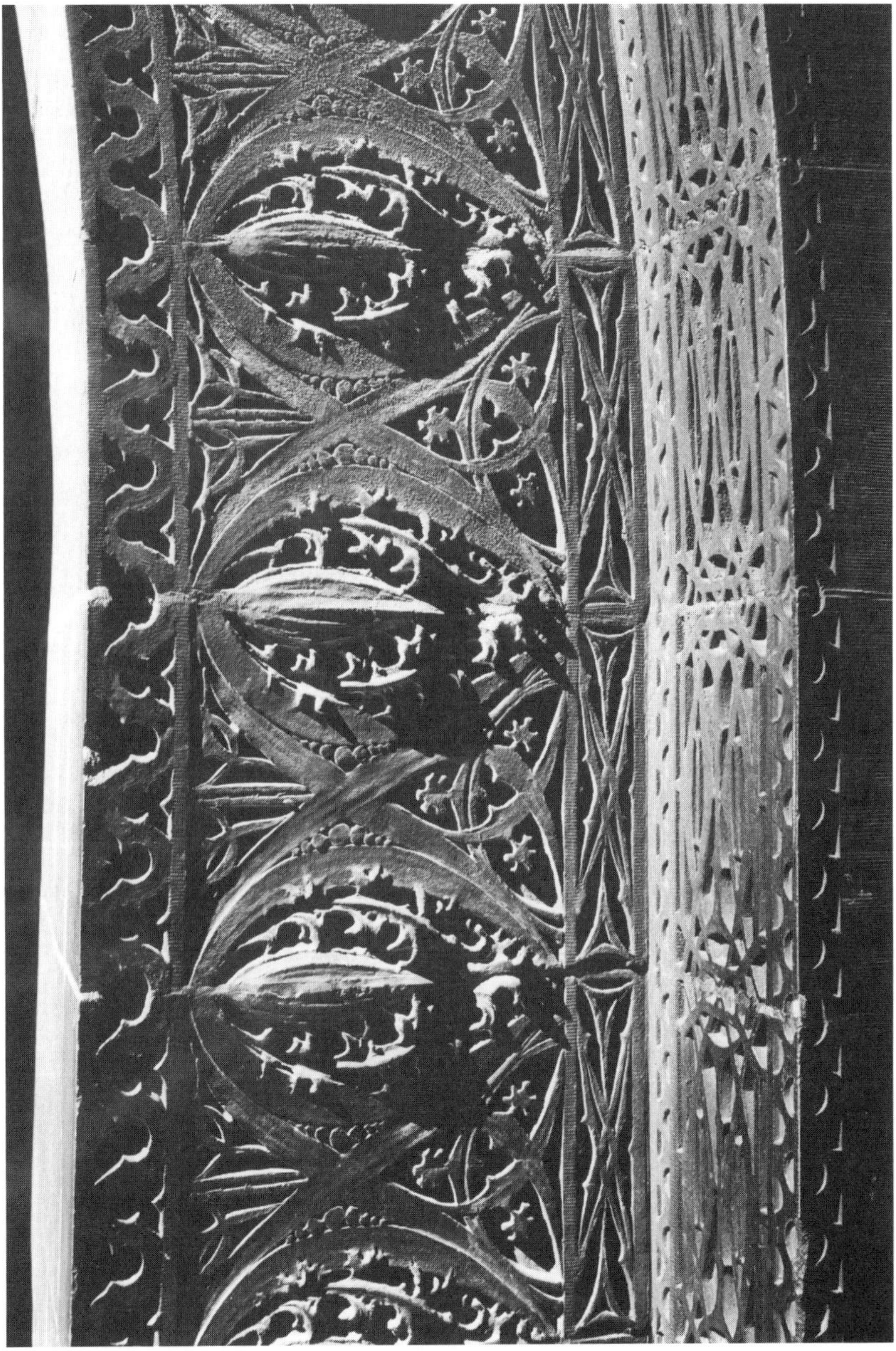

8

つくばっているのか？　もっと誇りをもって務めを果たしたらどうなのか？　なぜもっと立派な橋を造らないのか？　ニューヨーク州は偉大な州ではないか。地理の本で〈エンパイア・ステート〉と呼んでいるほどではないか。オルバニーはその首都だというのに。その入口がこんなにみすぼらしいのはどういうわけなのだ。大いなるハドソン川はマサチュセッツとニューヨークという独立した両州の象徴的な水の境界線であるというのに。この橋は両州の固い絆ではないのか。そして事実、鉄道は誉れあるボストンからいと高きオルバニーへとまっすぐに通じているではないか。そんなふうに考えた。ついで彼はかつて読んだ詩の一節を思い出したが、そのとき、ベールが取り払われた。

何ゆえ彼等は誇り高かりしか
再び我は声高く訊ねん
栄光の名において
何ゆえ彼等は誇り高かりしかと

またこんな言葉も思い出した。「彼等の実によって汝は彼等を知るであろう。」彼は夢想にふけっていた。ベイ・ステート[17]がエンパイア・ステートにむかって重おもしく会釈しながらこう言っていた。「独立州マサチュセッツは、独立州ニューヨークに挨拶します。われわれはいま、われわれと貴方との永遠の友情の絆とするべく、この高貴なる橋を貴方に贈ります。かつて全能の神がノアとその子孫たちに対して『わたしは雲の中に、わたしの虹を立てる。それはわたしと地との間の契約のしるしとなる』[18]と宣言されたように。」と、こんなふうにいささか荒っぽい空想をたくましくしながら、ルイスはこの橋がなぜこれほどつまらない物になってしまったのかを知りたいと思った。彼は、人間が物事を為すこのすばらしい力は、見かけのうえでも理屈のうえでも、事実として、ロマンスと一体のものであるはずだと痛切に感じていた。そして、しだいに明るくなってくる外を見ながら、この悪意にみちた橋は彼の内なる善き物への裏切りであり、人類における最良の物の否定だと、さらにいっそう痛切に感じていたのだった。

その日、二人はユーティカ行きのニューヨーク・セントラル鉄道に乗った。飼料作物の畑を過ぎると、モホーク渓谷が二人を歓迎するようにその穏やかな美しさをひろげていた。ルイスにとってここは真実新しい世界だった。それまでにも地理上の一箇の名前としては知っていたが、それは抽象的な知識に過ぎず、これほどたぐいまれな広がり、うるわしく広びろとした土地としては、知るどころか想像したことさえなかった。ここには自由があった。妨げるものとてない空間があった。ルイスはモホーク川流域から遠くの低く流れるような丘陵のあたりまで、愛撫するような眼をあちらこちらとさまよわせた。渓谷のなかを何マイルか進むうち、ルイスの至福の気持は、このような世界があり得たということへの驚きに変っていった。いま彼は、人間の力や仕事に対してではなく大地そのものに驚愕していた。母なる大地がその折々の気分にまかせて自ら作りあげた作品を冷静な眼で見はじめ、そしてさらに多くの、彼がまだ知らない彼女の業《わざ》について思いを馳せるにつれて、おのずから敬虔な気持がわきあがった。そのあいだ中、モホーク川は清らかにうねりつつ、他のすべてのものと同様優しく流れていた。ルイスの心は和み、しっくりととけ合って、渓谷に心の重荷を投げ捨ててしまった。彼は安らぎのなかにいた。内省の過剰、集中のしすぎからの休息だった。彼はいま、抑圧と禁圧からすっかり解き放たれていた。

ルイスは勇気づけられて春の樹木のように伸び伸びとし、精神の弾力性をとり戻した。彼は嵐で浄化され、火によって純化されたようだったが、そこにはむろん嵐も火も旋風もありはしなかった。谷から静かで小さな声が立ちのぼってきた。ルイスはその声を聴きながら、それが自分を再びとり戻したことを悟った。彼は歓喜し、信念を強め、生きる喜びを味わった。この渓谷で、この光と大地の果てしない広がりのなかで、熄《や》むことを知ったのである。

ルイスが振り向くと、祖父は居眠りをしていた。丘陵は次から次にやってきた。列車が傾いたとき、祖父は眼を覚ました。けだるそうに笑ってルイスをみつめ、彼がもう〝大きな物〟を見つけたか、〝閉じこもった生活〟のほうはどうかねと訊ねた。たちまちルイスはバークシャーの山々やハドソン川や橋についての饒舌を溢らせたが、渓谷については一言もいわなかった。それは神聖なものであったから。話し終えたとき、祖父の顔に、話をはじめるときにいつもやるあの顰め面が浮かんでいた。

「橋のことは、わしにゃわからん。ハドソン川についちゃ、お前は何も分っとらん。バークシャーの山についていえば、お前の言ったことは見当違いだな。」

　祖父の意地悪癖はどうにもならないものだった。肚の中でニヤニヤ笑いながら罪深い喜びに浸っていた。彼は孫の落胆の顔をまじまじと眺めた。その顔をたちまち元気にさせる方法も承知の上でなのだ。充分たんのうすると、例によって哀れをもよおしてきて、おもむろに効果を考慮しつつ、話しはじめた。

「ルイス、お前の間抜けな地理学はさっぱり役に立っていないようだな。かりにお前がすべての州の境界を決めることができるとしてもだ、お前には州とは何かという概念がまるでないんだ。地図には黒いぐにゃぐにゃした線が描いてあって、それが何なにという川だということをお前は知っている。だが、その川について何を知っているね？　お前の先生達は、川について何か意味のあることを教えてくれたかね？　真実ではないまでも、せめてあるイメージを、川というものについて描けるような何かをだよ。教えてはくれんだったろう。出来はせんのだよ、彼らには。霊感というものがないからな。単調な日常に埋没してしまって、くだらない日課にくたびれ果てて、もはや子供の心の中へははいって行けんのだ。わしはお前が赤ん坊の時から、お前を見守ってきた。たいていのことではお前の持って生まれた性質に干渉しないようにしてきた。お前は正しくわしの娘の血を享けているのだからな。お前の母はお前を腹に宿し、お前を待ち望んだ。彼女《あれ》はまったくしっかりした女だ。わしの子供達のなかでは彼女《あれ》だけが自由の赤い帽子をかぶるにふさわしい。だというのに、お前は自分の母親をわかってはおらんのだ。わしはお前という者を理解しておる。お前のそのやりきれない自分本位と——こいつはお前の父親から受継いだものだ——それからまた寛大さと勇気——これはわしの誇りとする娘から引継いだのだ——とをな。お前は神の賜物のような眼と、鈍感な心を持っている。お前は信じられないほど勤勉で実際的でありながら、同時に病的で神秘的な夢想家だ。時には健全な才気にあふれた夢想にもふけるが、ま、そんなことは滅多にない。

「お前が時どき口にする人間の行動力といったことは、それがお前の言葉であるだけにわしを仰天させるのだよ。その概念だけは、わしらの誰からも手に入れたものではないからな。それには何かしら予言的な光を感じるよ。だが、何の予言なのだ？　救いなのか、それとも破壊なのかね？　その焔が大火事を引き起こすのか、それとも円熟して知識の光となるのか、わしはあえて考えようとは思わない。だが、困ったことは、もうじきお前は青年期を迎えるということだ。お前は容易ならん変革の危機に直面するわけだ。勤勉さと濁りのないまっすぐな思考で、お前は切り抜けられるかも知れん。そうであってくれることを心から願うよ。お前には酷な言い方になってしまったのは残念だ、そうしたくはなかったんだがね。だが、ある観念は別な思考へ導くのだ、川が流れるようにな。さてそれじゃ大地の話にもどるとするか。ハドソン川のことを話してあげよう。」

そうして祖父は、言葉巧みに、オルバニーから海に到るまでのハドソン川の壮大で生き生きとした流れを描いてみせてくれた。すぐれた精神の類まれな素質が流露して、ルイスは彼と一緒に旅しているような気持になり、すっかり夢中になってしまった。ちょうどその時、列車は速度を落とし、やがて停止した。ルイスは窓の外を見た。そこは峨峨たる岩のはざまで、これまで通って来た谷間では尼僧の足どりのような優しさで流れていたその同じモホークの流れが、この峡谷では突進し、渦巻き、きらめき、岩棚から滝となって吠えたけり、笑ったり歓声をあげたりしながら流れていた。ルイスは大喜びで列車から飛び降り、心の中で川と共に喜びの歌をうたいながら帽子を振りまわした。出発の鐘が鳴り、ルイスは勢いよく汽車に乗った。そして汽車が動き出したとき、彼は最後部のデッキから手を振って小滝に別れを告げた。

間もなくユーティカに着いた。祖父はそろそろ旅の疲れを覚えて、明日のためにその夜はここに泊ることにしようと言った。ルイスはまだ眠る気にならず、夕方長い散歩をした。ユーティカはつまらなかった。落着いた、眠くなるような所で、古びた満足気な雰囲気を漂わせており、ニューイングランドの感じとは異質なものがあった。歩きながら彼は祖父のことや、祖父のしてくれた不可解な長話を思い出していた。こうした思考をするようになってからはじめて彼はこう自問した。――おじいちゃんの背後には何があるんだろう？

*

ブラック川は、いまもそうだろうが、当時ひどく不規則な流れ方で北のほうへ向かって流れていた。ユーティカからそう遠くない北東の丘陵地帯に源を発し、地形によって幾度も折れ曲ったのち、最終的にはウォータータウンのちょっと先でオンタリオ湖に流れこんでいる。そのコースの途中でムース川と合流しているが、その合流点を過ぎて少し行ったところで、高さ四十フィートばかりの滝となって落下している。滝の下手《しもて》では最初のうち水面がかなり荒く波立っているが、やがてゆっくりと眼で追えるほどの穏やかな流れになる。この滝は獅子滝《ライオンズ・フォールズ》という名前だった。この滝の近くの狭い低地に、川の西がわの堤に接して、集落というのか村落というのか小さな村が一つあり、陰気で、純アメリカ風で、どこにでもありそうな不恰好な姿をさらしていたが、ここもやはりライオンズ・フォールズと呼ばれていた。そこには当時立派な人達と呼ばれる連中が住んでいたが、そこはまた、どういうものか、ローマから続く運河の一つの終点でもあるのだった。げんに、村よりも少し高いところを、南北に鉄道が走っていて、それはたしかローマ・カルタゴ・アンド・ウォータータウンという名前だった。村が鉄道の終着駅として役に立っているあいだは繁盛していたが、線路が伸びるとともに、さっぱり役に立たぬかわり害もない村という地位に落ちぶれてしまった。駅のところに、線路と直角に交わる舗装のしてない道路があり、カーブを描いて急傾斜で村のほうへ下っていた。けれど、そこから先はまっすぐ、区画線のように丘をつっきってむこうへ伸びていた。鉄道の駅からゆるい昇り坂をしばらく行き、線路から百ヤードばかり離れたあたり、その舗装してない道の北側の縁《へり》に接してウォルター・ホイットルジーの家があった。当時としてはなかなかモダンな建物で、まわりをエゾマツの木がかこんでいたが、そのたたずまいは、まるでどこかから引摺って来て鎖で縛りつけたという風情だった。家族の住まいから道をへだてた向かいに、美しい野生の木々の繁る小さな峡谷があって、そこに隠れるようにして氷室《ひむろ》があった。〈邸宅〉の北東がのわほど近くには納屋のついた家畜小舎があったが、すっかり荒廃していた。またその近くにはくたびれたリンゴ園があり、苔むして、老齢のためにリューマチにかかっていた。リンゴ園のむこうには、刈り株ばかりが何エーカーも続いていた。

家から西へそう遠くないところに、茫洋と連なる大地のうねりのはざまに、魅惑的な谷が一つあった。この神に捧げられた土地のあいだを小川が忙しく流れ、草の切株からの声援と岸により添って生える灌木からの感謝にこたえていた。谷の西側の斜面を少し上ったところに、水平に長い石灰岩の露出した岩棚があり、それに沿ってほっそりとした丈の高い濶葉樹の木が危なげなく生えていて、その下ばえの叢が魅力的だった。石灰岩の露頭のところを耕すことはできないし、低いところもたくさんでこぼこがあって水を引くのはむずかしい。木々は薪を提供することで地代を払っていたが、小川はさっぱり何の役にも立っておらず、ただその美しさの故に黙認されているかっこうだった。干し草が代表的な作物だった。

ブラック川には、ムース川と滝との中間の地点に、鉄橋が架けられていた。道はライオンズデールまで続いていた。ブラック川は、蛮勇をふるって横暴に仕事をやってのけたという感じがした。川は、その広大な流域を画然と二つの部分に截り裂いていた。その左岸からは、なだらかな丘が波のようにうねりながらしだいに高くなって高原へと続いていた。一方、右岸ではとつぜんに巨大なアメリカツガのうす暗い原生林がひろがり出して、視界の彼方の丘陵地帯まで限りなく大地を覆っていた。この森からムース川は流れ出ていたが、その水は氷のようにつめたく、黒かった。この森へあまり深くはいりこんでいる道はなかった。

祖父とルイスを運んで来た列車は、儀式の前触れのように汽笛と鐘を鳴らしてから、駅におもむろに止まった。祖父はきれいに髭をそり、背をしゃんと伸ばし、頬を紅くして威厳たっぷりに降り立った。ルイスは、頭をずっと汽車の窓からつき出していたためにいくらか煤けていたが、そのあとに続いて元気よく跳び降りた。もうすっかりブラック川に興奮していた。彼は、すぐにもあれこれ調べまわりたいと思ったが――その前にジェニーおばちゃんにキスしなくてはならない。

二人は駅頭でウォルター・ホイットルジーの出迎えを受けた。彼はかなりな大男で、顔は浅黒くて威厳があり、白髪のまじった黒い豊かな顎髭をはやし、馬に精通している地主たちがよくかぶるフェルト帽子をかぶっていた。彼は召使達に旅行鞄を運ぶように命じ、祖父にもそうさせるようにといった。物静かな礼儀正しい男で、その挙措には騎馬の大佐の前歴や、牧草《ブルーグラス》や、バーボンや、良家の血統や、みめうるわしい女性や、それから黒人などを連想させるものがあった。

三人はゆっくりと歩いて緑のブラインドのついた白い家へと向かった。そこではジェニーおばちゃん、またの名ジェニー・リスト・ホイットルジー夫人が彼らを待っていた。彼女は、長年かけて、やっと聴きとれるほどの声で巧緻に話したり、笑いを隠してみせたりといった淑女のたしなみを身につけていた。

三人がベランダへ通じる階段を昇っていたとき、ルイスは、ドアの近くで一人の若いレディが安楽椅子に寄りかかって静かに揺れながら本に夢中になっているのに出くわし、例によって不躾に注目した。

客間で、祖父は娘をしっかりと抱きしめ、年老いた父親の愛情をこめて接吻し、そして涙をこぼした。叔母のほうは泣かなかった。彼女は優しく父の挨拶にこたえ、とてもきれいなフランス語で慰めの言葉をいった。ルイスも大急ぎで無器用な対面の挨拶をした。叔母はおそろしく洗練されたそっけない接吻をかえし、こんどはきれいな英語で、ようこそといった。

ルイスはさっさとベランダへ逃亡した。若いレディのことはとんと忘れていたので、彼女がまだそこにいて、優雅に揺れながらいっしんに本を読んでいるのを見て大あわてし、まごまごした。彼がまだ退却できないでいるうちに、彼女は天国でしか見られないような微笑を浮かべて挨拶のために立ち上がり、うれしそうに言った。

「私、ミニーよ。十八だから、もうレディーね。おおルイス！ あなたが来るのをじりじりして待ってたのよ。とうとう来たのね。私たちお互いに気に入りそうじゃなくて？ 私、ユーティカの社交界に出てるの。あなたに話したげることがいっぱいあるわ。ほらスカートの丈も長いし、髪も結いあげてあるでしょ。でももう木登りはできないわ、みっともないことでしょ。でも駈けっこはしたいわね、きっと楽しいと思うわ。それから私が読んだ本のことも話してあげるわ。社交界のこともね。私ね、もうひと月もフランス語の本を読んだり、ジェニーおばさんとフランス語で喋ったりしながらここにいるの。すっかり倦き倦きしちゃったわ。ねえ、私たちお友達になりましょうよ。私のこと気に入らなくて？」

と、こんな具合にルイスは不意打ちを喰い、すっかりもちあげられて面くらいながらも、勇気を出してこのスコットランド人の灰色の目を覗きこんだ。その眼は陽気さと軽妙さと喜ばしさと魅力とがたっぷりと授けられているようであり、またそうしたものよりずっと深いものがあるように思われた。彼は、柔らかそうで、ほっそりとして、ひどく青白くて、うっすらとそばかすの浮いた感じやすそうな顔を見つめた。鼻孔がふるえていた。唇はうすく長く、敏感すぎる感じだった。耳は大きかった。髪は少ないほうで、ぼやぼやとした感じで、濃い砂色だった。十人並の容姿だが、快活で、全身に生き生きした感じがみなぎっていた。彼女は濃い青の絹服を着ていた。美人ではないが抗い難い魅力があると彼は思った。見とれている彼にミニーがいった。

「ここへおすわんなさいよ、ルイス。そしての私の死に顔を見るといいわ。静かにすわって見るのよ」

そういうと彼女は揺り椅子の上で身をのばして目を閉じた。顔色はさらに蒼白くなり、鼻孔はすぼまって口は真一文字に結ばれた。顔は間のびして、死んだように静かに、まるでほんとうに死後硬直を起こしたみたいに横たわり、ルイスがいらいらしそうになるまでそうしていた。それから、やはり死んだふりのままで、口の閉じた線がゆっくりとひろがって、死体の口が開くように少し開き、続いて歯も開いた。果てしもなく長く感じられる時間が過ぎたのち、このまがまがしい開口部から、耳がむずむずするような呻きともため息ともつかぬゴボゴボした音が洩れ出てきた。と、突然、死体はまっすぐすわりなおし、眼をかっと見開きルイスの肩をしっかり摑んで、彼がこの世で最悪の災難を予想したほどのあほらしい言葉をわめき立てた。彼女はルイスの蒼ざめた頬を軽くつつき、椅子にひっくり返るとくすくす笑ってルイスに愉快そうな目配せをした。

「あなたはいくつなの、ルイス」

「十四」

「ああ、そうだったわね。あなたの叔母様に尋ねたの。ね、素敵じゃない、十四歳と十八歳なんて。十四と十八！いいこと、私はあなたのために死んであげたのよ。そうして生き返ったの。明日は教会へ行くのよ。新しい牧師さんて、わりといい男なの。私、彼の祈禱が好き。とても上品にやるし、それに教義が健全なんですって。あなたの叔母様が言ってらしたわ。叔母様ってコチコチの長老教会派なのよ」

そうして、ミニーはさっそくお姉さんぶりはじめたのだった。

翌日、彼女は彼を従えて教会へ行き、家族席の自分の隣の席へすわらせた。威圧するような静けさのなかで、二人の囁き声はほかの囁き声に溶けこんだ。やがて牧師が説教壇に姿を現わした。かなり若い男で、その風采と顔貌からは真剣さと敬神の念と貧乏とが感じられた。牧師が静かな熱情をこめて、神はこの教会堂のなかに、そしてまた疑いもなくこの会衆の心のなかにましますといったときには、ルイスはたしかに彼の祈禱はいいと思った。説教のときには、姿勢をただして、熱心に耳を傾けた。というのも、彼が大きな聖書からつぎの一節を読み上げたからだった。

『主は、昼は、途上の彼らを導くため、雲の柱の中に、夜は、彼らを照らすため、火の柱の中にいて、彼らの前を進まれた。彼らが昼も夜も進んで行くためであった』(19)

ルイスには説教などどうでもよかった。一瞬の内に、彼は今までの自分が雲の柱と火の柱に導かれていたことを認め、これ以後もずっとそうなのだと遠い将来までをも見通してしまった。けれども彼は、説教壇にいるこのまだ若い男の言葉を一心に聴いていた。牧師は、この簡単な話の全体を聴衆になんとか理解させようとし、これは偉大な象徴であるといい、さらに激烈な調子でそれを理想主義と道徳の高みへと祭り上げ、それが万人の心や精神や魂の内に常に宿る精神的な雲の柱火の柱であるというふうに作り直してみせた。そうやって、彼はせっかちに、また哀れっぽく、盲人にむかって見てほしいと懇願していたわけなのだった。

帰る道すがら、ミニーは今日の説教は特に上出来だったと批評した。だが、ルイスが返事をしないのに何かしら危険を感じとったのだろう、何かちょっとした話をおもしろおかしく喋り出し、その楽しさと愛くるしさで魅惑的な火の柱と不思議な雲の柱から、彼の関心をそらせてしまった。間もなく二人は陽気に笑い合いながら道端の花を摘んでいた。ミニーの直感力というのはかなりなものだった。ルイスが、教会を出てからずっと夢想にふけっていたことを彼女は知っており、これが気に入らなかった。彼女の信念によれば、人がどうしても夢想しなければならぬのならそれは幸福ということについてであるべきで、また夢想家というものはもっと現実の生の喜びを知るべきなのだった。二人はしばらく滝のそばにすわっていたが、ルイスは不満だった。目の前の黒ずんだ水の不器用な動きがまったく無目的なものに思われたのだ。水はバランスを失って岩棚やすりへった大石のあいだを落下し、右往左往し、滝壺のところでは無意味に渦を巻いていた。そこには目的に向かっての精進も、秩序も、まったく感じられなかった。滝のそばに、ひしゃげた木造の水車があったが、これだけが滝と調和していた。

二人がなんとなく重い足どりで家に帰りつくと、ジェニー叔母は食前のお祈りをはじめた。祖父は大好きな散歩から帰って来たところだった。十五マイルか二十マイルも歩くのだが、それくらいは平ちゃらなのだ。それはもう彼の日課になっていた。いつも帽子をかぶらずに出かけ、毎度道に迷い、自分で探しあてて戻って来るのだった。

つぎの日、ミニーはルイスに、自分は近くに素敵な場所を知っており、そこには岩棚や、高い木や、青々とした土手のある小川があるのだと耳うちした。彼女は彼をそこへ連れて行った。地衣や苔に覆われた岩を越えるときも、彼の手を借りようとはしなかった。うしろに随えたルイスと共に、彼女はとある日蔭の場所を見つけた。羊歯や下生えがうまく二人を隠し、広く枝をひろげた木が天蓋を形づくっていた。彼女は本を持って来ており、自分で説教壇と名づけた大きくて古色蒼然とした石に、新前の奴隷とならんで腰をおろした。二人のすぐ下を小川が流れ、向こう岸のはるか遠くに人家の屋根が見えていた。ミニーは大喜びして手を叩いた。

「どう、ルイス、ここへ連れて来てもらってうれしいでしょ？　ここはね、この砂漠みたいな干し草地帯のたった一つのオアシスなのよ。まったくここときたら、干し草、干し草、どこまで行っても干し草ばっかり。」

それから持って来た本を開いて、テニスンからあちこち注意ぶかく抜き読みした。自分の心の秘密は知られぬようにして、ルイスがどこで反応して自分をむき出しにするかを知ろうというわけだった。バイロンも読んだ。ほかのいろいろな詩もたくさん暗誦して聞かせた。朗誦の常道からは外れたものかもしれなかったが、なかなか巧みだった。いまは緑色に変っている彼女の眼にはひそやかな安堵が宿り、顔にはモナリザのような微笑が浮かんでいた。彼女はいった。

「ルイス、世界ってすばらしく美しいのね、もし私達がそれを知っていさえすれば。私、ここへ来るとよく感謝の気持で一杯になるの。そしてこの説教壇から、木にお礼をいうのよ、私の心を純粋にしてくれたことに対してね」

そうして彼女は、自分が読んだ沢山の本についてルイスに語って聞かせた。大方はフランスの小説だった「フランス語の勉強のためよ」と彼女はいった。ついでルイスが、これまでに読んだキャプテン・メイン・レイドとか、レザー・ストッキング物語といった通俗的な歴史小説やら、また聖書に出てくる不思議な物語や美しい物語のことを話した。そして彼女のために、エリヤの挿話(20)を抑揚ゆたかに朗誦してやった。

ミニーの蒼白い顔に微笑がひろがり、きらきら輝く眼がほとんど閉じようとしたとき、なかば警告するようにいった。

「ルイス、ルイスってば、あなたには危険が迫ってるのよ。」

だが、それがどういうことなのかはいおうとしなかった。そして、ふいに我に返って大声でいった。

「さあ、すぐにお家へ帰らなくちゃ。もし夕食に遅れようものなら、あなたの叔母様は私のことをじろりと睨むわ。そのじろりがどういうことか、いやっていうほどわかってるの。あなたにはわからないでしょうけどね。」

彼女はルイスの手を取り、片ほうの腋の下に本をかかえると、再び持ち前の意気揚々とした気分を取り戻し、彼を家へ連れて帰った。彼が叔母に引渡されたときには、へとへとに疲れ切っていた。

叔母はまたお祈りをした。皆は黙って頭を垂れていたが、彼女は夕飯のことを考えていた。その夕べは暗いベランダで家族そろって古風な讃美歌をうたって過ごした。そのあとに平和な夜が訪れたが——だが一人だけには寝苦しい夜だった。

翌る日、ミニーは、きのうの悪さを後悔してか、はち切れんばかりに意気揚々と登場し、みんなに心から機嫌よく挨拶し、ルイスには情愛深い姉然とした態度で話しかけた。目は水晶のようで、身のこなしは軽がるとしていた。そして定刻になると叔母とフランス語の勉強をはじめたが、ルイスは傍で聞いていて、叔母と同じくらいやすやすと話しかつ読んでいるらしいこの言葉を、自分も勉強したいと思いはじめた。レッスンが終ると、ミニーはルイスの所へ来て彼に寄り添い、まるで求愛でもするみたいにいうのだった。

「親愛なる弟よ。自由時間よ。森が呼び鳥が待ってるわ。説教壇へ行って分別ある人間らしく過ごしましょうよ。」

その説教壇へはその日も行ったし、その後も度たび出かけて行った。ある時、大きな岩の上で、ミニーはルイスをくつろがせておいて、彼の家や学校のことで矢のような質問を浴びせてきた。彼女は根掘り葉掘り聞きたがり、ルイスもそれに忠実に答えた。彼は自分のことだけでなく、関係ある人や物事についてまで事こまかに話した。するとミニーは、「うまいわねえ、ほんとうにあなたって話上手ね」と合の手を入れるのだった。彼はミニーに、ジュリアのしてくれた妖精の話もしてやった。「善良な者達」というのだったが、それを聴いてミニーがいった。

「アイルランド訛りって可愛らしいのね。とても感じがいいじゃないの。」

自分もそう思う、とルイスはいい、付け加えて、ジュリアは生粋のゲール語も教えてくれたのだが、もうほとんど意味を忘れてしまったといった。

「そのことで素晴しいこと思いついたわ、ルイス。あなた、フランス語は知らないでしょう。で、あなたにフランス語の合言葉を一つ教えてあげるわ。ゲール語より素敵よ。一日一回、私にジュテームとおっしゃい。」

ルイスは彼女に、毎日一回ジュテームといった――秘密の合言葉として。すると彼女は、そのつど重おもしく頷き、きれいな発音ね、というのだった。

彼女は自分のことや家のことを話した。花嫁学校(21)のことをくわしく話し、そのばかばかしさを物真似でやってみせた。彼女が崇拝する、エール大学を出たばかりの兄エドのことは熱中して話した。ユーティカの社交界にはじめて出た時のことや、その折の彼女の仕度のことを、また特権階級の地主たちや古い家柄のこと、排他的な最上流階級の人人のことも話した。彼女の父については、大きな穀物運送業者で、大金持で、彼女のちょっとした要求はわけなくかなえてくれるといい、彼女がヨーロッパ旅行をした時のことを話した。その地をあちこちした様子を、物真似やら、軽薄なしぐさやら、賢そうな口ぶりやら、熱狂やらをこもごもまじえて話すのだった。

この時はじめて、ルイスは人間に階級があるということを知ったのだった。ミニーがなにげなく喋ったいろいろなことで心が痛んだ。彼女はあまりに多くを語りすぎたのだ。ルイスがジュテームと毎日いいながら、その言葉の意味を気にとめもしなかったのと同じで、彼女は多くの事を彼に対して白日のもとにさらしながら、そのことに無頓着だった。ミニーにとっては、彼の話によって何かがはじめてあきらかになるというようなことはなかった。そのミニーの中には小さな悪魔が一匹いて、彼女の眼から覗き見をしていた。二人の話題といったら、日がな一日、つまらない噂話ばかりだった。

ルイスにいろいろと質問をしてみて、彼が正直で率直で疑いを知らぬ田舎者であり、世間知らずで、社会の、長続きはしないが重要な固着した階層組織というものにもまるで無知であるということを了解すると、ミニーは新しい心配にとらわれてしまった。彼女は、彼を教育しようと決意した。そして、そうすることで彼女は、物事の外見の彼方に隠された、邪悪で重苦しい存在を彼に垣間見せたのだった。彼女はこの仕事をなかなか手ぎわよくやった。一度に少しずつ、自分の場合を引合いに出してあからさまな説明を加え、だがあまり自分を称賛しすぎぬように気をつけながら。だが、ミニーには、あまり長い時間まじめでいることができなかった。彼女の好きなのはばかばかしい、くだらない話をして笑い騒ぐことだったから、つねにルイスが自分の魅力にぼうっとなっているような工夫を怠らなかった。

ミニーはルイスの素敵な先生になった。ルイスは彼女に教わっているとは思わなかった。楽しい世間話をしているという感じしかなかった。だが、彼女のほうでは、冗談めかして言ったことがあとあと深く彼の心にきざまれることを、そしてまたなぜそうなるかも知っていたのだ。

ミニーは一面世俗的だったが、別の面では浮世離れしたところもあった。夢見がちな性格も持っていたが、いったん人前に出ると彼女は生ける顕微鏡となり、そのするどい頭脳のなかからいかなる幻影も消えてしまうのだった。というのも、ルイスの世界が開かれた戸外でありロマンスの世界であったと同じように、彼女の本来の世界は人間の世界であり、彼女はそこで生きていたのだ。であったればこそ、ルイスと一緒のときの彼女は優しかったのだ。もっともそれは、彼女が、ルイスがまるでおもちゃの気球でもあるかのように、彼にぶらさがってぶらぶらしてみたというだけのことだった。

用心ぶかい彼女の心に生まれたあるうずきは、彼のおかげで和らげられた。彼は、彼女にとって一種の贅沢品——しばらくは貴重なものとして心に残る——そういうものになったのだった。ミニーは笑いと晴れやかな喜びで彼をみたし、甘い蜜を少しずつ与え、そうやって彼の顔に浮かぶ世にもまれな、魔法にたぶらかされてとりこになった者の表情を楽しんでいたのである。

＊

そうしてミニーが、例の説教壇で、自分のことを話す日がやって来た。その中で彼女は、自分の取巻きの若い男達ときたらまったくの馬鹿で、きわめて低いレベルでしか物を考えられない、といった。彼女によれば、彼らの人生観は味気なく、下等で空虚だった。彼らは女性というものを自分たちの所有物、付属物と考え、見せびらかすだけのものとしか考えていない。彼らがみんな金持であることが事態をわるくしているともいった。そんなけだものみたいな連中に繋がれると思うと――いくら連中の夜会服が立派であってもゾオーッとする、と彼女はいうのだった。金持だろうと貧乏人だろうと（と彼女はいった）絶対に所有物にはなりたくない。自分は自由で、それも空気のように自由でいなくてはならない。すべてを知った今、自分はもう人生のコースを定めてしまった。決して結婚はしない。なぜなら結婚には悲しみのリスクが大きすぎるから、と。こういったことを、彼女は空をとぶ燕みたいに軽やかにいってのけたものだった。

この最後のことばを聞いたとき、ルイスの太陽神経叢、感覚中枢として知られるあの部分に何かが落ちて、消えた。ミニーがいった。

「気にすること、なくてよ、ルイス。大きくなればあなたにもわかるわ。あなたはまだ十四、私は十八よ。私達はいいお友達でいましょうよ、そうでいられる間は。最高の、これまであったことないような、そういうお友達よ。あなたの心は私の心、私の心はあなたの心よ、よくて？　これら大いなる樫の木を証人として我等斯く誓言す、また良き思い出とならんことを。」

ルイスはこれまで聞いたこともないほどの自制心で涙をこらえた。ミニーがまたいった。

「いままでどおりでいましょうね、のん気にね――楽しく笑って。」

こういうのがミニーのやり方であり、言い方だった。彼女はルイスの無二の親友だった。彼女は陽気な邪念と真率な愛情とから、彼に対して母親然と振舞った。彼女の気紛れと魅力とは同じ一つの性格に発するものだった。他人が何を欲しているかにはつねに鋭敏だった。その人間性はきわめて洗練されたものだった。これまで長い間、年長の人間とばかり暮らしてきたルイスにとって、彼女はほとんど神聖なもの、はじめて知ったほんとうの人間らしい人間だった。彼女が仲良くしてくれ、腹心の友として一日のみならず夏中を楽しい思いに浸らせてくれたことを思うと、彼女を知らなかった日々がただの空白としか感じられなかった。どうやって彼女に報いたらいいのか！ 彼女は、すべての物、すべての夢の、彼方の不可視の国からやって来た妖精の女王のように思われた。

今ふり返って、あれから半世紀が経ったなどとは、とうてい思えない。

Ⅸ　イングリッシュ・ハイスクール

ライオンズ・フォールズにいるあいだに、ルイスは、小作人の息子達と友達になった。ふた子で、彼より二、三歳年長だったが、深く知り合うほどに、彼は二人を高く評価するようになっていった。肩幅が広くてがっしりした体格をしており、日に焼けて浅黒く、大ざっぱな顔立ちをしていたが、そのきめの荒い大きな手はルイスを羨しがらせた。彼らの話し方はルイスを動揺させ、自然に彼らのほうに足を向けさせた。気立てがよく、重厚な心をもっていて、ルイスよりも背が高かった。ある日、二人はこれからブラウンの森へ行くところだといい、そこでおとなの罠猟師の道案内をするのだといった。二十マイルばかりむこうの湖まで連れて行くが、そこに罠猟師は山小舎とカヌーを持っていて、猟のあとでそれに乗るのだが、ルイスも一緒に行くかと訊ねた。ルイスはこの申し出にとびついた。行きたくてうずうずしていたのだ。これまでにもう何日も、川の黒い水の上に聳える無言の緑塊を見つめながら、森の奥はどうなっているのだろうと思い続けていたのだった。その神秘を自分で知るチャンスがあろうとは思いも寄らなかった。二人は彼に、これはかなり荒っぽい骨の折れることで、危険もあるぞと警告した。しかしルイスは、荒っぽいのは望むところだし、危険もあったほうが楽しいと答えた。

一行は重い荷を背負って徒歩で出かけ、森の縁を越えて石だらけのでこぼこした道へとさしかかり、山を登ったり下ったりしながら、どうにかそれとわかる道を曲りくねって進んで行った。五マイルばかり行ったところで「木の皮道」と呼ばれているところを横切った。そこは森がすこし疎らになっている所で、切り株ばかりになっていて、道には石や丸太がでたらめに敷いてあった。道に沿って、樹皮を剝がれた巨大なアメリカツガの木がばらばらに生えていた。南のほうにあるなめし皮工場でその樹皮を使うのだ。ここを過ぎると、もう道はなかった。ほんとうの難路はここからだった。ずっと昔に倒れたままの木、入り組んだ自然林、切り立った峡谷、荒れ狂う激流――ムース川の支流だ――の横断。川は森の木屑の下で咆哮し、横断には大きな危険がともなった。河水は暗褐色で、白く泡立っていた。岩が露出していてどうしても越えられず、遠廻りをしなければならなかった。ヒマラヤ杉の生えた沼地をやっとの思いで徒渉すると、針状葉をカーペットのように敷きつめたわずかな平坦地があり、そこで少し休んだ。あえぎながら小休止し、また出発――何度もそれをくり返しながら台地を進んで行った。両側に空高くびっしりとつらなる木はヘムロックとタマラックとがつぎつぎに、何度も入れかわっては続いていた。そしてまた登りと下りの難儀な道が続いた。老木が前ぶれもなく倒れかかってくるといった危険もあった。それはすさまじい音を立てて地面を揺るがした。八月の長い一日を、疲労困憊した四人は、薄暗い大伽藍を思わせる大森林の静寂ととどろきの中を進んで行った。

日没までに十マイル歩いた。テントもない急いで火を起こしただけのキャンプ――コーヒー、ベーコン、堅パン、水筒の水。小さいタマラックの木を切り倒して、そのいい匂いの大枝を、焚火のまわりに厚く積みあげて寝床にした。そうして四人は、濡れた長靴も脱がず、汗としぶきでぐっしょりの服のままで、疲れ切って眠りこんだ。月が薄暗く照らし、真っくらな森に残り火がかすかにくすぶっていた。

夜が白みかけたころ、罠猟師は、角笛や鐘のかわりに、ふくろうの声を真似た傑作なサイレンを鳴らした。だが死人のように眠り呆けた連中は、その墓穴のなかで寝返りをうっただけだった。そこでもう一回、すると死体共は跳び起きた。焚火を燃やし、急いで身仕度し、火を踏み消して、再び荷物を、皮が剝けてひりひりする背中に背負った。はじめのうち足がこわばっていたが、やがてしなやかになった。この日は六マイル歩き、また死んだように眠った。次の日は四マイルを楽に進み、広びろとした盆地のような谷に到着した。そこは平らで美しい湖に接しており、その湖は鏡のように静かで森の壁が取り囲んでいた。そこに、まだよく開けていない小さな開墾地があり、そのそばに丸太小舎があった。樹皮を剝がした若木の丸木で作った、大きい荒っぽい作りのものだった。日蔭には底を上にしてカヌーと櫂が置いてあった。まだ日が高かったので、緑の草に寝ころんで休んだ。長靴や服をひろげて太陽に当てて乾かし、湖の深みの氷のような水が湧き出す所を避けて浅瀬で水浴をし、なま乾きの長靴と服を着て、のんびりとキャンプの仕度をした。そのあいだに背の高い痩せた罠猟師は一つがいのヤマウズラを提げて来た。目的を達してみんなは苦労を忘れ、すっかりいい気分になって「ハリーを夢見て」という耳障りな歌をうたいはじめた。

ルイスは、マスケット銃(22)を手に湖の岸まで歩いて行き、森のきわからそう遠くないところで立止まった。湖は、見たところ長さ三マイル、幅四分の三マイルといったところだった。彼は銃を構えて、まっすぐ前に向かって発砲した。ものすごい響きがおこり、強大な木の壁に沿ってこなごなにくだけながら突進して行き、出しぬけに彼方の見えない入り江でかすかに響いたかと思うと再び広い空間にはね返って来て、弱まった雷鳴のように消えていった。最初は荒あらしい木霊をばら撒き、それはさらにあちこちに反響しながらデクレッセンドしていって、遠くではゴロゴロという音に変り、近くのは柔らかなふるえになって消えた。そして再び森は我にかえり、その静寂を取り戻すのだった。この趣向は、ルイスにとってもあまりに劇的すぎた。一回で充分だった。それは強烈な抗議とも思え、また生きている森の孤独な黙想を破られたことへのはげしく野性的な返答であるとも思われた。だがこの途方もないリズム、そのオーケストラのような響きは、ルイスの魂に深くしみとおり、いまや自然の雰囲気と一つにとけあっていた。彼は一人になりたくてキャンプをさまよい出た。一人きりで自分をみつめ、かの荘厳で広大な、沈黙の声で告げ知らせるもの、これまで、長年、あるときはくぐもった呟きで、また時には知られざる歌で彼に語りかけたあの内在する永遠の力、誘惑し、五感に訴え、ルイスと一体になったあのやさしい力、過ぎにし春の日の戸外で流れ行く時の歌をうたって彼を恍惚にうち震えさせたあの力と親しく語りあいたかった。

短いキャンプは、むしろありふれたものだった。娯楽らしいものはほとんどなかったが、近くのビーバーの棲息する草地をゆっくりと流れる小川からは、小さな斑点のあるマスがたくさんとれた。

帰る時が来た。罠猟師は、来る時より楽な道を戻ることにしよう、だがライオンズ・フォールズまで三十マイルの廻り道になる、といった。みんなは三日間でその道程を踏破した。つごう十日間の旅だった。ルイスは、ふたごの農家の息子たちと同じくらい立派にやってのけたことを得意に思った。

すべては束の間に過ぎて行き、家路をたどる時が来ていた。別れの挨拶を交わし、ある者は物思いに沈んだ。オルバニーで、祖父はそれまで内緒にしておいたプランを打明けた。定期船でハドソン川を下り、ニューヨークへ

9

出ようというのだ。ルイスは自分の眼で見、自分の心で感じとれるであろう驚異の数かずを思い浮かべ、感謝の気持をあふれさせた。それは実行に移された。ルイスは淋しい森林から雄大なハドソン川の下流まで、ほとんど一直線に下って行った。ウェストポイントを通り過ぎるとき、祖父は、かつて自分はそこの陸軍士官学校でフランス語を教えたことがあり、そこでの楽しみは毎朝食事前にハドソン川を泳いで往復することだった、といった。ルイスがその勇敢さに深甚な敬意を表するのに気をよくして、祖父はつぎからつぎへとあれこれの思い出話をした。パリセード峡谷(23)では、それが巨大な玄武岩の直立した結晶であるという説明に、しんそこ驚嘆させられた。川下りの船旅の間中、彼はたっぷり楽しんだ。そしてさいごに大きな船の行き交う、活気に充ちた広い海に出た。

ニューヨークは、しかし、大してルイスの興味を惹かなかった。祖父が、かつて家族と一緒にジュネーブからやって来て、はじめて上陸したのがここだったと話したときも身を入れて聴いていなかったし、いつ、そしてまたなぜ、ボストンへ移り住んだのか尋ねてみようともしなかった。祖父にはこの無関心ぶりが気に入らなかった。ここにいるこの少年を、彼はこれまで慈み育ててきた。その十四年の歳月はさまざまな活気ある挿話に、力強い思考に、また夢想や、神秘や、予言的な直観や、また未熟だが勤勉な実際的精神が渾然と一体となってみちていた。けれども、その同じ少年は、移ろい易く愚行にみちた世間というものに対してはまるで無知で、無邪気で、無頓着なのだった。両者の間の隔りを思うと、一瞬身ぶるいがした。祖父は人間性の奥深くに横たわる真実を知りすぎるほど知っていた。そこで彼は、人間の一生というものを、とくに誰の一生というのではなく、そうしたものとして知られ、語り継がれてきたことを、醇々と孫に説いて聞かせた。人間の運とか宿命を解きあかす鍵は、そうした真実の、だが記録されることのない物語のうちにあり、やがては忘れ去られて行くものだということを彼は知っていたのである。そして、ルイスが、これまで手厚く庇護されて育ってきたことに対する罰金を、いまそれと知らずに支払っているのだということも知っていたのだった。

そのあとで、祖父は、別の秘密の計画をルイスに話した。フォールリバーから船でロングアイランド海峡を横断しようというのだった。ルイスは、生まれてはじめて、本物の海の長い航海を、大喜びしながら経験した。かくしてボストンへ、それからウェイクフィールドへと滞りなく着いて、夢のような旅は終った。

＊

ルイスにはまだ、ハイスクールの入学試験の準備を急いでやりなおす時間があった。彼はラテン語学校より英語学校のほうを選んでいた。もともと彼は自分で考えて行動する人間であり、他人に助言を求めたことはこれまでにあまりなかった。彼の考え方というのは、大概いつも自分が選んだ職業をまっすぐ目指すもので、今度も、ラテン語を学ぶことは時間の無駄だと信じたのだった。時間という要素は、彼が自分の野心を考えるさいにはいつも勘定に入れていたのである。つねに、もっとも短時間で、確実な成果をあげたいと願っていた。ラテン語がくだらないなどというつもりはなく、その人生にラテン語を必要とする者だけが学べばいいと思ったのだ。彼は、自分にとってぜひとも必要と思われるものを選びとるするどい直感をもっていた。

誕生日の九月三日、彼のもとにユーティカから一通の手紙が来た。思いやりと激励の言葉が書きつらねてあり、差出人は彼のハイスクールでの日々を通じて、つねに心の友であり続けるだろうと約束していた。

英語学校とラテン語学校は、この頃同じ建物に同居していて、それはベッドフォード通りの南側沿いにある相当古ぼけた薄よごれたビルだった。両校は仕切壁で分けられ、屋根は共有だった。通りに面した側は花崗岩だったが、両側の壁は煉瓦だった。煉瓦を敷いた中庭があり、三十分間の休み時間にはそこに生徒があふれて、通りや近くのパン屋までひろがった。まるで納屋みたいな人好きのしない建物で、当時のニューイングランド気質にふさわしい狭くるしい通りに面して立っていた。

ルイスは試験に合格し、彼の名前は一八七〇―七一年の名簿に記載された。

彼は約四十人の同級生と一緒に二階の一室を当てがわれ、モーゼス・ウールスンという名の〝指導教官〟に統率された。この部屋は薄汚なくて陰気だった。それぞれの机は北に面して並び、光は西側の窓から入り、南側は壁だった。指導教官の教壇と机は西側の壁ぎわにあり、その反対側の壁に長い黒板があった。入口のドアは北側、そして南西の隅に二つのガラスの扉のついたキャビネットがあって、一つには鉱石標本、もう一方には世界の各地から苦労して集めた木の標本が入れてあった。

新しいクラスが招集され、級長が皆を席につかせている間、教師は机にすわって右の耳をほじくっていた。ルイスは新しい冒険に立向おうとしているような気分で、成り行きの予測はできぬまでも、いずれにしても重大なことになるのだろうと考えていた。

席について、ルイスは教師をちらっと眺めやった。その顔付と風采は、頑丈で、痩せて、陽灼けしており、吝嗇で、成功しそうなタイプの農民を連想させた。見たところ四十そこそこの感じだった。悪童どもが静かになると教師は立ち上がり、うぶな新入生たちに向かって長広舌をふるいはじめた。歓迎の挨拶なんかぬきだった。彼は背が高いほうで、貧弱な顎髭をはやし、もじゃもじゃ頭で、豹のように動きまわり、話している顔には権威づくなところと喧嘩早そうな感じが漂い、新米船員を引受けた一等航海士みたいなおもむきがあった。

彼は緊張していたが、威張り散らすようなところはなかった。情熱家なのだった。彼の喋ったことは、大要つぎのようなことだった。

「諸君、君達はまだ私を知らないが、じき知るようになる。ここの規律は厳格である。諸君はここへ、学ぶためにやって来た。私は諸君を見守る。私は私の務めを果たすだけでなく、君達にもそうしてもらう。諸君はここで私の監督を受ける。他の何人も諸君に干渉しない。ここでの規律は私が定める。私は監督だ。このことを間もなく君達は悟るだろう。君達を、私は責任をもって担任する。私はこの責任を神聖なものと考える。また、これに伴う高度かつ厳正な義務を私は自らに課するとともに、同様に諸君に対しても要求する。私は、諸君に、私の持てる全てを与えよう。而して諸君は、諸君の全てを私に与え給え。これだけは忘れてはならない。訓練規律の第一項は**沈黙**である。机の蓋を開けてはならない。本に触れてはならない。足を引きずってはならない。私語を交したり、だらしない態度をとったり、服をばたつかせたりなどしてはならない。私は鞭は使わない。鞭などというものは、野蛮な精神と意志薄弱な徒輩のための道具であると信じている。だが、いったん警告したのちもなお規則を犯す者に対しては、私は遠慮はしない。規則の第二は**不断の注意**である。諸君は学ぶために、思考するために、目下の問題に専心するために、堅忍不抜の精神を養わんがためにここにいるのである。規則の第三は、**機敏**である。諸君はつねに目覚めていなければならない――身心共にだ。諸君は精神的敏速、迅速、気転、機敏を養うのだ。規則の第四。諸君は**聴くこと**を学ぶ。全身全霊を傾けて静かに聴くことだ。なまはんかに聴くのではない、全身で聴くのだ。正しく聴くことは正しく考えることの基礎である。心をこめて聴くことは、心からの、真の理解の基礎である。正確に聴くことは正確に思考することの基礎である。最後に、諸君は**観察と反省**と**弁別**とを学ぶ。このことの重要性は、いまの諸君の理解を越えているだろう。だが、今はこれ以上を述べない。理解するには、相応の準備が必要だからである。私は最初から諸君をせき立てるつもりはない。諸君に可能な最大限の歩度を私が把握するまで、私は少しずつ手綱を引き締めて行こうと思う。」

話を締めくくるとき、彼の厳格そうな顔に危険な微笑がよぎった。そのほかにも、カリキュラムやこの一年の進行予定の概要などを彼は話した。摂生については特に強調した。また、自分が手をかざしたときは注目せよともいった。それからいろいろな教科書を学科毎に区分けし――すべて予習が必要だった――その日の授業は終りになった。

ルイスはあっけにとられ、雷に打たれでもしたような気分で口もきけないほどだったが、それでも嬉しかった。教師の口から出る言葉の一つ一つについて熟考した。スリルを感じ、瞠目し、ふるえ、びっくりし、反応した。自分の年来の思考、感情、夢想、感覚、空想、視野が、形の無い混沌であったと知った。いまこの教師の話を聞くことでそれらは調律され、破裂せんばかりに凝縮され、たちまちにして明瞭な意味をそなえた、生きた真実のものとなるように思われた。一筋の道が彼の前に開け、新奇な計画を思いついてそれを軍旗のように握りしめた。帰る道すがら、彼は心の内に叫んだ。とうとう、一人前の男になったぞ！

ルイスは、自由になる時が近いと感じていた。身の内に灼熱したものを覚えながら、真の自由とは能力の鍛練を通じてのみ得られるのだと考えていた。教師のいった鍛練という言葉を、彼は正しく解釈していたわけである。すなわち、「自らの能力の自らによる鍛練」と理解したのだ。いまや彼の熱意は、力の焦点を結ばせることに集中された。「沈黙」「敏速」「迅速」「正確」「観察」「熟考」「弁別」などが意味するところも、彼自身の力――いまのところそれは混沌として統合されておらず、創造的というにははるかに遠いものだが――の鍛練の方法でなくて一体何か？　教師の示した方法こそは、彼の理解したところでは基本的な方法であり、その内に、これまで彼が真昼の暗闇のなかで必死に追い求めてきたもの、空っぽの手を伸ばして摑みとろうとあてどもない模索をくり返してきたところのもの、その空っぽの手と同様みたされない心で、薄膜をとおして外界を眺めるようなもどかしさを覚えつつ渇望してきた、まさにそのものを見出したのだった。彼は、それまでの自分が何を見つけようとしていたのかを知らなかった。だが、教師のいったこの言葉が彼に霊感を与えたのだった。――「君達を、私は責任をもって担任する。私はこの責任を神聖なものと考える。また、これに伴う高度かつ厳正な義務を私は自らに課するとともに、同様に諸君に対しても要求する。私は、諸君に、私の持てる全てを与えよう。而して諸君は、諸君の全てを私に与え給え。」

ウェイクフィールドへ向かう列車のなかで、ルイスは自分について考えた。つい先だって終ったばかりの、長い、一めぐりの旅のことを思い浮かべた。それはまだ生き生きと記憶のなかにあった。バークシャーやモホークの山々や谷、小さい滝、ブラック川、ムース川、原始林、そのなかのいくつかの滝、ハドソン川、キャッツキル山脈、パリセードの絶壁、ニューヨーク滝、ロングアイランド海峡……それらの思い出を投げ縄をかけて引き寄せるようにたぐっていった。鉄道、川、そして海を、彼は旅したのだ。これらすべての事どもは、彼に啓示的な思考と感動と夢想とを与え、それでもって彼は自分の心の内に一つの印象的なドラマをこしらえあげたのだったが、同時にそれらはまた、新しい、より大きな世界の到来をも告げていた。言葉をかえていえば、それはこういうことだった。つまり、彼の〝子供の領分〟森にかこまれ、彼の谷や小川、ダム、愛らしい沼、大草原、丈高く優雅な楡の木などを内にもつそれは、彼の喜びの土地であり、楽園であり、自然崇拝の神殿であり、幻想と夢想の聖域であって、最初のうちそれはニューベリーポートへ、そしてボストンへと、より大きな世界へ少しずつ広がって行くという期待を抱かせたのだったが、七年ものあいだそこにとどまり、拘束されたまま動かないでいるうちに、それは邪悪な、目に見えない堰となって彼をとじこめ、たしかにそれは広がりはしたが、せっかちに大きくなろうとするルイスの夢想する力を、野心の蓄積を、事物の背後に横たわる真実の探索をなおも抑えつけ、閉じこめ、制限したのであり、そのためにルイスはいらいらし、陰気になり、悪意をさえ抱くようになっていたのだった。そのとき、とつぜん堰がくずれ、子供の領分ははるかな彼方へと拡大し、ルイスの燃えるような精神を携えたまま、大地を、また海を惜しみなく与えまた迎え入れつつ、また山脈や谷を、大河を、荒あらしい滝を、輝く湖水を抱く無限に広い森を、山あいの川を、驚くべき入り江を、そして湧きかえる大海原までをもその内にとりこみつつ、突走り、大地を覆いつくしたのであった。

かくして境界は拡大され、母なる大地の力と栄光の、その一部が啓示された。かくして、深く、安定した土台が、この大地を大股で濶歩する横柄で自由な精神——それが、半ば盲目だが、模索し、努力し、希望を捨てず、いつも夢想にふけり幻想にとらわれている人間の特性なのだ——に与えられたのだった。

ルイスは、自分がしだいに逞しく、確固としてきていると思った。教師の言葉を思い返しながら、彼は自分に向かって断言した——この力はまさしくわが内に在り、私の監督下にある。私はその責任を神聖なものとして受け入れなければならぬ。私はこれに伴う高度で厳正な義務を、自分自身と、またその力とに対して負わなければならぬ。その力の全てが彼に付与されるためには、いま自分の持てる全てを注がなければならぬ、と。

そして、ルイスは、モーゼス・ウールスンとの適切な時期の出会いを準備したのは、あのライス中学校ではなくて祖父の気紛れであったことを、いまはっきりと、いくぶんかの驚きをもって了解したのだった。長い困難な訓練だろうと思ったが、彼は自信にみちてその始まりを待ちもうけた。それが自分には必要なのだと知った今は、喜んで受け入れようという気持だった。

その夕べ、彼は祖父に、モーゼス・ウールスンについて考えたことと、自分の計画とを話した。祖父は膝にすわらせた孫の内面を見すかすような眼付をし、寛大な微笑を浮かべ、片手を首に当てて考えにふけりながらいった。

「なあお前、若い間というものはお前のように、何でもばら色のロマンチックなもやを通して見るから、何でもすばらしく見えるものだ。いまお前が話したような人間も、この広い世間にゃ少しはいるだろう。だが、お爺さんくらい古びた用心ぶかい人間はな、理想と現実がどんなふうに折り合うかしばらく待ってみるところだ。そうはいっても、お前は、わしのこの禿頭の中の心配など気にもせんで、まっしぐらに突進するんだろうて。」

ルイスは笑い、祖父に抱きついてキスし、勉強にとりかかった。祖母は読書用のランプで編物をし、ジュリアス叔父はやくたいもないギターを爪弾いて当時流行ったセンチメンタルな小唄を口ずさんでいた。祖父はといえば、スリッパを履いて、床の上で勉強に余念のない少年を驚き呆れた顔で見守っていた。

モーゼス・ウールスンの授業開始当初のことは、この物語にとって、さして重要でないから省略しよう。それよりも、教師が「諸君に可能な最大限の歩度を私が把握するまで」といったその期間、ルイスがどうこれに反応したかを述べることにしよう。さしあたっては、教師は巧妙で徹底した訓練によって、三箇月でそれを達成してしまったといっておけば充分だろう。

彼の計画の大綱は、その最初の挨拶のなかで述べられていたとおりである。以下に、そのこまかい点を述べてみることにしよう。

ルイスが最も重要と考えた学課は、代数、幾何、英文学、植物学、鉱物学それにフランス語だった。これらはすべて、彼にとってはまったく新しい啓示だった。代数学は思いがけない象徴の世界へと彼を導き、彼を愕然とさせた。xの符号は、いまは未知だがやがては突き止め得る、そういうものの鍵《キー》として、燦然と彼に現前した。驚きに打たれ、一人立ちつくして彼はそのxを見た。それは、涯知れぬ展望を開く、魔法の国の神秘な霊だった。旺盛な想像力で、彼は、このxの内に潜む力が、やがては彼が探し求める真実——外見の背後に横たわる秘密を解きあかすであろいう真実――を覆いかくす壁の扉を開く鍵になることを見とおしていた。そのxは、未知の何ものかによって操られているように彼には見えたのだった。

そうやって、彼は遙か先のほうを、自分が一人前になった時のことを考えていた。幾何学の精妙さ、つながりの精確さ、その不思議さ、意外性は彼を大いに喜ばせた。お伽話みたいだった。それも証明可能の、そう、おしまいにQ.E.D.[24]のつくお伽話だった。定理や仮説や問題の意味が、また証明とは確かな事実や断定に基づいて論証するプロセスであるということがわかりはじめた。この時にあたって、彼が代数にある濶達さを認めたようにユークリッド幾何学の厳密さに気づかなかったことは、彼にとって幸いだった。

植物学についていえば、それまでにも野原や果樹園や庭で、花や蔓草や、また灌木や木々を彼は見てきていた。いまやそれらの真の姿を、内密な関係を、またその世界の仕組を学んでいた。これによって、いっそう植物が好きになった。鉱物学は新しい啓示だった。路傍の石が彼に向かって、それ自身の言葉で話しかけてきた。フランス語にはひどく熱心だった。フランスのことがいつも頭にあったのだ。英文学は偉大な、整然たる言葉の世界を彼に向かって開いた。万人の思想や感情を、精神から精神へ、心から心へ、魂から魂へ、想像力から想像力へと伝達する、それは驚嘆すべき媒介者だった。そして、無限に広がってゆく彼の視野の内に、人類の思想の、行為の、希望や喜びや悲しみの、そしてまた数かずの勝利の記念碑の、巨大な蓄積を蔵した宝庫として立ち現われたのだった。

モーゼス・ウールスンは、深遠な思索家ではなかったし、博学でも学者肌でもなく、洗練されてもおらず、また沈着な人間というわけでもなかった。野蛮人と詩人とが混ぜ合わされたような、むしろそういう人間だった。しかし、彼の教える技術は傑出したものだったし、授業の進め方は高度に科学的で、またたいへんユニークで、当時の教育学の成果をはるかに上まわるものがあった。そのため、同僚からはしんそこ憎まれていたが、それは小羊が狼を恐れ嫌うのと同様であったろう。彼の弱点の一つは、あまりにもしばしば自分の感情を表に出してしまうことだったが、しかしこのぴりぴりした神経質なところは、相当に斟酌されて然るべきだろう。まさに彼のこうした性質こそが、その実行力の源泉であったのだから。彼はたしかに、彼の持てる最上のものを、全ての生徒に、両の手にあふれんばかりに与えたのだった。

彼の授業の進め方は、考え方としては単純なもので、それゆえ、その作用や結果を着実に積み上げて行くことにより、高度な錬磨をも可能とするものだった。便宜上、一日を三つの部分に分けてみよう。実際にはこんなにきちんとしていたわけではなく、ごたごたと入り組んでいたのだが。最初はきびしい記憶テストである。とりわけ幾何、代数、フランス語文法、それに正しい英語に重点がおかれていた。家で勉強してきたのを、学校でテストされるわけである。二番目（次の日はこれが最初になるのだが）は暗誦の時間で、記憶力と注意力とを最高度に緊張させられた。そしてこの時間が終ると通例三十分の休み時間があり、新鮮な空気を吸い、気分を楽にさせることができた。休憩後は、教科書を見ながらの自然科学の授業になる。教科書はおもにグレイ(25)の『植物講義並びに観察(26)』で、これはルイスにとっては遊んでいるようなものだった。そのあと教師の講義があって、課業は終りになった。

きわめて緊張した時間のつぎに、いくぶん気楽な時間が続き、そうしておしまいに、なかばもしくはほとんどリラックスした時間がくる、いわばそういう配列だった。このさいごの時間は、教師の一番楽しい講義の時間でもあって、肩のこらないおもしろい話を彼は気持良さそうに話すのだった。自然科学の時間や、そうしたおしまいの講義のとき、とりわけ戸外の世界のすばらしさや英文学の栄光について話すときには、彼の本質である熱狂的な感性が抑制されることなく流露され、しばしば熱っぽい雄弁となり、また美しい心象を描き出したりもした。これらの講義、というよりくだけたお喋りといったほうがいいが、その内容はきわめて多岐にわたり、そのほとんどがカリキュラムの枠を越えるものだった。

そういう次第で、モーゼス・ウールスンのクラスは、大学のそれを思わせるところがあった。なかでも印象深かったのは、ハーヴァードのエイ！サ・グレイ教授が、生徒に植物の話をしに時折やって来たことだった。モーゼス・ウールスンの科学への熱意を高く評価しての特別のことだった。モーゼス・ウールスンのこうした講義の終りは、いつもきまって「婦権」――この運動は当時もこの名で呼ばれていた――の熱烈な擁護になるのだった。彼は女性の、誠実で熱意ある代弁者でもあったのだ。

けれども、彼の話で、ルイスの心を一番しっかり把えたのは、英文学に関するものだった。教師がもっとも寛いで話すのがこの話題だった。実際、この時の彼は、入念な分析と明解な解説を、いわば楽しんでいた。引用は豊富で、一くだり、一行をぬき出しては、その筋の運び、リズム、あや、筆力、風韻、調和といったことを一語ずつについて説明し、ついでもう一度その一くだりを暗誦して、生き生きとして躍動する文章にそれらの要素をまとめあげてみせた。判断の公平さ、独創的な説明ぶり、話し方の明解さ、それらによって彼は、新しい魅惑的な世界を開いて見せたのである。

ある日、彼は、英文学史の最良の著述は、イポリト・テーヌ(27)なるフランス人の手に成るものだといいだして、ルイスをびっくりさせた。この一見奇妙な事実は、このすぐれたフランス人の精神の、英国人にはない公平さという能力によるものだと述べ、ムッシュ・テーヌは、卓越した精神的共感と視野とにより、芸術作品に自由にはいりこみ、理解し、かつその作品が生み出された時代や情況というものに注意を向けることができたのだといった。ついで彼は、英国とフランスの文化の対照性ということにふれたが、それまで文化という言葉をたんに一つの言葉として聞き流し、大した意味を附与したことのなかったルイスにとっては、これは注目すべき言説だった。彼の魂は彼からぬけ出して遠くフランスの空を漂った。彼は立ち上がって、モーゼス・ウールスンに、文化の真の意味は何かと尋ねた。すると、教師は、文化とは国民の、また民族の、特質を体現するものだと答えた。では、民族の特質とは？　それはその民族が本来具有する精神的内的力であり素質である。したがって、文化とは、その民族の内奥の、個人としてであれ、また国民、民族としてであれその民族自身による表出なのである。ルイスは、この高度に濃縮された答にすっかり当惑してしまった。視界のすべてを覆いかくす光の洪水に直面したような気がした。おびえきって、口の中でもごもごと何か言ったが、そのときはじめてモーゼス・ウールスンは自分のまちがいに気づいたのだった。

彼は、無意識にのぼってしまった高い止まり木から降りて来た。子供の理解を越えたことを喋るというのは、彼の理論にもふだんのやり方にも反するものだったから。すぐさま彼は、いま述べたことをわかりやすく説明しなおし、ルイスも、今までどおり自分の足が地についているのを見出して安心した。ルイスは、いま聞いた二通りの説明をつなぎ合わせて、「文化」を一つの生きた言葉としてつかむことに成功した――はじめのうちは、その透明なヴェールをとおしてぼんやりとしか見ることはできなかったが、ともかくそれは生きた言葉として、また生きた透明なヴェールとして、外から彼にもたらされ、彼のものとなったのである。彼は、モーゼス・ウールスンが一本の魔法の杖を、それを使って事物の表面の隠れ蓑を剝ぎとる方法を学ぶようにと、自分に手渡してくれたのだと感じ、またそんなふうに夢想した。

その学年の終りまでに、モーゼス・ウールスンは、その教育者としての非凡な才能で、先の見込みはあるにしてもまだ荒削りだったこの少年を、一個のいわば知的な活動家に変えてしまった。彼は、混乱を秩序に、曖昧を明晰にかえ、たんなる子供の熱っぽさをすぐれた敏捷さに仕立てあげた。彼は少年の長所を育み、煮つめた。また少年の自覚を高め、勇気と独立心を注ぎこんだ。思考力、感性、行動力の焦点を定めることを教えた。少年のインスピレーションの源である、かの大いなる戸外の世界への愛を深めさせた。そして、彼の教育は、この少年の視野のうちに驚嘆すべき詩の世界の幕を上げることによってクライマックスをむかえた。

このようにして、きわめて巧みに彼はルイスを緻密な性格に仕上げ、目的にむかって理想的に、また自発的に歩いて行けるように仕向けた。ルイスは彼の教育を吸収するだけの能力があったし、また鍛練に対して価値を認めてもいたから、モーゼス・ウールスンもそうしないわけにはゆかなかったろう。けれども、かといってルイスが異彩を放つとか、目立つといった生徒だったわけでもなかった。クラスでは上の方だったが、これで十分だった。目立つことは望まなかった。ひたすら受け取り、身につけることを目的としていた。彼は聴き方ではなかなかの熟達を示したが、またそれゆえ、無口でもあった。彼は、モーゼス・ウールスンの知識の宝庫の内容をことごとく引き出そうと目論んでいた。だが、一人の教師としての、また一人の男としてのモーゼス・ウールスンには、とりたてて好意も親近感も抱いてはいなかった。教師のほうでも、彼に対しては同様であっただろう。彼がこの男に感じたものは、その力、またその強烈でしかも惜しみなく与える個性の強烈さへの驚嘆の念だった。この教師が、ルイスに対して自分が何を為しつつあるかを心得ていたかどうかはかなり疑わしい。だが、ルイスのほうではそれを承知していた。両者の相互作用が少しずつ彼の内に累積され、自分の天分に目覚める日がやって来たとき、彼への深い感謝の念と、彼に負うところのいかに大きかったかという思いが心にあふれた。その気持は、年を経た今なお変ることはない。数ある教師のなかで、ルイス・サリヴァンにとって真の教師とは、あとにも先にも彼一人だった。いまこの回想の一文を、あまりにささやかではあるが、はるかな昔のあの先生の思い出に捧げたい。

＊

とかくするうち、ヘンリ・リストの、穏やかな、晴れた空のような日々の地平の上に、一にぎりの雲が現われた。一八七一年のはじめに、彼の妻であり、支援者であり、また碇《いかり》であり支柱でもあったアンナ・リストが、その生涯で最初にして最後の病気にかかった。ルイスは彼女の部屋への出入を禁じられた。すべてが静まりかえった。誰もがひそやかに行き来し、気になる囁きが交わされた。その雲は大きくなり、世界を暗くし、そして通り過ぎて行った。ある朝、ルイスは彼女に会うようにいわれた。彼はすぐさま彼女の部屋へ行き、扉をあけて入った。白いカーテンがおろしてあって、中は明るかった。目指す人はベッドに体を伸ばし、シーツですっぽり覆われていた。彼は近寄ってシーツをずらし、いそいで唇をつめたい額におし当てたとたん、針に刺されたように後じさった。その場に直立したまま、他の世界のもののような、象牙色の、こわばった顔を見おろした。祖母はいなかった。

いま自分が眺めている、この恐ろしい、つめたい物は一体何なのだ？　家の中のこの見知らぬ者——お祖母さんはいったい何処へ行ってしまったのだ？

彼女のかわりにここにいる、彼女にそっくりな象牙色のにせ者は何者だろうか？　見えず、聞こえず、感じることも動くことも、喋ることもできず、愛することもできないこのもの。

祖母は消えてしまった。

黒い影を落として去ったあの雲と一緒に、彼女もまた去って行った。

そして今彼の前に、かつては彼女がいた場所に、にせ物が横たわっていた。

一個の物体、何物でもない何物か——ルイスはそれについて考えることも、名づけることもできなかった。唯の不快な象牙色の仮面だった。彼はぞっとしてそれをはねつけた。

みんなは、お祖母さんに会えといったのだった。

では、この石のように硬い幻影が祖母だというのか？

嘘だ！

本当の祖母は、彼の心の中にいた。彼が死ぬまでそこにいるのだ。この眼の前の物体が何であろうと、断じてそれは祖母ではない！

祖母は消えてしまっていた。

彼は覆いをもとどおりにした。涙もなく、つめたく醒めきって部屋を後にした。

一にぎりの小さな雲——死が、やって来て、通り過ぎ、そして消えた。ルイスにとって、生まれてはじめての経験だった。

＊

クワナポウィット湖に突き出した岬の先端に共同墓地がある。そこにまっすぐ立っている、白い大理石板の一つに

「アンナ、ヘンリ・リストの妻、一八七一年四月二日没、享年六十六歳」と誌されている。

この簡潔な碑文には、ヘンリ・リストのシニカルな一面がよく出ている。だがその彼は、客間での葬儀の最中、はげしいヒステリーの発作に襲われ、涙にくれて打ちのめされていたのだった。ルイスはその横に立って、彼ほど意志の強い男がこれほどまでに弱くなり得るということに驚きを覚えながら見守っていた。またルイスは、バプテスト派の牧師の、人の流血を讃える感覚的な文句に苛立ち、彼を呪った。すすり泣いている人々に耐え切れなくなって、彼は戸外に飛び出し、木の下にすわって、みんな地獄へ行けとののしった。なんだってこんなばかげた愁嘆場に巻きこまれてしまったのか？　彼の胸の裡にまだ生きている祖母の思い出に浸れるように、そっとしておいてくれることはできないのか？　騒々しく泣きわめく物欲し気な連中は、じきに忘れてしまうのだ。ぼくは、そんなことはあり得ない――そんなふうに怒り狂っているとき、満開の花をつけた一本の桃の木が眼に止まった。彼は、それが危機を救ってくれる親友でもあるかのように、その木のほうに走って行った。この喜びにみちた存在は、彼を勇気づけてくれた。春が、再び輝かしい歌をうたっていた。空は復活を喜ぶ鳥の合唱にみちていた。まさしくそこには復活と生命がみなぎっていた。彼の愛する人が、自分をまた彼を生み出した大いなる生命の中へと帰って行ったことは、少しも不条理なことではない、と彼は思った。その大いなる生命は彼の裡にあり、したがって愛する人も、永遠に彼の宝として彼の裡に生き続けるのだと。

満開の桃の花のそばで、ルイスの傷心は和らげられていった。死は消滅であることを、そして生命とは力の力であることを、彼の心は受け入れた。友達の傍らに立って周囲を、それから上を、虚空の彼方を見あげながら、この大いなる力――生命が、春の歌声という仮の姿を通じて、純粋な眼だけが見ることのできる誓約の証《あかし》の虹を、空ゆく雲のあいだに懸けたのだと思った。そして、生命と、誇り高き人間の精神と、大地とのあいだの誓約の徴《しるし》として、この雲のあいだの虹が永遠に存在することのすばらしさを思った。そうやって、ルイスは夢想にふけっていた。「どうしても夢見たければ、幸福な夢だけに限るべきだわ」という小さな声が、どこかから聞こえて来たかのようだった。

＊

ヘンリ・リストの家は、二度目の崩壊を迎えた。こんどは家族がばらばらになってしまった。農場も売られてしまった。ジュリア――燃えるような赤毛の彼女、お伽話が上手で、イズールト(28)みたいな性質で、九年もの長きにわたって家族の話相手であり料理人であった彼女が続いて亡くなった。二十五歳になっていた叔父のジュリアスは、フィラデルフィアに仕事を見つけて去って行き、祖父もついて行った。

ルイスは、隣家のジョン・A・トンプソンの家に暖かく迎えられた。その息子のジョージは彼の年来の遊び仲間だった。そして、前と同じように日が過ぎて行った。毎日、ジョージ・トンプソンは、鉄道工学の勉強のために「テク」(29)に通った。毎日、ルイスはモーゼス・ウールスンに新たな敬意を覚えた。そして毎日、ジョン・A・トンプソンは定刻にボストンから帰宅し、帽子をとって飾り棚へ行き、強いバーボンをぐいと呷り、唇を鳴らし、眼を輝かせながらいつも同じ場所に置かれている安楽椅子に身を沈め――もう誰も知らないほど昔からそこに置いてあった――そしてそこで、きっちり十分間うたた寝をするのだった。起きあがると、背の低い、逞しい体で伸びをし、破顔一笑した。そのときの彼は、入れ歯と、黒く染めた髭と、高い秀でた額と、この上なく陽気なつぶらな眼とをひけらかしているようだった。それから外へ出て行って、植えてある木や灌木や蔓草などが順調に育っているかどうかを見るのだった。この男は、並はずれて器用な手と、気骨に富んだ知性とをもっていて、ルイスを驚かせ、興味を覚えさせた。

彼は、続く二年間を、この少々享楽的な雰囲気もある、魅力的な家族の中で過ごした。

その年の春と夏、ルイスは熱心に植物と鉱物を採集し、すべての物が一つの名前をもっていることの意味を、また順序づけや類別が、系統的な思考のうえにどんな重要性をもっているかを理解してゆき、事物や思考の扱い方に習熟していった。機能と構造との関係を見とおす力も急速に深まった。これまで広い範囲にばらばらに存在していたもろもろの事象が、いまやいくつかのグループに整列しはじめていた。

ルイスをそう仕向けた原因は、たしかにモーゼス・ウールスンだった。だが、ルイスにも、彼の指示どおり勉強し、探究し、発見し、事物を客観的にまた明確に理解するだけの能力があった。こうして、彼の成長する精神の内部で、論理的な関連づけの網目が作られはじめ、それは同時に、論理的な平衡感覚や合理的な行動力をも育てていった。

ところで、ジョン・A・トンプスンには合理性と、きわ立って細心な几帳面さとがあったが、ルイスは彼のことにあえて関心を持たないようにしていた。秋にルイスはイングリッシュ・ハイスクールへ戻り、ヘイルという名の助任教師が担任する二年級に入った。ヘイル先生は、学者で、紳士で、誠実さと、紋切り型と、人格の高潔とをひけらかすタイプだった。その最初の授業で、ルイスは、年長者の本質を見とおす、少年特有の、澄みきって容赦のないあの眼力で、ヘイルをそう値踏みした。落胆と、うんざりした気分で彼は憂欝の大波にとらわれた。生命の灯が吹き消されたみたいだった。ウールスンが熱い太陽のようだとすれば、この人物はまるで蠟燭だと思った。この男に何ができただろう？　この尊敬すべき模範教師には、モーゼス・ウールスンによって徹底的に鍛え上げられた生徒に対して、なしうる何かがあっただろうか？

幕を下ろすことにしよう。そして忘れよう。

学年の終りごろに、ジョージ・A・トンプスンはルイスに、「テク」を受けてみないかと尋ねた。ルイスは、その前に高校を終えなければ、と答えた。

「ばかげてるよ」

とジョージはいった。

「きみなららくに合格するよ」

この言葉に勇気づけられたルイスは、その言葉どおりらくに試験を通った。

シカゴの大火のこともここで述べておくべきだろう。そのとき、ルイスは、家族が惨事を免れた旨の知らせをいち早く受取っていた。また、ルイスの、これら遠く離れた家族との真心こめた文通のことも見落とさずにおこう。かくして、彼はいまや何の心配もなく、力強く「テク」に、彼の最初の冒険、建築家としての生涯の第一歩を踏み出すことになった。

X　ボストンに別れを告げて

二年にわたってルイスはウェイクフィールドのジョン・A・トンプスンの家で暮らし、思索に、また日常のあれこれに多忙な日を送った。この間に、彼の思考のしかたに、即物的とでもいうべき一種の簡明化が生じていた。いってみればそれは物事を皮相的に見る能力なのである。そうすることによって、高い教育を受け洗練された連中のいう、現実的把握という共同幻想に参画することが可能になるのだ。これを身につけることは、しかし同時に、少年の夢見る力は失われてゆくということでもある。夢見るということは、少年の神秘的な直覚力のあり方そのものであり、これがあるからこそ少年にはおとなが滅多に見ることのできないものを見ることが可能となるのだ。そして、この能力は、頑迷でロマンチックなものを解さないという人間においては、日常的な関心事のなかに埋没してしまって、生きた意識としては永久に失われてしまうものなのである。

大抵のおとなは、想像力が旺盛な貴重な少年時代を、人生の不明瞭な部分として放逐してしまう。あえて話題として持ち出しても、つまらない「幼稚な趣味」としてあっさり片付けられるのがおちだ。ごまかしや自尊心や侮蔑のかげにそれを葬ってしまうのだが、そうやってわれわれの肥沃な少年時代を軽蔑することが、とりもなおさず、おとなになったわれわれ自身をさげすんでいるにほかならないことに気づいていない。こうして、われわれはもはや子供ではないのだという幻想をいだき、さらにわれわれは子供が大きくなった者ではなく、何かもっと別のものだという誤った観念をいだく。魔法やお伽話など頭から信用せず、子供らしい真摯さで何かを信じこむということもなく、夢想にとらわれることもない、そういう人間が、心醜く破壊的で、あるか、あるいは高潔で気高い愛他精神の持主であるかはさておき、いったい何のために生きているのか？

ルイスもまた、あえて自分の幼年時代を軽蔑し、それに蓋《ふた》をしてしまおうとした。彼もまた、自分は純粋な知性の大気のなかを、風船のように上昇しつつあるところではないか、知性にとっては、少年時代など無用なものではないかと考えたのである。

なるほど知性はおとなの紋章であった。彼はいまそのとばくちのあたりをさまよいながら、未知の領域を踏破すべく準備し、いつの日か「実人生」と呼ばれる世界へ乗り出そうと身構えていたのである。

こうした気持にとりつかれたのは、ルイスがマサチューセッツ工科大学——通称〝テク〟——に腰を据えて建築に取り組みはじめたころだった。ルイスのこの方向転換にはジョン・A・トンプスンに負うところが大きかった。また彼には聖譚曲《オラトリオ》に関する知識およびそれへの理解と誤解において著しい影響を受けた。この宗教音楽の美しさ、五感に直接訴えるような魅力に揺すぶられて、彼は幾度も幼年時代のあの繊細さと信条とに立ち返ることができた。しかし、彼を、胸が締めつけられるほどの歓喜の絶頂にまで押し上げ、燦めく音の流れの奔流に我を忘れさせたそれらの楽曲について、その構造がどうであるとか、和声がどうで転調がどうなどといったいささかの知識、解説、能書きをジョン・Aから教えられてからは、彼の感じ方はかなり変ってしまった。これらが人間の作物であること、すべては作者の頭脳の産物であるということへのとめどもない驚異の念が湧きあがった。この混乱した英雄崇拝の一方で、彼の例の力についての夢想にいく度も耽った。そのような力が人間にあると教えられたことはこれまでになかった。彼が聞いたのは神の力についてだけだった。そうした夢想のなかで、彼は、未知の見えざる鞭をひと振りして、無から、巨大な眠れる世界の沈黙のなかから、何かを取り出す魔法使いのような人間の存在を真剣に夢想した。彼が夢のなかで紡ぎあげた崇高で驚くべき織物は、いつも楽曲の最後の音と共に消え去るのだったが、そうした束の間のものではあるにしても、こうした考えがいつもつきまとって離れなかった。

ジョン・A・トンプスン——この几帳面で明晰で厳格で、注意深く、堅固な知性の所有者は、少しずつルイスを感化していった。それまでルイスがいだいていた音楽の魅惑というものはそれ自体独立したものであり、全体として評価するしかないものだという単純な信念を追い払って、かわりに、そこへ事実と技巧とを据えたのだ。それはなかなか巧妙に、そして少しずつ行なわれた。その最初の効果は、ルイスに新しい興味——演奏テクニックへの興味をよび起こしたことだった。ジョン・A・トンプスン自身オラトリオを愛していたが、それはいっぷう変った愛し方で、いってみれば職工の万力みたいにそれにしがみついていたのだった。難波した船乗りが救いの筏にぶらさがるように、彼はオラトリオにぶらさがっていたのだ。しかしながら、彼は、響きわたる音楽の大海原の、危険にみちた真只中にいるときでさえ、穏やかで上機嫌なのであった。

彼は機嫌が良いと歯ぎしりをするくせがあったが、ルイスに演奏技巧のちょっとした講釈をやっているときは大概上機嫌だった。ルイスが、音楽の芸術的構成や表現形式、内容といったことにまるで無知であることが、彼の上機嫌の理由であり、ひそかな楽しみなのだった。そんなわけで、ルイスは、たとえば彼を絢爛たる悲しみで圧倒する和音は属五の和音と呼ばれるとか、また独特の神経を逆なでするようなスリルと寒気を味わわせてくれるのは増五度という名前であるといったことを学ぶことになった。ルイスがとりわけ興味をおぼえたのはこの二つのコードだが、さらに、音楽のある部分は楽しく勇気づけ意気揚々とさせてくれるのに、他の部分は悲しく憂鬱で絶望するような気分にさせられるのはなぜかといったこともくわしく知りたがった。この対照的な音階は長音階、短音階というのだと教えられ、これにもたいへん興味をそそられた。さらに長音階と半音階について学んだ。ハーモニーの波のような不思議な揺らめきと変化、それが専門的には転調と呼ばれていること等である。いまルイスは専門的な事がらやその呼び名をひたすら知りたがるようになり、高価な骨董品を収集するようにそうした言葉を集めてまわった。すべての響きやリズムに名前を与えることが、それを聞き、感じることとなのだと思っていた。ちょうど、彼が愛した花や灌木や木に名前をつけたのと同じように。

だがこの二つは違ったものだということに、間もなく彼は気づいた。名前のあるなしにかかわらず、植物や木々はその神秘な生を生き、冬には眠り、春の呼び声に答えて目覚める。だが、音楽に名前をつけることは音楽から神秘性を剝ぎ取り、その甘い魅力の一つ一つをただの言葉の一群に変えてしまうだけであって、その言葉に何程の価値があるでもなく、そんなものの助けがなくても音楽の生きた力を感得することはできるのだ。ここに、音楽が知的なものの奴隷となり、再び自由を回復できなくなるかもしれぬ危険性があると思われた。テクニックや構造が、また規則の専制ぶりが全体として見わたせるようになりかけるのと同時に、彼はこれでは音楽は死んでしまうのではないかとい

10

う危惧をいだいた。当時の彼にはまだ、音楽もまた名づけられることによって一時的に魅力を失うことはあっても、その冬の眠りを越えて生き続け、想像力の呼びかけに答えて幾度でもそのつど新しく生れ変り、人を感動させる不思議な力を持ち続けるのだということまではわからなかったのである。

こうして、ルイスは音楽についていささかの勉強をした。まさしく、ほんの僅少であった。多くを学ぶことはできなかった。なぜなら、ルイスが住んでいたのは清教徒的色彩の濃いニューイングランドであり、そこは大地への喜びや信頼、人生や人間についての信念がおおらかに口にされるということの滅多にない土地柄であったから。

それでも、ルイスは今やたしかに教養の世界にいた。そこには恩寵があり、その外は呪われた世界だった。そこは知性を解剖し手術し治療する世界であり、理論と推理の、また分析と総合の世界だった。理念、抽象、細密の世界であり、微少な差異を重視する世界であった。だが、一方そこはまた特異な魔術や迷信や錯誤やタブーが横行し、拒否と否認にみちた世界でもあった。しかしながら、そこには広大な地平があり、遠い射程をもった眼差しがあり、エーテルの大気に乗って遠くまた近くを飛翔する力があった。星をたずね、極微を求め、不可視を発き、絶えず徘徊し常に貪欲に求め、知ろうとし、方法の、また理由の、尨大な知識が蓄積され、記録され、構成され、作り上げられてゆく世界であった。しかしまた、いかに多くの援助がなされようと、また想像力が何事かをやり遂げようといくら力んでみても、それに活力を与えるひらめきがなくては何事もなし得ず、精一杯頑張っても、なしうることはせいぜい自分の願望を維持することだけという世界でもあるのだった。

知性と本能の関係は、これまで長らく等閑視されてきた。その理由は、知性が比較的新しい観念であり、中性的で、それ自体としての安定性を欠いているのに対し、本能は本源的でそれ自体増殖してゆくものだからだろう。本能はあまり広大で底深くかつ遍在する力だから、かえってわれわれはそれを無視してしまう。その力はいつも眠り、夢見ている。その夢のなかでわれわれは夢見る。一見実際的な外見を保っているときでさえ、また事物を頑固に、冷徹に、鋭敏に、打算的に、また疑い深く見ているときでさえ、われわれは疑いもなく懸濁した夢想に浸っているのである。われわれは、知性に絶対の信頼を置いているからだ。われわれはこの風に揺らぐ心細い葦を、命がけの敬意を払いつつ凝視めているのである。

ほぼこの頃だった。パトリック・ギルモアが彼の楽団とそのワールド・ジュビリーとを伴って華ばなしく登場したのは。ルイスはこのとき、自分がまったく知らなかった音楽があったことを知らされた。彼がそれまで知っていた音楽といえば、オラトリオ、讃美歌、センチメンタルな大衆歌謡、黒人の扮装をした巡回楽団がうたう黒人の歌、それに昔ながらの手風琴くらいのものであった。

パトリック・ギルモアの音楽は彼の気分を爽やかにし、陽気にした。とくにメロディがいいと思った。豊かな胸をしたパレパのコロラチューラを聞いたときは、彼は椅子にじっとしていることができないほどだった。こんなすばらしいソプラノは、オラトリオでは聞いたことがなかった。また兄のほうのストラウスが、雄のミソサザイそっくりの恰好でヴァイオリンを持って指揮台に上がり、踊りながら「美しき青きドナウ」を生き生きしたリズムで演奏してみせたときには、ルイスは彼を地球上でもっとも偉大な小男だと思った。「ルチア」が終って「六重奏」になったとき、ルイスは大声で賞讃し、また熱烈なアンコールの叫び声をあげていた。そしてあの「アンヴィル・コーラス」――これについていったい何といえばいいのだろう！　来る日も来る夜も、始めからおしまいまで荘麗のきわみだった。彼は世界一の音、偉大なオーケストラ、壮大な合唱を聞いたと思った。とりわけ彼は、完璧に統御された独唱力にすっかり感心させられた。その類まれな声、音域の広さ、なめらかさとやわらかさ、全音域にたたえられた情感、聞く者の心にじかに届く魅力――それらに彼はあらためてうっとりとなった。一つの声のなかに魂があった。生命があった。心のこもった完全な楽器だった。それは人間の感覚や思考のどんなものでも解釈し伝達することができた。喜びを、彼は感じた。

これまで知っていたどんな音楽とも違う、このエキゾチックな音楽の花は、彼を楽しませてくれただけでなく、彼を陽気にし、その生まじめさをやわらげ、人生観を一新してしまった。新しい美意識が生まれていた。自由で快活な美――水に浮かんだ白鳥のような、屋根に降る雨のような、木立とトルコ玉のような空を背景にして咲く、垣根の薔薇のような。そしてまた力強く上機嫌な馬、その嘶きのような。森や小川のようなひそやかで物静かな被造物のような、あるいはまた白く荒れ狂う波やはげしい風に吹きなびく木々のような。

＊

もっと大きな衝激がやってきた。ボストンの大火である。それは一八七二年十一月九日、十日の両日にわたった。ルイスはその恐ろしい光景を最初から見ていた。小さな炎が、サマー通り北側にある建物の、木の軒蛇腹から渦巻いて吹き出していた。そこに居合わせた人々は五、六人くらいだっただろう。通りは夜の静けさに沈んでいたが、まだそんなに遅い時間ではなかった。消防ポンプはやって来なかった。家畜の病気が流行していて、馬が病気だったので、ポンプは手で引っぱらなくてはならなかったのだ。炎が渦巻き、火の粉が上に吹き上げられはじめたが、あたりは全く静かなままだった。窓に灯がともりはじめた。人だかりはふえたが消防ポンプは来ない。そのうち火は低くごうごうという音を立てはじめた。いまや群衆でいっぱいだったが、やはりポンプは来なかった。ガラスがすさまじい音で砕け、火が窓という窓から狂ったように吹き出した。その背後には黒っぽい焔が、ゆらめきながら高く立ち昇り、ぱちぱちごうごうという音と共に大量の火の粉や燃えさしをまわりに撒き散らした。屋根が落ち、床が崩れた。このとき手押しの消防ポンプが到着したが、もう手遅れだった。正面の壁がぐらりと揺れたかと思うと、舗道に崩れ落ち、ごうごうという溶鉱炉のような光景が展開した。もう何をするにもおそすぎた。市は破滅の宣告を受けたも同然だった。これがあの歴史的大火の前奏曲であった。

ルイスは、一晩中、その恐るべき破壊のあとを追ってあるいた。それは怒り狂う火の恐ろしくも壮大なページェントだった。猛火は、きちんと区画された建物を、一列ずつ、まるで溶かすようになめつくして行った。眼の届くかぎり、焼き尽す火が蹂躙していた。それは地獄絵を思わせる、狂暴で驚くべき光景だった。

ルイスはあちこちを見てまわったが、まだ大破壊が北に向かって進んでいるあいだに、追いかけるのを止めた。
全市が破滅したように思われたが、そうではなかった。すべての希望が失われたかに見えたがそうではなかった。とうとうすべてが終った。勇気ある人々は、疲れはて弱りきっていたが、希望と絶望の死闘の果てに勝利を収めた。だがなんという恐怖、なんという破壊であったことか。なんという恐るべき惨状、没落、一瞬の崩壊だったことだろうか。それは人間が直面して耐えなければならぬ重荷であり、大いなる試練であった。だが人間の誇り高き精神――この永遠に人間のものである精神は、惨禍の只中に甦った。市は再建された。ルイスにとってこの火災は恐るべき体験だった。突然で、圧倒的で、宿命的で、そして残酷な体験であった。

火災が消えたとき、ルイスは通りの見当がつけられないのに気がついた。道は残骸でごった返し、さながら迷路のようであり、彼は少しずつ、変り果てた道々を探し当ててゆかなくてはならなかった。夜には、M・I・T大《マサチユセッツ工大》隊の隊員として歩哨任務についた。だぶだぶの軍服を着せられ、スプリングフィールド銃を右肩にしっかりと据えて、トレモント通りからはじまって、プレザント通りのプロビデンス駅の塔の向かい側までの巡回区域を往復した。その持場を、夜なかに何時間も彼は一人で歩いたが、その間人っ子一人見当たらなかった。この仕事は、最初のうちは珍しくもあり刺激的でもあったが、何も起こらないのと睡眠不足からくる疲れと、単調な行ったり来たりにすっかり退屈し、交代するのがありがたかった。彼は二晩これをやった。そのころには街のあちこちが片付けられはじめており、やがて焼け跡の一掃と建設の大工事が開始された。彼もテクにもどって勉強をはじめた。

彼は軍隊式の厳格な訓練が好きで、それをハイスクールで二年間経験していた。訓練とか秩序の感覚、正確さ、整然とした演習、緻密なチームワークといったことが好みだったのだ。だが彼にとって、それはあくまでも競技としての訓練だった。戦争は、彼には忌み嫌う対象以外の何物でもなく、それは、悪の背後に我身は安全に立っている悪人達のまがまがしい夢にすぎないと思っていた。しばらく前から彼は、外観の背後にあるものを感じ取り見抜くということを心がけるようになっていたのだ。いまの彼には社会の階層がはっきりと見えた。特権階級の偽善やそらぞらしい言いぐさ、そして彼の母が、怒りと軽蔑をこめて明瞭かつ激烈にくり返し非難していた、あの〝上流の人たち〟を彼は見た。母がきっぱりと言明する理想とは、頭脳が健全で心の廉直な人間で、嘘をついたり義務を回避したりすることのない、気取らない誠実な人間であった。彼女のこうした性向は、息子の人間性にも深く刻みこまれていたのだった。年ふりたいま、彼女の率直さ、純粋さ、激しさ、健全さを、人生の喜びを求める心がつねにみちみちていたことを、また美しい物を見つめるときの無垢な恍惚を、彼が愛と尊敬とをこめて評価するのも、けだし当然のことである。彼は、彼女がその生の真実で忠実な後継者として、この世に生み出した者にほかならないのだから。彼女の姿は、折にふれて記憶の中に登場する。この母の精神がルイスの裡に生き生きと保たれているのでないとしたら、言葉も記憶もまるで無益なものとなっていただろう。

*

テクに入学してすぐ、ルイスはハイスクールのときとは環境が違ったのを感じた。いまのそれはいわゆる自由放任《レセフェール》であって、彼にとっては新しい種類の自由だった。授業料さえ払えば、どう休みをとろうが彼の勝手なのだった。授業時間数とか出席についてのきまりはなかった。勉強するにせよ、あるいはしないにせよ、自分が適当と思うだけすればそれでよかった。多く学ぶか否かは自分の選択にかかっていた。規律らしいことといったら、礼儀を守り可能なかぎり努力して自らを律することが期待されているという、ただそれだけであった。要するにこういうことなのだ、学生は興味があるからここに来ているのであり、興味に応じて適当にやれと。

学校はロジャーズ・ホールの中にあって、博物館に隣接し、ボイルストン通りとバークレー通りに面していた。校舎は風通しが良く快適で、長い製図室ないしアトリエはその広い側面を南に向けていた。図書館や講堂もあった。当時この学校は比較的新しい学校だった。一八六五年の開校である。したがってルイスも初期の学生の一人だった。この一戸の建物が大学全部を収容していた。

建築科は、ウェア&ヴァン・ブラント＝ボストン建築事務所の、ウィリアム・R・ウェア教授をその長としていた。この事務所の主要な仕事のなかには、ハーヴァード大学の記念館やウースターの大きな鉄道駅もあった。ウェア教授は、紳士で古いタイプの大学人だった。独身で、痩せていて背が高く、英国風の口髭を生やし、髪には白いものが混りはじめていた。彼は厭味なほどではないが、少々きざであった。声がいくぶんハスキーで、上品な物腰は非の打ちどころがなく、きわめて思いやり深かった。静かなユーモアにあふれた上品なセンスの持主で、常識が強く彼の心を支配しているように見受けられた。人格的にも、尊敬と愛情に値する立派な人物といえた。彼の学識は、その当時の穏健中道を行くものであり、その判断は明快で公正であった。温雅な話しぶりと穏やかな常識は彼の人柄を要約しており、熱っぽい空想に浸るというタイプではなかった。

彼の助手のユージーン・レタングは、パリのエコール・ナシオナル・デ・ボザール(30)の卒業生《ディプロメ》であり、さらにローマ大賞の受賞者である建築家エミール・ヴォドルメが主宰するアトリエ・リーブルの塾生《アンシエン》になっていたこともあった。

このレタングという男は、血色の悪い、真面目そのものの男で、細長い顔に学生の生やすような貧弱な髭を生やしていた。年は三十歳ぐらいだったろう。プロフェッショナルな感じがまるでなかった。彼はボザールを抜け出した学生で、いってみれば移住してきたアトリエの弟子頭《マシエ》であった。アトリエではアンシェンつまり上級生は、ヌヴォーつまり新入生達を手助けする仕来りだった。彼の忍耐強さは尊敬に値するもので、またそれほど一心に打ちこんでいるこの仕事にはすばらしい意味があるものと信じ切っているふうだった。しばしば彼は「討論から光明が差してくる」と言っていた。そんなわけで、ここには学生達に教えることに熱心な一人の学生がいる一方、俗っぽく気取ったボストンの教養人もいて、それらがあいまって定評ある正統的な雰囲気が醸され、維持されていたわけだった。

建築課程の学生は、数えてもおそらく三十人にみたなかっただろうが、ルイスには皆、愉快な仲間だった。何人か大学を卒業した者もおり、したがって彼よりは大方年上で世故にたけ、外見もおとなしかった。進んだ学問を身につけた者も少しいた。また金持の息子も何人かいたが、彼らには建築という職業が有利なものであるらしかった。アーサー・ローチはそういう一人だった。貧乏人の息子達も何人かいた。彼らは一家の稼ぎ手になるために一所懸命勉強していた。この仲間には教授の甥のウイリアム・ローチ・ウェアや、ミルウォーキー出身のジョージ・フェリーがいた。そのほかの学生達が、ルイスも含めて、いったい何を目的としてここにやって来たかをいうのはむずかしい。だが、ルイスは、はじめて仲間づきあいというものが好きになりかけていた。これまでは学校友達にはまったく無頓着で、彼らが誰であろうと、またどういう人間であろうと気にしたことはなかった。だがここにはその余地があり、行動の自由があり、格式ばらない付き合いを続けることができた。ルイスも少々肩肘張った歩き方を覚え、恰好の良い服を着、うぶ毛を剃り落として一インチばかりの頬髭をこれ見よがしになびかせた。そのころの写真を見ると、彼はかなりすっきりとした若者で、インテリらしい表情をし、厚ぼったい黒い髪をきちんと分け、真珠の飾りボタンのついたしみ一つない白ワイシャツに、生地も仕立も最新流行のスーツといういでたちである。だが写真は動きも喋りもしないから、若い日の彼がはたしてどれほどの価値ある人間であったのかを推断することは困難である。けれどもルイス自身には、写真が語ってくれる以上のことを語ることができる。彼には、写真には写らない過去のすべてを、そこにあった意味を、甦らせる記憶というものがある。ルイスはテクの学生であるということとの社会的価値とその威信とを感じ取って、少しばかり気取ってみせた、つまりはそういうことなのである。だが彼は人に迷惑をかけることはしなかったし、まったく厄介者というわけでもなく、むしろなかなかできの良いほうだった。

ルイスは学業にはきわめて真面目だった。彼は上手に図面を引くことを学んだ。「建築の五つの柱式」を銅版刷りのようにきれいにトレースできるようになったし、またその直径やモジュール、細部、エンタブラチュア、円柱部、ペディメント等について、その詳細な寸法や、おびただしい語彙を覚えた。これらの項目は、当時の彼にとって疑問の余地ない永遠の真理として受取られていたようである。これらの「柱式」こそは「古典」であり、プラトン的理想の完璧な到達点を具現しているとされていたのである。

だが、ルイスはもともとそういった類の教義に夢中になるほうではなかった。彼が心から信じていたものは、そこらにいくらでもみられる人間の創造的な力であり、またそうした人間の栄光であった。自由を、彼は信じた。あの萌え出ずる春の歌こそが、彼の心の歌だった。厳格な「柱式」はいっているようだった「これらはすでに終ったものだ。あらゆる様式はいつの日か必ず滅びるのだ」と。彼は思った。なぜ五つあるのだ。一つではいけないのか。

五つの柱式はそれぞれの歴史を体現している。そのどれが神聖不可侵なのか？　一つだけがそうだということになれば、あとの四つは出来損いということになる。多くの学説の説くところでは、ギリシア文化こそは最高最善であり、わけてもパルテノンはひときわすぐれて至善なるものということになっているらしい。ということはパルテノンこそ空前絶後の比較を絶した存在であって、あとはみんな出来損いというわけだ。様式は死んだのだ。忘れてならぬことは、いかに比類なきパルテノンとはいえ、それは生きた人間、つまり古代ギリシア人によって建造されたということだ。アテネのアクロポリスの丘のちょうど良い場所に、またちょうど良い時機に、ギリシア人の理想を鼓吹するものとして、人間の力で、それは築かれたのだ。

零落の幾世紀かののちパルテノンは死んだ。すべての根拠は失なわれ、様式は死んだのだ。この理屈は我ながら上出来だとルイスは思った。また、ロマンチックなお伽話みたいだと。「柱式」とは――と彼は結論を下した――実際大昔のお伽話というだけのものなのだ。だがそれは学者達の手でがちがちにされ、融通のきかない空虚なものとして書物に書かれ、それが本来もっていた意味や情感を剝奪されてしまったのだ。彼は図書館へ通い、そこで長い時間をかけてペディメントや円柱を持たない昔の建築の写真を調べた。彼はそこで「様式」について少々の知識を蓄えた。様式とはまったく人間的なものであり、それを神聖視するのはまちがいであることも知った。様式というものと、あるものが他のものより優れているというような等級づけとは別の事柄であり、そこには知的な、したがって社会的な見方が介在していることも知った。ウェア教授は、こういうやり方で問題をとり上げることはなかった。鑑賞家や知識人が何をいおうが、彼にはそんな言説を尊重する気などさらさらなかった。

彼は、個人として暖い人柄だったが、何事にも我関せず焉という一面もあった。一番困ったことは、建築史の講義の最中にも生徒のことなどまるで眼中になく、下で紙つぶてを投げ合っているのもお構いなしに、ないしょ話でもするような低いくぐもった声でしか喋らないことだった。それでも時折は、様式とか構造とかに関係した言葉の端々を聴き取ることもできたし、また黒板に向かって見事な図を描いてみせてくれることもあった。ルイスは、そのごちゃごちゃと入り混じったものの中から何程かの知識を拾い取りはしたが、しかし彼の関心がもっぱら向いていたのは別のことだった。それはニューブラットル通りにある教会の塔で、かの力強いリチャードソン(31)――彼こそはルイスの歓びだった――によって構想され、作られたものだった。

それにしても、学校はなんとひからびたつまらない所だったことか。そうして、その合い間には製図課題が出され、ユージーン・レタングは一生けんめい学生の手助けをして給料を稼いでいた。ウィリアム・ウェア教授は大所高所からの論評を事とし、〝安ぴか物〟の建築など自分には無用のものであると、折りあるごとに強調していた。

そんな神学と建築学とをごた混ぜにしたような雰囲気のうちに日が過ぎ、数箇月が経った。そのうちにルイスには、ここで重きを置かれているのは精神ではなく言葉であるということ、たとえどれほど重要な事柄であろうと等しくそうなのだということがわかりはじめてきた。しだいに空しさを覚えると共に、こんな操り人形ごっこではなく、なにかもっと自分の滋養になるものが欲しいと思いはじめた。ここには血の通った思考がないと彼は思った。いまでは生命を失なってしまっている方式や様式に生命を吹きこむような、あるいは、そうでなくてもせめて、それらの方式や様式の所有者たちがなにゆえ滅び去っていったのか、その理由をときあかしてくれるような、そういう勇気ある説明が欲しかったのだ。

さらに、時がたつにつれて、この学校はたんにエコール・デ・ボザールの色褪せた模倣でしかないということもわかってきた。ここで真実として学んだことが、真に喜ばしき福音であるのかどうなのか、今こそ本拠地へ学びに行く時だと彼は考えた。というのも、彼には、この「テク」で学んだことというのは、つまるところ建築という芸術のもったいぶった紹介にすぎぬと――「お眼にかかれて光栄です」と挨拶したというだけのことでしかないと――思われたのだ。汚れなきウェア教授も、汗っかきで顔色のわるい真面目男ユージーン・レタングも、どちらもモーゼス・ウールスンではなかった、と、がっかりしながら彼は思った。ああ、もしあのモーゼス・ウールスンがここの教授で、英文学史に関するほどの蘊蓄を建築史についても持っているのだったら……そしたらどれほど輝かしい光を彼は投げかけてくれたろう……その光はどれほど生き生きと過去を甦らせたことだろう……。たしかにそれは愚かしい夢想ではあったが。

ルイスは、その学年を了えたらテクを去る決心をした。そこで学ぶことはもうなかった。彼は進取的で積極的であると共に、思い立つと辛抱できないほうであった。停滞したくなかった。生きる力に駆り立てられるほうを好んだ。自分がいま何をしたいかをよく承知していた。彼は、ボザールへ行く前に、現実の建築がどのようなものかを見ておく必要があると思った。現実のビルディングは、実際にはどんな具合に出来上ってゆくものなのか、何が準備され、どんなものが生まれるのか、それを知るには名の通った建築家のオフィスに一年ばかりいるのが賢明な策だろう。

こうして、彼はボストンに、ウェイクフィールドに（かっての愛するサウスリーディングに）、また友人達に心からの別れを告げ、フィラデルフィアに向かってまっすぐ出発した。そこでは叔父と祖父とに会うことにしていた。その途次、ニューヨークに立寄り、数日滞在した。リチャード・M・ハント(32)は、この市の建築界の重鎮であり、また最古参の技術者だった。その小ぢんまりとして気持のいい仕事部屋をルイスがたずね、自分の計画を話すと、彼は背中をポンと叩き、なかなか進取の気性のある若者だと言って励ました。ルイスは、この力強い男のパリ時代の話を聞き、ついでストラットンという名の、最近エコールから帰ったばかりの男に引き合わされ、そこでもう一度自分の計画を話した。

ストラットンはルイスをいたって愛想よく迎え、多くの時間を割いて、年長の学生が後輩に対するような親しみをこめて応対してくれた。彼はパリの町や学校について話し、別れぎわには今後自分との接触を保つように、またパリに赴く折にはかならず自分を訪ねるようにというのだった。

こうしてルイスは、誇らしさと得意さではち切れそうになりながら新しい世界への旅を続けた。何日かしてフィラデルフィアに到着した。彼はニューヨーク流のするどい感じの喋り方や、エネルギッシュな身ぶり、荒っぽく横柄な日常のやり方などに注目していた。ストラットンは、彼がフィラルデルフィアに着いたら「ファーネス&ヒューウィット建築事務所」を訪ねて、そこで勤め口を当ってみたらどうかと勧めてくれたのだったが、ルイスはそうはしなかった。彼はいったん大きくて静かな村に腰を落ちつけ、街の通りをぶらつきながら立ち並んだ建物をひやかし半分に見てまわった。南ブロード通りの西側にあった、完成間近い一軒の住宅が路傍の花のように彼の眼を惹いた。好奇心をそそられて彼は近づき、内から外からためつすがめつ、とっくりと見てまわった。この住宅には何かしら新鮮ですがすがしいものがあり、誰かがそこにいて語りかけているような感じが漂っていた。その建築家を尋ねると、「ファーネス&ヒューウィット」という答が返って来た。彼は、これは二人ではなく一人の作品だと見て取った。彼には一種の人相学的な直感力があった。ある建物の居心地がいいかわるいかといったことも、一眼見ればわかった。

彼は、翌日になったらこの「ファーネス&ヒューウィット」に勤めようと決心した。彼が決意した以上、先方も異存はないはずだった。で、翌日になると彼はフランク・ファーネスの所へ出かけて行き、あなたの事務所に勤めることにしたと告げた。フランク・ファーネスも少々変った人物だった。流行《はやり》の英国風のいでたちをしていた。はでな格子縞の肩掛けをし、苦虫を嚙みつぶしたような顔で、その顔にはすばらしい赤髭が扇のようにひろがって生え、端から端までこまかく縮れた髪の毛をきれいに二つに分けていた。おまけに彼は英国産のブルドッグのような醜男《ぶおとこ》だった。自分を罵る言葉を聞きながら、ルイスは夢中になって彼の赤髭に見とれていた。ファーネスのほうでも、ルイスの冒頭の勝手放題な言いぐさを聞いたあと、呆れと怒りの入りまじった表情で、そこのドアから入りこんで来たのが別種の犬であるかのように相手を見つめていた。

彼はまずルイスの経験を尋ねた。ルイスはいたって慎み深く、たった今ボストンのマサチュセッツ工科大学から来たところですと笑えた。この返答は地雷を爆発させる起爆薬みたいな効果を発揮した。国中の学校という学校は木端微塵に粉砕され、教授達も頭を吹き飛ばされ手足をもがれて地獄へ叩きこまれた。

「きみは阿呆だよ。」

と彼は言うのだった。

「人形みたいにおが屑をつめこんで、学者気取りか、俗物か、ロバかなんかに仕立て上げるようなそんな所で時間をつぶすのは阿呆のすることだ。」

余燼がおさまったところで彼は言った。

「むろんきみは何一つ知ってはおらん、そのくせいまいましいことに、自惚れだけは一人前ときてる。」

ルイスは、自分の無知については同意を表明したが、自惚れについては異議を唱え、自分は学ぶ能力もあり学ぼうとしている数少ないほうの人種に属しているのだと付け加えた。この返事は、犬に似た人物の気分をいくらか和らげたが、ルイスがしつこく自分を見つめ続けるのに当惑しているようだった。とうとう彼は尋ねた。

「何にせよだ、いったい何だってまたきみはここへやって来たのか。」

これこそ、ルイスが嵐を耐え忍んで、辛抱強く待っていたきっかけだった。彼はフランク・ファーネスに、ブロード通りの住宅を誰からも教えられることなく発見し、いわば鉱脈のなかから純粋な金を選り分けて此処へやって来たのであり、自分としてはここにとどまることを決心したのですと言い、まっすぐにフランク・ファーネスの眼をのぞきこんだ。それから彼は、あまり大袈裟なお追従にならないように気をつけながらファーネスの才芸を称え、古い吟遊詩人よろしく、臣下として君主への讃歌を捧げた。学ぶ所はここしかありません、とルイスはいった。フランク・ファーネスはルイスの賞讃の一部は受け入れたが、あとはお愛想のほめ過ぎだと、手を振って逃げ、そしてこういった――建築を知っていたのはギリシア人だけだ。

「むろんきみは、給料など望まんだろうね。」

と彼はいった。ルイスは答えて、週に十ドル位の報酬は貰いたいといった。

「よかろう。」

と見事な髭の持主はいい、その顔に一種の凹凸をこしらえた。もしかしたらそれは微笑だったかもしれない。

「あすの朝、ためしにやって来たまえ。言っとくが、きみは一週間ともつまいよ。」

ルイスはいわれたとおりやって来た。その週の終りにファーネスがいった。

「きみ、もう一週いていいよ。」

で、その週の終りにはこういった。

「好きなだけいたまえ。」

ルイスは躍り上がった。彼の最初の仕事は、チェスナット通りに建てられる貯蓄銀行のための一組の図面をトレースすることだった。彼はこれを短時間できちんとやりおおせ、たちまち面目をほどこした。この仕事で彼は、モーゼス・ウールスンが彼に仕込んだ、正確と迅速を実行しただけだったのだ。これをはじめとして、モーゼス・ウールスンはいたる所で彼を助けてくれた。

事務所のもう一人のメンバーであるジョージ・ヒューウィットは痩せた男で、口髭を立て、無口で青白い顔をしており、のべつ気取ってばかりいた。教会とかその種の建築物の下部の装飾を、ヴィクトリア朝風のゴシック様式に仕上げるのがその仕事だった。彼は、自分の本分を心得きった人間のしぐさで、イギリスの雑誌などを手本にしてそうした端正で荘厳な装飾を作り上げるのだった。ドラフトマンとしての彼の伎倆はすばらしかった。英国のものなら何でも良い物と信じて疑わなかった。ルイスはドラフトマンとしての彼には敬意を払ったが、本に鼻をつっこんでばかりいる彼にはいささかの軽蔑を感じた。

フランク・ファーネスのほうは、これはまさしく「頭でビルを建てる」人間だった。彼はルイスの気に入った。それに彼のフリーハンドのドラフトマンとしての腕前はたいへんなものだった。彼が何やら毒づきながら図面を引いている時など、ルイスは催眠術にかかったようにそれに見とれた。

ジョージ・ヒューウィットにはジョンという名の弟がいて、その事務所の現場監督をしていた。まだ三十前で、大柄でがっしりした体軀をしており、人当たりも良かった。顔の造作も良くて、すっきりした細面の男前で、いかにも知性的で親切そうであり、実際広い心を持っていた。最初から彼はルイスの心を捉えた。彼は〝実務屋〟でもあったので、ルイスは困ったことがあるたびに彼の助言を求めに駈けつけるのだった。ジョンは実に丹念に、巧みなスケッチや説明を加えながらルイスの問題を解いてくれた。彼の書いてくれたスケッチはたいへん見事だと、ルイスは思ったとおりを口にした。そうして、そのタッチや、どうしたらそんなふうにスケッチできるのかを、またわけてもその明快な表示のしかたを教えてほしいと頼みこんだ。ジョンはこれを快諾し、ごく短時日のあいだにルイスを一人前のドラフトマンに仕立てあげ、これによってルイスの彼に対する鑽仰の念はいよいよ強いものとなった。

いま当時を振返って、ルイス・サリヴァンは、実社会への門出に当たって、これほど水準の高い仕事場を得ることができた幸運に感謝しなくてはならない。最初にルイスの才能をはっきりと認めてくれたのはこの事務所だった。そこには自由でのんびりとした雰囲気があり、職人それぞれの技倆こそ最高のものであるとするギルドを思わせるような職場だった。追憶はさらにモーゼス・ウールスンと彼の訓育に溯る。実際、彼をこの職場に据えたのはモーゼス・ウールスンだったということさえできるだろう。なぜなら、あの峻厳なモーゼス・ウールスンが叩きこんでくれた気転と勇気とがなかったら、あの最初の面談のさいに味わわされた屈辱を、ルイスはとうてい乗り越えることができなかったろうから。

ルイスは日夜をとわず、よく働いた。はじめの内、彼は西フィラデルフィアで祖父と叔父と共に暮らしていたが、間もなく街中に引越すことにした。そこなら事務所に近く、僅かな時間を勉強にまわすことができると考えたのだ。彼の日曜日の気晴らしはフェアモント公園と、ウィサヒコン溪谷の散策だった。この溪《たに》は幅の狭い荒地だが、今まで見たことがないほど美しく、ルイスをすっかりとりこにしてしまった。荒地を流れるウィサヒコン川の、孤独な姿を彼は愛した。荒野は彼を慰め、孤独が彼に心の安らぎをもたらした。

こうして暑い夏が過ぎて行った。

＊

ファーネス＆ヒューウィット建築事務所は、三番街とチェスナット通りが交差する角にある、四階建ての新しい煉瓦造りのビルの最上階全部を使っていた。

九月のある暑い日のことだった。窓という窓はすべて開け放しにして風を入れ、みんなけだるそうに働いていた。その窓から、最初はほとんど聞きとれないほどのざわめきが聞こえてきた――と思う間に、その声は叫び声も混じった怒号に変った。みんなは窓に走り寄った。ルイスは眼下に、車道と歩道の区別もなく道幅一杯に狂乱した黒山の人間が押しあいへしあいしているのを見た。ジェイ・クック商会のオフィスが、三番街のすぐ南にあった。ジェイ・クック商会が店を閉めた、という声が下から上がってきた。ルイスには三番街とチェスナット通りの両ほうが見渡せた。三番街から西へ向かうチェスナット通りも群衆で一杯だった。群衆は銀行へ向かって殺到しはじめていた。一八七三年の破滅的なパニックが、いまその頂点をむかえようとしていたのだ。

ルイスはその光景にショックを覚え、なにやら寒気を感じた。だが、その光景が何を意味しているかを悟るには、あまりに若く、未経験だった。それが経済恐慌というもので、信用取引が瓦解し、人々は没落し、絶望のあまり正気を失い、さらにこのパニックは野火のようにすばやく国中にひろがってあとに荒廃を残すのだと教えられても、なんのことかわからなかった。なにがそんなものを引きおこすのかもわからなかった。

しばらくの間は、事務所は変りなかった。完成させなければならない仕事があったからだった。

十一月のある日、フランク・ファーネスがいった。

「サリヴァン、残念だが万事休すだ。ビルはもうできないよ。事務所はいまや干上がる一方なんだ。きみはよくやってくれた、実によくやってくれたよ。わしはきみが好きだ。きみにいてもらえたらと思っとる。しかしだ、ここではきみが一番新参だもので、最初に辞めてもらわなくちゃならんのだよ。」

そうしてルイスにいくらかの紙幣を渡し、別れを告げ、幸運を祈るといった。

その週の内に、ルイスはシカゴ行きのペンシルヴェニア鉄道に乗った。列車はサスケハナ川の大溪谷を走り、巨大なアレゲーニー山脈を登り、雄大なU字溪谷を下って、驚異にみちた一日が終り、夜の帳が下りた。彼はこれらの光景に勇気づけられ、心が広くなったように感じた。なにもかもが新鮮だった。彼の版図はさらに拡大された。視野がひろがり、内面的に豊かになったように思われた。

つぎの朝にはインディアナ北部の大草原を通過したが、彼はその風景にびっくりし、呆気にとられた。珍奇としかいいようがなかった。まったく、何というしろものだろう！　平らな床のように地平線まで続く平原。川のほとりと、島のように孤立した林を別にすれば、いっぽんの木も生えていないのだ。これこそまさに驚異だった。力だった。山よりも巨大な力だった。まもなく、大きな湖(33)が見えてきた。それもまた、遙か彼方の水平線まで一面まっ平らで、すきとおった空の下で美しく輝きわたっていた。ここにも彼は力を見た。剝き出しの力、あの草原のように剝き出しの、山脈よりも巨大な力。そのすべての上に、遠くの地平線の縁《ふち》に支えられた広大な蒼穹がひろがり、永遠の静けさと明晰さをたたえていた。これもまた力だった。広大な開かれた力、ちっぽけな山脈などを遙かに凌駕する力だ。ここには光が、大地の伴侶たる光がみちあふれていた。それは地上の草原や湖よりも大いなる力だ、だがそれすら、一人の人間の力には及ばないのだ、とルイスは思った。

列車は市《まち》に近づいた。あっという間に、そこに突入して行き、何マイルも薄汚ない灰色の掘立て小舎が続くなかを走り続けた。そして終着駅に着いた。雨ざらしのプラットフォームをルイスは歩き、立ち止まって市のほうを見遣った。一面の焼け跡だった。空を見上げた。一人ぼっちで立ち、足を踏み鳴らし、手をふり上げて、大声で彼は叫んだ。

ここはぼくのための場所だ！

一八七三年の、感謝祭を翌日にひかえた日のことであった。

Ⅺ　シカゴ

個性《パーソナリテイ》という語には、独立と孤高の意がこめられている。個性とは尊敬と賞讃に価するはずのものである。だがこの言葉も、ひとたび大衆の手あかにまみれると、矮小になり、猥褻でもったいぶった言葉となってしまう。

現代においては、個性は火中の言葉である。またそれはジャングルにひそむ虎、大枝からぶら下がった物言わぬ大蛇のようでもある。

人間の魂——それはなんと奥深く、だが、ときにはまたなんと軽薄なものであることか。

そしてわれわれの言葉の、なんと怪物じみて、捉えどころなく、ふらついて、すばしこく、さらにまたなんと臆病であることだろうか。あるときにはそれは巨人であり、かと思えば妖精のごとく、またときには幽霊か化け物のようでもあり、戦士であって同時に聖職者、卑賤にして高貴、番犬であると共にその羊、暴君にして奴隷——言葉の世界とは、魔法の国に他ならない。

言葉は鉄槌のように人を打つ。同じ言葉がポプラの葉のように心を震わせる。それは輝く水晶のような水をたたえた淵だ。細流となって淵を流れ出し、川となって山々のあいだを曲りくねって流れ、支流の水をあつめて強大となり、やがて広大な河口から海へと、生命をたたえた海へと流れこむ。

しかし言葉は、人間の所有するもののなかで、もっともたのみ甲斐のないものでもある。人間の全歴史を覆う悲しみが、言葉のなかにはしみこんでいる。人間のおろかさ、宿命とのたたかい、虚栄、没落を知らぬ者の傲慢、そして希望——希望とはつねに厄災の墓穴《はかあな》のなかから甦る翼ある精神だ。それはしばらく太陽の光のなかを飛翔するが、やがて塵と化して消失し、再び大いなる労苦の末に築き上げられた文明が崩壊するとき、それは復活する——またあらゆる美、愛、善意、善きものへの夢と憧れ、この神秘と畏怖とにみちた世界のどこかに安住の地を見出したいという願望、労苦と瑣事のくり返しである日々の営為、物事の把握、高尚なまた卓越した思索、絢爛たる空想、勇気、不撓の意志、長い受難にもめげることのない忍耐心、歓喜、大小さまざまの犠牲——それは思想や憐憫や野望のために自分の生命を投げ出すことだ——等々からなる厖大な遺産が、言葉のなかに、言葉につなぎとめられて蓄えられている。そうなればこそ、言葉の手綱をゆるめることは危険なことなのだ。言葉は闇の中で道を示してくれもするが、人間を破滅させもする。なぜなら、光とはまず言葉ではないか。勇気も、またヴィジョンも、すべては言葉なのだ。それゆえ、言葉を扱うには注意深くなければならない。その中味は複雑でしかも危険だ。組合せのいかんによっては、美しくも恐ろしくも作用するのである。

ところで、このお喋りは個性《パーソナリティ》という一つの言葉からはじまったのだった。この問題にもどることにしよう。シカゴへやって来た当時のルイスにとっては、個性《パーソナリティ》という言葉はただの形式的な言葉の一つにすぎず、大した意味をもってはいなかった。これまでの見聞や感じで、また言動や外見の観察をつうじて、彼は人の言葉を構築する力には多くの階梯があることは認識していた。

だが言葉には、なまの現実の生き生きした価値を覆いかくすようなところがあると気づいてからは、彼は言葉に対する一時的な嫌悪感をもつようになっていた。それゆえ彼は言葉を使わずに考え、感じ、瞑想するほうを好んだ。そう、この言葉なしでのんびりと考え、感じ、瞑想するということ、またそうやって言葉のない世界を作り出し、その沈黙のさなかに一人きりでいるということは彼の好む気晴しの一つでもあった。そうしていると清澄な世界が開けて行き、物の価値が明瞭に識別され、束の間に過ぎゆくものと永遠なるものとが截然と区別されるように思われた。また自分で作り上げたこの沈黙の世界の中にいて、外からやってくるわずらわしい世間の物音にじっと耳を傾けているのだと感じることもあった。ルイスはこれを「訓練」と呼んでいたが、実のところは面白半分にやっていたのである。だが、その折にも、時折、何かを開き解明するような一種のキーワードが、ふいと心に浮かびあがってくることがあった。そういう言葉の一つに自己表出というのがあったが、彼はこの時ショックを受け、驚き、浮かれ出した。

「なんてこった！」と彼は独りごちた。「まさにこれこそ僕がいいたかったことじゃないか。」

見知らぬ街での最初の一週間、ルイスは帰宅した放蕩息子[34]さながらに浮かれきっていた。つぎの週はあちこちを探索して歩くことについやした。まさしく「シカゴは灰の中から不死鳥《フェニックス》のように甦って」いた。だがその灰は到る所にまだ残っており、廃墟の感じと復旧への意気ごみとが混り合っていた。荒っぽく壮大な景色だとルイスは思った。ぎくしゃくした音楽劇のようであり、その未熟さにはなにか人を夢中にさせるものがあった。大事業がはじまっていた。何にでも「大」をつけるのが合言葉だった。「最大の」という言葉が好まれ、人々は口を開けば「世界最大」を自慢しあった。曰く、シカゴは「世界最大」の火災を経験した。曰く、この市は「世界最大」の穀物と材木の市場だ。曰く「世界中のどの都市よりも多く」の豚を処理している。さらには鉄道の最も重要な中心地であり、そのほかのあれやこれやでも最重要の都市であるというぐあいだった。いわば、シカゴそれ自体が声をかぎりに、そうわめき立てていた。だが、だからといってこの宣伝屋たちのほら話を、例の「伝道者の書(35)」のようなうそっぱちと混同してはなるまい。なんといっても、彼らの言っていることは本当のことだったのだから。彼らが自分達のことを世界一粗野で未熟で、野蛮な野心家で、実行家であると宣伝したとしても本当のことにちがいなかった。実際彼らは「俺達の市は世界一重い抵当に入ってるんだ」と自慢たらたらだったのだ。

ルイスはそうしたことのすべてが気に入っていた。というのも、彼はその背後にあの広大な草原と力あふれる湖の存在を見たからだった。最初のうちはただ、口角泡をとばしてまくし立てるあの流儀をおもしろいと感じただけだったが、しかしやがてそこに自然の根源的な力である自己表出、前へ前へと自らを駆り立てる衝動を、彼は見てとるようになった。彼らにはヴィジョンがあった。彼らは真実を見ていた。その真実を自らに課せられた宿命と感じ取っていた。

商業地区には地面から一段高くなった木造の歩道がとりつけてあった。一見してそれはみすぼらしくグロテスクに感じられたが、これの意味が、泥濘から三フィートだけ高く自らを持ち上げていようという市《まち》自体の決意にほかならないと悟ったとき、彼はこの決意に秘められた勇気と、そのアイディアの卓抜さに感嘆し、この市には偉大な人々がいるに違いないと思った。彼はこののちこの見ばのわるい歩道を、断固たる精神のシンボルとして見るようになった。

11

車道の状態はひどいものだった。急拵えで、あちこち、到る所でぬかるんでいた。建物もほとんどはいいかげんなしろものだった。しかし、災害の途方もない大きさがわかってくるにつれ、この半分できそこないの新しい街が、挫けることを知らない人々の手によって、必要に迫られて、大わらわで作り上げられてきたことを知るに及んで、彼は拍手を送りたい気持になった。再び内なる視野に、あの広い草原と力にあふれた湖が広がった。これらこそ、彼らにこの宿命をもたらしたものだとルイスは思った。たとえ彼らの市《まち》が、みっともない半獣人のような出来ばえであろうと、それが何だというのだ。

経済恐慌のさなかであったにもかかわらず、シカゴは熱気にみちており、ルイスは、なにかの試合でも見ているように興奮していた。

彼はどこかの建築事務所に就職しようと思った。わずかではあったが、そのデザインに才能と堅実性をうかがわせる建物があった。とりわけ、ワシントン通りとディアボーン通りの角にある圧搾煉瓦と砂岩でできた四階建てのポートランド・ブロックという建物に気を惹かれた。建築家の名前を尋ねると、ウィリアム・ル・バロン・ジェニイ少佐だと教えられた。恐慌以前の余勢でいまなお建築中であったり、準備中のビルがいくつかあった。そうでなくても街は別の手ひどい打撃を受けていたのだ。火災に経済恐慌とくればどんな都市でも参ってしまうところだ。だがシカゴは、この打撃に勇敢に耐えぬいたのである。

その後、ルイスは、ポートランド・ブロックを実際にデザインしたのはクードルというドラフトマンであることを聞かされて、びっくりした。建築家たる者はすべて自分の頭で建築を作り出すのであり、そのために他人の頭を借用したりすることなどあり得ないと信じていたのだ。すくなくともフィラデルフィアのファーネス&ヒューウィットではそんなことはなかった。だがこの新しい発見は、彼に、いつかは無能な建築家の身替りとして自分の作品を作ることもできるのだという希望をいだかせることにもなった。

これまで彼は、醜悪なものを創り出す才というのは北東部人《ヤンキー》独特のものだと思っていた。だがニューヨークやフィラデルフィアでもほとんどの建物は似たような愚鈍なタイプに属し、変りばえもしない蓮っ葉な俗っぽいお国訛りをまき散らしているのを発見し、またこのシカゴにおいてもこれはまったく同断であるのを見るに及んで、この無教養さはごくありふれたものであって、広くアメリカ人一般に通有のものなのだろうと思うようになった。東部と西部で唯一つちがうことといえば、そのお国訛りが片ほうのはもう一方より古くさいというにすぎなかった。そのいい例がニューヨークの五番街だった。

本で学んだだけの建築家なら東部にはかなりの数が散在していた。その中にはほんのわずかながら個性的で血の通った建築家もいることはいた。一人をあげるならヘンリー・リチャードソンである。彼は強腕と雄勁な精神を持った巨人であった。シカゴにも二、三の学者ぶった小心な連中がいる一方、何人か依頼主に対して良心的で聡明な建築家もいた。後者の一人としてジェニイ少佐の名を挙げてよいだろう。彼は屈託のない紳士であったが、建築家というのは儀礼的な呼称にすぎず、彼の本来の職業は技術者だった。フランスのポリテクニク(36)で技術士としての基礎教育を受け、南北戦争では技術将校の少佐として勤めた。戦争中はシャーマン(37)と一緒に行軍したという経歴の持主だった。

彼は、聞いているルイスが歯ぎしりしたくなるようなひどいアクセントのフランス語を喋った。だが、英語のほうも、舞踏病ではないかと思うほどぎくしゃくしたしろものだった。怪物じみた出目で、表情はモビルのようにくるくる変り、ひどく感覚的な唇をしていた。物事を処理するやり口は何事も心得た古参兵の流儀で、万事をいとも簡単に片づけていくのだった。ルイスはまもなく、少佐は実のところ技術家でさえなくて、その正体を強いていうなら美食家というべきなのだということに気がついた。郊外のリヴァーサイドに住んでいて、時折一つがいか二つがいの見事な野鴨を、羽も足もむき出しのままぶら下げたり、あるいは外国産の香りのいい珍しいチーズを抱えたりして家路につくのを、ルイスは微笑ましい思いで見送ったものである。少佐はワインやソースに精通していたし、鍋物と炭焼肉の名人でもあった。総じて彼はあけすけで、かくしゃくとしており、いかにも忠義な将校タイプで、どこの家でも歓迎されたが、本人は主人役をつとめるほうが好みという人物だった。話し手としてもなかなかで、陽気なユーモアのセンスとゴール人を思わせる痛快な空想力をもっていた。独特の声の調子というか節まわしは、これも一つの財産といえた。彼の話は、きしんだり喘いだり止まったり、かと思えば全速で駆け出したりしながら太いバスから倍音へ、一転して五度音程、さらに七度、九度と華麗に展開されるのだった。聴き手はその話題のおもしろさにため息をもらした。聴きとりにくい声ではあったが、柔軟で豊かで甘く、聴いているとしぜんに気持がなごんだ。たしかに楽しい人物なのだった。ルイスは彼をつねに愉快な人間と思い、また少佐の思考が彼の話し方と同様、いつもめまぐるしく変化するのをおもしろがっていた。少佐の、建築という芸術との関わりは、そういうわけでまったく通り一遍のものにすぎなかったのである。

少佐は、ルイスが就職したいと申し出ると直ちに採用した。彼は人手を求めていたところだった。ルイスがテクにいたという事実を重く見たが、実際はどこの卒業生でも採用しそうな感じだった。気紛れな人間とはそうしたものだ。

事務所には五人の男が忙しく働くのに十分の仕事があった。少佐は長い時間事務所を空けることが多かったが、そうするとたちまち乱痴気騒ぎがもちあがるのだった。ジョン・エデルマンが机の上にあがりこんで緑色の紙幣だとか単一物件税だとかについて何やら一席ぶちはじめるかと思えば、片方ではルイスが、オラトリオの中のお気に入りの一節を、声をかぎりに歌い出す。たちまち全軍が雄叫びをあげて陽気な戦闘に突入するのだった。そんな騒ぎの真最中に密偵が駈けこんで来て叫ぶ。

「おいみんな、止めろ。ボスが帰った!」

たちまち部屋はしんとなり、みんな一斉に仕事に専念する。少佐は入って来て満足の意を表明するが、その声は三オクターヴよりもまだ低い。

そういうわけで、みんなの労働量はきっちり同じになるのだった。働くときはみんなして働いたが、さぼるときもまたみんなしてさぼっていたから。

ルイスの隣の席にはマーチン・ローチがいた。かって長年ホラバード&ローチという事務所をやっていた男で、辛抱強い性格だった。そこにはまた、かつては教師をしていた、背が高くて肉付きのよい、やわらかいいい声のドイツ系アメリカ人がいた。それからくる病のヤンキーがいた。鋭角的な感じの顔で、鼻声で喋り、物憂そうにおどけた皮肉を口にする男で、工学関係を担当していた。

「きみらは名誉のために働く。だがぼくが働くのは金のためだ」

というのが彼の口癖だった。

所員の長はジョン・エデルマンだった。根は怠け者だったが、見栄と努力で機敏さを装っていた。仕事の遅い連中を軽蔑して、自分がいかに素速く仕事をやってのけたかを、あれこれ実例をあげつつ太平楽な自慢話をして聞かせるのを常とした。彼が英雄崇拝主義者であるのを見抜くのに時間はかからなかった。彼自身がみんなの前でいたってあけすけに自分自身を崇拝したからである。ルイスは、ジョンが、信じられないようなことだが、自分の個性というものにまったく気づいていないということを発見した。そしてこのことが二人を急速に近づけることになった。

ルイスは、ジョンの内に新しい個性を認めた。彼は筋骨たくましい二十四歳の青年だった。顎髭を生やしていた。むさくるしいなりをした無頓着な男だった。声は豊かで、朗々とよく響き、語彙が豊富だった。天性の雄弁家で、喋っていないときは死ぬほど退屈していた。彼のお決まりの文句は「ぼく自身」であって、ぼくがこう言った、ぼくがやった、ぼくは考えた、ぼくはなになにと際限もない「ぼく」のくり返しだった。そのうちルイスは、しだいに自分は大変な思索家に出くわしたのだと思いはじめた。その思想は深遠だった。たいへんな読書家で、頭脳は明敏で力にみち、潑剌としていた。その思考の範囲は、人間とその内的衝動に関する気むずかしい理論から、ドイツ形而上学の高度な先験的弁証論にまで及んでいた。彼は、偉大な哲学者たちと、毎日の新聞を読むような気安さでつきあっているようだった。心理家としても、ルイスがじかに知り合ったなかでは彼ほど生気にあふれ、真実を語り、洞察にすぐれていた者はあとにも先にもいなかった。ジョンはあらゆる心理学者の著述に眼を通していたし、またこれは最近になってわかったのだが、彼独自の見識も有していたようだ。ルイスはジョンにすぐれた話者としての天分を認め、ジョンはジョンで、ルイスを熟練した聞き手として認めた。二人の結びつきの絆は、まさに「ぼく自身」というジョンの言葉に要約されていたといえるだろう

あるとき、ジョンは、〈抑圧された機能〉という自論の説明を試みたことがあった。ルイスは卒然として、これこそはあの外観の背後に横たわるものの秘密を解く鍵だと思った。ルイスには、なんでもない片言隻句が、時として彼の内部で思いがけない大爆発を起こして面くらうという変ったところがあった。この時も「機能」という言葉が「抑圧された」という言葉によって爆発を惹きおこし、一つの広大な観念が生まれ、彼の内と外とをあかあかと照らし出したのだ。ジョンの手助けによって、ルイスは内なる世界と外なる世界をよりよく見るすべを知り、彼の内部で人間の世界のありようとその機能とがようやく形をとりはじめたのだった。けれどもそれは、かつて彼が想像していたように、一枚の大きな神秘のヴェールが雲が晴れるように取り払われるというのではなかった。実際にはそれは何枚も垂れ下がった薄い布を、ゆっくりと一枚一枚引きはがして行く作業であった。そうすることでしか変換はなしとげられないのだ。彼は、幼い日に「四十人の盗賊」を夢想したときのことを思い出した。少年の想像力はその一人一人を現実のものとして感じとることを可能にした。いまは、この想像力とは逆に作用する力で、隠された世界を明らかにして行かなくてはならないのだ。それが自分にできるだろうか？　その出発点に立って、一瞬、彼はたじろぎ、しかしやがて勇気をとりもどすのだった。

ルイスはまもなく、自分が抱いているような人生の目標を、ジョンはもっていないということに気がついた。いま述べたような事にしても、ルイスにとっては深い重要な意味をもっていたが、ジョンにはただのぜいたくな自己満足であり、虚栄心をみたす甘美な暇つぶしにすぎないのだった。彼は、ルイスを、年長の保護者然とした態度で見下していた。けっこう利発ではあるが、実社会には入りたてのホヤホヤの新参者というわけだった。一方ルイスは、ジョンを、ただ流れに乗って漂っているだけの人間と見ていた。こうした観測は、しかしどちらも口にはせず、二人の会

話はお互いを励まし合うことに終始していた。

フィラデルフィアにいた頃、ある暑い夏の夕方、ルイスはトーマス[38]のコンサートを聴きに音楽学校に出かけたことがあった。プログラムがつまらなくてしだいに気乗りがしなくなっていたが、ある楽曲にきたとき、その最初の小節から火の出るような音が鳴りはじめたのに愕然とさせられた。彼は耳を澄まし、最後まで恍惚として聞き惚れた。これは一体何なのだ？　と彼は独りごちた。はじめて聴く曲だった。プログラムには〈ローエングリン第三幕序曲――リヒャルト・ワグナー〉とあった。ワグナーとは何者だろう？　この名前も知らなかった。この作曲家のことは調べてみる必要があると思った。なぜといって、たとえほんの垣間見ただけとはいえ、疑いもなくこれは天才の作品であった。

ルイスはジョン・エデルマンと知り合って間もなく、このことを話した。するとジョンがいった。

「ああそれならノースサイド・ターナー・ホールでハンス・バラカが毎週日曜の午後にやってるよ。ハンスはシカゴにワグナーを紹介してる最中さ。行ってみようや。」

そこで二人は出かけた。

ルイスはピルグリム合唱団に酔い痴れた。二人は春までの日曜日のぜんぶをここに通いつめた。プログラムは「ローエングリン序曲」「マイスタージンガー」「さまよえるオランダ人」「ヴァルキューレ」からあの驚くべき「トリスタンとイゾルデ」序曲、厳粛きわまりない「ジークフリートの死」、そしてゆらめく光のような絶妙の「森の精」と続いた。

ルイスには解説は不要だった。すべてをわかり、理解した。自分だけに語りかけられているような気持だった。大きく開かれた彼の心の前に一曲一曲が展開された。力にあふれた**個性**がそこにあった。自由な精神が、詩人が、名匠が、力強く自らのその広大な領土の上を歩んでいた。その想像力と意志とがそこに体現されていた。ルイスがワグナーの熱烈な崇拝者になったことはいうまでもない。いまこそ大きなヴェールが取り払われたと彼は感じた。新しいものが出現した。夜明けだった。蜃気楼を作り出し、夢を織りなす偉大な人間の力を彼は見た。またそれらを現実のものとした作曲家の精神の努力を彼は感じた。ルイスの心は奮い立った。彼の勇気は、この大いなる西部の、大いなる湖のほとりに立つ焼け跡の都会で、十倍にもふくれあがったのである。

賢明にも、ジョンはルイスに、しばらくは哲学者のいうことなど気にする必要はないと忠告した。ジークフリートの竜のようにそっとしといてやればいい、と彼はいうのだった。彼らは念の入った足場を築いているだけのことで、ちゃんとした体系がそこにあるわけではない、連中の関心といえば、他の哲学者の足場の頼りなさを嘲笑することを除けば、自分の足場の安定をはかることだけなのだと彼はいった。彼はまた、ショーペンハワーはましなほうだともいった。彼は社会というものを知っている。だがほかの連中ときたら、因襲的偏見の暗がりのなかで己の糸を紡ぐ蒙昧なクモみたいなもので、人間と事物を照らす新しい光からは遙かに遠く隔っている。だからルイスも、ding an sich[39]——事物の根源——などということを気にしないほうがいい、それよりもあるがままの世界に眼を向けることだ。そのほうがいろんな興味ある事実を発見できるし、そのうえ、眼さえよければ、そこに偉大なロマンスやさらには偉大な悲劇をも見出せることだろう。彼はカーライルを引用してこう結んだ。

「眼は見る力をもたらすものを見る、だよ」

この言葉は再びルイスを動揺させた。ヴェールは外の世界を覆っているのではなくて、ただ自分の眼の前だけを覆っているのではないのか、という考えが浮かんだからだ。ジョンは続けて、階級社会における人間社会のありようと人間の存在意義ということを彼に説いた。ルイスは「階級社会」という言葉にまたもショックを受けた。

だが、二人の会話がいつもこのように力のはいった、心の平安を乱すようなものというわけではなかった。ジョンはいたって移り気で、自分を演出するのが好きな自惚れ屋であり、ペシミスチックな人間を一所懸命気取っていた。彼は自分の思考の鏡の中に、自分の姿を、常に哲学している人間、まったく新しいタイプの偉大な哲学者として写してみることに御満悦だったのである。彼は時に応じてどんな雰囲気でも演出してみせた。全体としては大袈裟でたいへん活発な男であり、人中では尊大なホームレスのように大声で人の注意を引こうと努め、そうやって虚栄心を満たしていたのである。しかし、それでいてなおかつルイスにとっては心暖い友人であったし、またこうした自己崇拝熱に浮かされた人間としては珍しく自己犠牲と献身とを知っていた。いまは、彼についてはこう言っておくのが妥当であろう――ジョン・エデルマンは才気ある人間の中でもとびぬけてユニークな個性の持主だったと。その他のことは年月が洗い流してしまったと。彼がもし天国へ行っていないとしても、ルイスは彼にさんざん世話になった寄生虫であり、彼こそはルイスの恩人であったという言葉を聞けば、心安らかに眠り続けることだろう。

彼らは二人とも運動が好きで、よくそろって体育館へ出かけた。ジョンは背丈はそう高いほうではなかったが、巨体で、筋肉の力が強かった。彼が力にすぐれているのに対し、ルイスは身がるで軽快な業を得意とした。春が近づくと、ジョンは「ロトス・クラブ」のことをしきりと話題にした。このクラブのメンバーはカルミット川の畔にボートハウスをもっていた。彼はこのクラブの創始者で「偉大なチーフ」と呼ばれていたウィリアム・B・カーチスのことを話した。その男が重量挙げでウィンシップ博士に勝ったこととか、何をやらせても一流の万能選手であるとか、ロトス[40]という名をつけたのは流れをちょっと下ったところに水蓮畑があるからだというようなこととかである。ギリシア語のロトスのほうがラテン語のロトゥスよりいいね、とジョンはいっていた。

春になると二人はジョンのボートハウスに引っ越した。そこには他にも三軒のボートハウスがあり、そのうち一軒をウィリアム・B・カーチスが使っていた。彼のミドルネームはビルで、みんなはビルと呼んでいた。ルイスはこの新しい生活がすっかり気に入った。今や彼は本もののアスレチッククラブの会員なのだ。何かの会員というものになったのは生まれてはじめてだった。メンバーの若者達――といってもみんなルイスより年長だったが――は、彼の眼には、神々しいとまではいわないが少なくとも英雄のように映じた。そう呼ばれるにふさわしい熟練した技倆を彼らは示した。またみんなこの新入りに対して、いたって愛想が良かった。

力持ちのビルは三十八歳だと自分でいっていた。頭脳明晰な男だったが、それを鼻にかけたりはしなかった。自慢話をするには彼はシニカルすぎたし、話す言葉には飾り気がなさすぎた。数学者としての彼の仕事は、ハスウェルの修正だった。思考は厳密だったが、人柄は人間的だった。自分が痩せっぽちであることをよく承知しており、筋肉を発達させようと特別に工夫した練習をしていた。彼が飛びこみをやろうとして光まぶしい堤の上を歩いているときなどギリシア彫刻そのままで、その筋肉の織りなす光と影のたわむれに、ルイスは惚れぼれと見とれたものだった。彼はこれまでにいくつものメダルを獲得し、それをみんなとってあるといっていた。

ある種の反骨精神から、彼は自分を誇示することをひどく嫌っていた。自惚れというものがまるでないのだった。ユーモアのセンスにも冷笑的なところがあって、彼が「こんなものクラブなんてものじゃない、会費もなけりゃ、入会金もない、規則もないんだからね」といったりするとき、それがよく現われた。たしかに、このクラブでは、入会希望者に要求されるのは丈夫なからだとそれらしい恰好だけだったのだ。クラブにロトスという名前を付けたのは、自分が花が好きだからで、近くに水蓮畑があるからだと彼はいった。彼の頭脳には高尚な教養といわれるたぐいのものが一杯つまっていたのだが、彼はそれを茶化す目的でしか披露しなかった。彼はジョンとは対蹠的な人間だったが、巧みに覆い隠されてはいるもののジョンと共通したエゴイズムをもっていた。だが彼は控えめな人間として通っていた。もっとも、彼自身はどういわれようがまるで無頓着であった。

そうしたことのすべてが、ルイスには興味深かった。彼は人間を一人一人として観察するようになってきており、個性ということを学びはじめていた。とくに頭脳の働き方に注意を払った。彼は、思想というものが、その人間の持って生まれた性《さが》と切り離し得ないものであることに気づきはじめ、このことにまったく興味津々なのだった。彼はビルの内に、高度に鍛練された精神と、自己中心的でわがままな性格とを見てとった。この男には暗い過去がある。少なくとも何かを隠していると彼は思った。そして思ったことをジョンにいってみた。

「そうなんだ、体操がおもしろくてやってるんじゃないよ彼は。健康のためなんだ。メダルをとるのも、ただの体調の指標としての意味しかないのさ、彼は若い時肺病にかかった。医者は匙を投げてしまった。するとビルは屋外での運動に精出しはじめたんだ。あの科学的な頭脳だよ、どれほど計画的に彼がやってのけたかわかろうというもんだろう。そうやって彼は病気に勝った。だが彼には肺は一つしかないんだ。信じられるかね、これが？」

この人物のその後について手短かに記せば、アマチュアスポーツ界においてきわめて注目される足跡を残した彼は、のち『ウィルクス・スピリット・オブ・タイムズ』の編集者となり長年その職にあった。六十三歳のとき友人とワシントン山へ登山の途中、頂上近くでブリザードに襲われた。二人の死体は四分の一マイルも離れて発見された。

ビル・カーチスがルイスに与えた影響は、すぐれた運動家あるいは頭脳明晰な人間としてのそれにとどまらなかった。むしろ、第一に挙げるべきは、根気強く計画を遂行するにあたって想像力と意志とを駆使する手本を示したということだろう。一人の肺病患者がすぐれた運動家にまでなったという事実だけで十分だった。このなまなましい事実が、ルイスにとっては、彼自身の目的遂行のための変らざる支えとなり励ましとなった。二人の性格にはあまり共通点がなかったから、ルイスは彼に格別心惹かれたわけではなかったが、頭脳明晰の模範みたいなこの人物に多くを負うていることを片時も忘れたことはない。「ビル」は、彼のしだいに大きくなる個性のコレクションの一つに加えられた。

＊

目標をめざすルイスの心は、すでにはっきりとフランスへと、わけてもエコール・デ・ボザールへと向けられていた。いまこそ源流を訪れるときだと彼は思った。さしあたって必要な経験は十分に積んでいた。

一八七四年七月十日、東方へのはじめての航海に出発する汽船ブリタニック号で、彼はニューヨークを後にした。桟橋を離れるに先立って華ばなしい出航式典が行なわれた。花が飾られ、スピーチがあり、上流階級の人々がさんざめいた。なにしろ「海の誇り」とまでいわれた船で、排水量は三千トンだった。船首はリヴァプールへと向けられていた。

ルイスは、船旅が思ったほどおもしろくないのでがっかりした。もっとも、船の巨大な垂直機関や底深くにある汽罐室をはじめとするいろいろな装置や船員達は別だった。ちょうど機械技術に興味を持ちはじめていた頃でもあって、彼は注意してそれらを観察してまわった。

手摺にもたれてぼんやりと眺めているルイスの視界から、彼の生まれて育った大陸が薄れ、沈んで行った。ふいに、何か取り返しのつかぬことをしたような気持が湧きあがり、望郷の思いに捉えられた。気持の良い興奮は消えて、海は淋しかった。すぐ近くでも人々が消え去り行く陸地を眺めていた。視界の彼方にそれが没し去ろうというとき、耳ざわりな言葉が聞こえてきた。

「やれやれ、これでいまいましいヤンキーどもとおさらばできるってわけか。」

その言葉には軽蔑と皮肉がこめられていた。べつの声が同意を表明した。ルイスが左手を見ると、黒い顎髭を生やした、背い低い、眼も黒く皮膚も浅黒い男が二人立っていた。一瞬、こいつら二人をまとめて海の中に叩きこめたら、さぞかしいい気分だろうという思いがルイスの頭をかすめた。眼を皿のようにしてこの二人連れのほうをみつめたが、二人はもう低い声にもどって話しこんでいた。ルイスには二人の言葉はチンプンカンプンだった。なんだってまた「いまいましいヤンキーども」などというのか、と彼は自問した。その言葉には憎しみがみちあふれていた。短い文句ながら、そこにははっきりと人種的な反感が感じとれ、それがとげのように彼の心を刺した。それは特定の個人に向けられた断罪の言葉ではなく、もっと大きな包括的なものに向けられていた。こんな毒を含んだ言葉が、自分の国の人間に向かって吐かれるのを聞いたのははじめてのことだった。彼は長いこと考えこんだ——ヤンキーは憎まれている国民なのか？　とすれば、誰が憎んでいるのか？

船には知り合いは一人も乗り合わせていなかった。この船を、また乗っている自分を得意に思ったが、淋しかった。彼が上がったり下がったり、出たり入ったり、あちこちうろつきまわったりしても、誰も何の注意も払わなかった。

航海のあいだ中、ずっと上天気だった。海は波頭を立てることもなく、おだやかにうねり続けた。果てもない水また水。その色は暗い、ほとんど黒に近い蒼だった。十五マイル彼方を常にぐるりと水平線が取巻いていた。事実としてはさほど広くはないのに、印象としてこれほど嶮しくまた果てしない感じを与える世界を見たのは、はじめてのことだった。彼は永久に世界のてっぺんに留まっているような気がした。いつまでも同じ所にいるように思われ、死んだような単調が果てしなく続くのだった。来る日も来る日も、一片の帆も見えず、嵐の兆もなかった。来る日も来る日も、船はリズミカルに揺れながらその針路を進んで行った。昼も夜も、また次の昼も夜も……終りがないのではないかと彼は疑った。もう船内に笑い声が絶えて久しかった。いったいどこに海のロマンスなどというものがあるというのだ？

十日が経って、旅は終った。水の色は青から緑へと変った。船はクイーンズタウンの沖合にさしかかった。濃霧の彼方に高い山々の列なる海岸線が見えた。彼がアイルランドを見たのは、あとにもさきにもこれきりである。セントジョージ海峡を行く頃には気分は最高だった。澄んだ深い海と、遠くにかすむ海岸線の眺めは元気を取り戻させてくれた。身体のコンディションもいまは正常にかえりつつあった。

とうとう旧世界へとやって来た。だが、彼にとってはそこは新世界となるべき所であった。船が左右に揺れながらマージー川を溯っているときは希望に胸がときめいた。イングランドは彼のほうへゆっくり、ゆっくりと近づき、そして接岸した。ざわめきがまきおこり、にぎやかに歓迎や邂逅の挨拶が交される中を、ルイスはイングランドの土を踏みしめて立っていた。しびれるような感激だった。吹きこぼれるような若さが、彼の身内にたぎっていた。長年夢見た所に、とうとうやって来たのだ。いまや彼と、彼が生まれ育った国との間には大西洋が横たわっている。たった今から大いなる冒険ははじまるのだ。この恐れを知らぬ意気揚々とした若者は、馬鹿みたいに自信にあふれてそれにとびこもうとしているのだった。

リヴァプールでの滞在は一日か二日で、すぐさま彼はロンドンを目ざした。なんとかして昼間の列車に乗ろうと苦心した。目新しい御馳走をたっぷりたんのうしたいと思ったからだった。

彼が見たものはすっかり完成された国だった。幾世紀もかけて熟成された何かがそこにあった。この国は彼をぼんやりとさせた。それは胸内が震えるような感動というのとはちがって、古い物語の世界を見るような気持だった。田園には静かで慎みぶかい魅力があふれていた。彼は、いろいろな畑が、寸土の無駄もなくきちんと配列されているのに目を止めた。農場も作物も押し合いへしあいしているようだった。たぶんこの島国は、これと同様人間がぎっしり詰っているのだろうと彼は思った。この窮屈そうな感じは、すっかり完成された国という先刻の印象をさらに強いものにした。アメリカ中西部の、人口も疎らな大草原からやって来た者には、これは実際びっくりするような風景であった。彼はまた鉄道の路盤がすこぶる堅く、列車がその上を高速度で飛ぶように走るという事実に注目した。踏切もなかった。要するに、彼が見慣れていた薄っぺらにくらべて、ここではすべてが堅固に造りあげられているのだ。田舎の道もすばらしかった。よく整備され、凹凸もなかった。美しい小川を何度も越えた。青草、綺麗な木立、小さい村や大きな村、茂みの緑の上に聳える教会の尖塔——見わたすかぎりののどかな田園の風景は年代と伝統をしのばせてルイスをうっとりさせた。そう、たしかにここは完成された国だった。美しく仕上げられ、しかも逞しく活気にあふれた充実した社会だった。彼はこの窮屈なまでにきっちりとつめこまれた国の力を感じ取った。これほどお互いを圧迫しあっている国に住む国民であってみれば、その性格が自意識が強く自己中心的であるといわれるのも本当だろう、と彼は思った。しかし、このときはまだ、まわりを海で締めつけられたこの国の全体像をはっきりと認識できたというわけではなかった。

ロンドンに着いてすぐ、彼はユーストン駅の屋根が頭の上から落っこちて来そうな気分を味わわされた。それはおそろしく頑丈な造りで、圧迫感を覚えるほど重苦しいしろものだった。通りまで逃げ出して彼はほっとした。ロンドンで過ごした二週間は、おおむね楽しい期間であった。天気もとびきり良かったと記憶する。毎日毎日、ロンドンというこの見知らぬ世界を何マイルも歩きまわり、眼についたあらゆることをしさいに観察した。「ビッグ・ベン(41)」のゴォンと荘重に唸る音を聞いた時には全身がぞくぞくした。これに似たような音さえ、前に聞いた記憶はなかった。これこそは旧世界の音、ロマンチックな時代の香り、あるいはその残り香だと、彼は思った。その鐘は一撃ごとにこう語りかけているように思われた——「私は、即ち私だ。」

ある晩、彼は散歩しているうちに知らぬ間にヘイマーケット(42)までやって来ていた。そこには大勢の哀れな人々がいた。彼は恐怖と憐みと狼狽の入りまじった衝撃に襲われた。袖にすがる無数の手を振り切って逃げ出したとき「これもまたロンドンなのか——あのビッグ・ベンはこんな人びとのために誇らしく鳴っているのか」という思いに捉われた。また一枚、ヴェールがゆっくりと取り去られた。

ちょっとした買物をしに入った店では、売り子のぞんざいな応対にびっくりさせられた。音楽ホールは高級売春婦のたまり場であった。

ロンドンはルイスの手に余った。その広さも、そこにみちみちてもがいている人々も、そこここに屯する寒ざむとした人々の群も、それがなにを意味しているかを悟るには彼はあまり無知だった。彼はただそこに人生の多様性を、潮のように押し寄せる群衆を、大多数の顔に浮かんだ暗く厳しい表情を、そして覆うべくもないとげとげしさを感じ取ったにとどまった。ごった返した街路は、どこへ行っても生きるために血眼になった人間が押し合いをしていた。それで彼は、出かけて行く先をハイドパークとかロッテン・ロウとかテムズ川北岸のような眺めの良い場所に限ることにした。まったく垂直線ばかりで構成された巨大な国会議事堂や、煤で黒ずんだセントポール寺院をはじめとする数多の建築物の古色蒼然たるたたずまいを、彼は好奇の眼で眺めた。歴史的な遺産として見たわけではなく、またその古さに感心したというのでさえなかった。だがそのどっしりとした古さは、彼の裡にある新しい知覚を生み出していたのだった。

こうして日が過ぎて行った。

ルイスは、思いがけない数々の胸に突きささる象印や、たくさんの矛盾をかかえたままイングランドを去った。混乱を解きほぐし、問題を解明するには時間が必要だった。

イングランドでの経験に頭を悩ませているあいだに、船はフランス海岸に着いていた。ドーヴァーからディエップまでの航海だった。だが、途中、船は海とカンカン(43)を踊り、空は歪んでくるくるとまわり、波は未知のも既知のも含めてあらゆる曲線を眼の前に描いて見せた。

ディエップの小さな入り江にはいったときには、ルイスはしかしすべてを忘れて、その古風な趣の町を上機嫌で眺めわたしていた。イングランドとはなんという違いだろうと彼は思った。土地の表情がまるでちがっていた。その風貌は気持良かった。年代というか、中世のほのかな香りがあった。これまでに多くの本の中で読んだ、ロマンスの芳香だった。しかし、ノルマンディを通過しているときに見た、厳密に等間隔に植えられた並木や、あちこちに散在する、新築の、まるでピンを突き刺したような恰好のちっぽけな城にはびっくりさせられた。何もかも小ざっぱりとしていたが、どことはなしにぎごちなかった。農場と牛はめずらしかった。特に牛は、はじめて見る種類の牛だった。

列車がルーアンにさしかかるころ夕闇が迫り、大聖堂の尖塔が、まるで空中に浮かんでいるように見えた。

パリに着いたときは夜になっていた。通りはあかあかと燃えているようだった。彼は辻馬車に乗りこむと大声で馭者に告げた。

「オテル・サントノーレ！」

XII パリ

サントノーレ・ホテルにはほんのしばらく滞在しただけだった。ラテン区のムッシュ・ル・プランス通りとラシン通りの南東の角にある下宿旅館の七階に部屋をみつけ、ルイスはここに落着くことにした。すぐ東のほうにブール・ミシュ、南西に当たってオデオン座、リュクセンブルク宮殿とその庭園があった。この高い止まり木へ、彼はいつも二段ずつ階段を駈けあがって行った。部屋からは、北へ向かってパリ市街がひろがっているのが見わたせた。部屋には小さいバルコニーがついていた。彼はよくそこですわって、宵闇のなかで物寂しく響くノートルダムの大鐘を聞いたものである。

彼は、ハイスクール時代、フランス語では優等賞を取ったこともあり、かなり自信をもっていた。ところが、いま耳にするフランス語は、やたら早口であるうえ母音が省略されるのでまるでわからないのだ。あのメニュ、つまりレストランの品書きも、はじめて見せられたときはひとしきりの苦悶の末、手あたりしだいに一行を指さすしかない始末だった。これにはさすがにいやになって、この一件の顚末は日記にくわしく書きとめておいた。

大急ぎで日常の役に立つフランス語を習得する必要があった。彼は毎日来てくれる家庭教師を雇った。街では、前を行く人のうしろにぴったりとくっついて歩いた。人の喋る言葉に聞き耳を立て、話しぶりとかアクセントを学びとろうというつもりだった。そのうち、意味は十分の一も通じないまでも、なんとかなるだろうという気がしてきた。

パリに着くとすぐ、彼はアメリカ公使館へ行った。必要な手続きをとり、いろんなことを教えてもらった。しかじかの教科書を買うようにいわれ、またムッシュ・クロペなる数学の権威ある教師に連絡をとってはどうかと勧められた。ボザールの入学試験は六週間後と聞かされて、ルイスは仰天した。おまけに、これは入学案内をつぶさに見てわかったのだが、その科目は彼がまだやっていないものばかりであって、二度びっくりだった。

だが、彼はいささかも落胆したりはしなかった。合格するにきまっている、というふうに彼は考えた。なぜなら、合格しなければならないからだ。それだけを目的に、はるばるシカゴからやって来たのではないか、問答は無用だ、というわけである。だが、それまでの六週間、前代未聞の猛勉強をしなくてはならないことは、覚悟した。

一日に十八時間を準備に当てることにした。体調は申し分なかった。一日一時間を体操に割き、質素な食事を心がけた。彼には自信があった。それが彼に、どんな困難にも打克ってみせるという気概を与えていた。これがモーゼス・ウールスンの教育だった。彼はルイスに自己鍛練ということを教えた。このすぐれた教師は、彼に、思考し、気を配り、集中し、敏速に行動するすべを教えた。また時間を節約し、精確に分析し、熟考することを徹底して叩きこんだのだ。

時を移すことなく、彼はムッシュ・クロペを訪れた。彼は口数少なく、だが愛想よくルイスを迎えてくれた。ルイスにとってありがたかったのは、彼はフランス語しか喋らないことだった。挨拶がすむと、ムッシュ・クロペはたずねた。

「いまそこに抱えておられるのは何の本です？」

ルイスは答えた。

「公使館で、私に必要だろうと勧めてくれた本です。」

「ああ、そう。ちょっと拝見しましょう。」

彼はその中の部厚い図形幾何学の本をとりあげて開いた。

「ちょっとごらんなさい。ここのところには五つの例外と特例とある。それからここ、三つの特例を設けた定理。ここでは九つもある。特例と例外の連続ですな。こんな本は屑籠にでも捨てちまいなさい。われわれの勉強には要りません。ここでお教えする証明には、特例だの例外だのは一切設けません。」

この言葉はルイスを震撼させた。彼は棒のように立ちつくし、頭の中で何かが荒れ狂った。言葉は閃光を放ち、一瞬のうちに一つの決意を誕生させた。数学でそれができるのなら、建築においても可能ではないか？　という問がひらめいた。答はたちどころにあった。可能だ！　いや、ぜひともやらなくてはならない。それをやるのはこの私だ！

——おそらく困難な仕事にちがいない。いつか、あのブラウンの森を通りぬけたときより、それはずっと長く、きつい仕事であるだろう。何かが見つかるまでに、何年もかかるだろう。だが何としても見つけるのだ。頼り得るものがたとえ自分の直感と意志と理解力だけであるとしても。私はそれに生涯を賭けよう。何人も、何物も、全世界も、この決意を留めることはできない。すべてを従わせるのだ。それを見出し得たとき、世界は明証で満たされるだろう。その世界を尋ね求めて、さがし当てなくてはならない。私が、その世界を措定するのだ。私が考量し、調査し、追求し、畢には解明するのだ――それを私の手で、なんとしてでもやってみせる。

そうした途方もない幻想が瞬時に脳裡をよぎった。我に返ってみると、彼はムッシュ・クロペの手を取って別れの挨拶をしているところで、翌日から早速彼のクラスに加えてもらう約束をしているのだった。

そのクラスには二十人ばかりの若者がいて、ほとんどはフランス人だったが、他国人も何人かいた。が、イギリス人も、彼以外のアメリカ人もいなかった。ルイスはフランス語だけの環境を望んでいた。少しずつフランス語で思考するということができはじめたところで、そのプロセスを乱されたくなかったのだ。フランス語の家庭教師に、彼はこういったものだった――自分はフランス文法は暗記しているし、不規則動詞の活用もぜんぶできる。いま望んでいることは、何よりも、大急ぎで街を歩いているフランス人なみのフランス語を喋れるようになることだ。なんとしても試験までにうまく喋れるようにしてほしい。一日に百ずつの単語を憶えたいのだ。

彼と家庭教師とは、ただもう、ひたすら喋り、ひたすら読んだ。読むのは新聞の雑報欄である。それを声に出して交替に読む。まちがいを直し、また読み、また直す。そういうやり方を、汗だくになるまで果てしもなく繰り返した。家庭教師は我慢できなくなって辞職した。二人めも続かなかった。三人めに、やっと思い通りの教師にめぐり会った。これはルイスのこの方法をおもしろがり、ひどく乗り気になって、半ばは彼の楽しみとしながらやってくれた。授業のはじめにちょっと一杯ひっかけると具合がよかった。彼の話術はたいへん巧みで、いろいろな挿話や体験や思い出をあれこれまじえながら話した。彼はパリをよく知っていた。なかなかに喜劇的なセンスも持ち合わせていて、人生は大がかりな冗談だという見解の持主で、誰彼の区別なく滑稽にあげつらってみせるのだった。とりわけル

12

イスのような突拍子もない人間はとびきりのジョークだといっておもしろがった。

じきに彼は、ルイスに、フランス人同士のような打ちとけた態度で話すようになった。彼は一日のニュースについて一わたり講釈し、ついでルイスの眼に止まった種々の事柄に説明を加え、うまく会話を続けて行った。物真似が上手で、方言や田舎訛りをしぐさをまじえてやってみせたり、かと思えば巷のホームレスからアカデミー会員まで、独特の口調や声色を真似して喋ってみせたりもした。そういうときの彼の芸は、まさに抱腹絶倒ものであった。彼はまた、ルイスの真似を滑稽にやってみせた。彼はフランス語というものを実によく知っており、ルイスの想像力を刺激するようなやり方でこの国語全体の眺望を与えてくれたのだった。時折、彼はきわめて雄弁になることがあり、そういう時には、フランス語の美しさ、明快さ、正確さ、なめらかさ、自由濶達さといったものを余すところなく見せてくれた。彼はルイスに、日曜日には忘れずにサン・ロシュ教会へ行くようにと勧めた。そこの説教はフランス語の美しさという点では最高のもので、長年の研鑽によって声の調べといい、表現のしかたといい、完璧の域に達している、と彼はいうのだった。

この家庭教師は、人間味ゆたかでしかも言葉に堪能という、ルイスが望んだとおりの人間だった。健康で齢《とし》も若かったから、じっとすわっているなどということはなく、部屋の中をあちこちしょっちゅう歩きまわり、どこにでも寄りかかった。声が良く、態度はあけすけでこだわりがなかった。その物腰には育ちの良さが窺われた。彼もまた根っからの教師であって、どうすれば良い結果が出るかを適確に把握していた。レッスンは一日一時間だったが、ルイスはきわめて気持を張りつめ、めきめき上達していった。

ムッシュ・クロペの若い紳士連は、友好的にルイスを迎えてくれた。ルイスも会釈を返した。ちょっとした腹のさぐり合いもあった。みんなは講義のノートを取るのに大変苦労していた。ムッシュ・クロペは穏やかで洗練された人物だったが、なかなかに気骨のあるほうでもあった。

「精出して学び給え。君達はそのためにここに来ているのだから。」

彼は有能な訓練監督者であり、教師であって、最初にルイスにいったとおりを、彼一流のやり方と手順で進めていった。冷静に一歩ずつ、あくまでも理詰めに、単純で総括的な論証を展開し、そうしてまさしく例外を認めないものであった。教科書は付け足りにすぎず、独自のやり方を押しとおし、教材はまわりの一見無縁なもののなかから取り出してきた。

ルイスは、彼がこれから証明するというときにいう、「私としては」という変った口癖がひどく気に入っていた。この一言で問題が人間くさく身近なものになるのだった。それはまた、きわめて挑戦的な感じでもあった。

「私がいうのは、いかなる三角形においても、その内角の和は二直角に等しい、ということです」

と彼はいった。このいい方と、ただ「いかなる三角形においても、その内角の和は二直角に等しい」というそっけないいい方とを較べてみてほしい。前者は知的で生き生きした感じがする。これに対して後者は、聞き手がどう思おうと勝手だというふうないい方である。前者には「私がこれから説明しよう」という語りかけが含まれている。実際、ムッシュ・クロペの講義の魅力の源泉は、この「私としては」と「私がこれから説明しよう」にあるといってよかった。だが、ルイスにとっては、「証明」そのものは実はどうでもよかった。内心で彼が思っていたのは、大概のことは説明可能だろう、ということで、すべてが証明可能であるなどとは決して思わなかった。これは、これまで彼が様々な言説にとっくりと耳を傾けてきたことから得た結論だった。また、だんだんに、抽象概念とは仮説にすぎず、抽象的な真理というのは蜃気楼みたいなものだと確信するようにもなっていた。

ムッシュ・クロペの講義は、図形幾何学と計算学が中心だったが、二次および三次の幾何学も付随して時折出て来た。ルイスが怖気をふるったのは計算学だった。見えない壁に頭をぶつけたような思いだった。この学問は、意識を、開かれた外へではなく、内へ内へと閉じこめる牢獄のように思われた。そこでは知性は現実から、実人生から遠ざかるように働かなくてはならないのだと思われた。困ったことにこれは試験の必須科目なのだ。しかたなく、砂を嚙む思いで、二たす二が四であることを「厳正な論理」に従って証明することを学んだ。数学には数学の魅力があり、それはときに人を夢中にさせもするのだという認識を彼が持っていなかったわけではない。ただ、彼の気に入らなかったのは、大嫌いな硬直した論理がやたらに幅をきかすことだった。ひとたび抽象が真理として認められれば、われわれが現実の内に拠り所として保持しているものは失われてしまうと彼は考えたのだ。

いつも、講義をはじめて三十分経ったところで、ムッシュ・クロペは休憩を告げ、ポケットから煙草入れと煙草巻紙の束を取り出すならいだった。みんなも同じことをした。ひとしきりの雑談と煙草ののち、再び勉強がはじまるのだが、ルイスはこの賑やかな時間を情報収集のために利用することにし、クラスの中をあちこち渡りあるくことを覚えた。休憩がすむと、残りの三十分、学生達は黒板の前で習ったことのおさらいをさせられるのだった。

ルイスは楽しみながらやっていた。自分は着実に進歩しているという気がしていた。同級生達は彼を友人として扱ったし、彼のフランス語の上達ぶりはみんなの注目の的となっていた。だが、最初に彼らの注意を惹いたのは、ルイスの服装であった。というのも、彼が最初にここへやって来たときのなりは、フランネルの上下服に白の縁無し帽、それに白のズック靴というものであったからだ。彼らは服装についてはなかなかやかましかった。

「われわれとしてはだね、きみの服装には適切を欠く点が見受けられるように思えるのだがね。きみは学生であり、ボザールの受験生だ。そのてのカスケット帽はもっぱら労働者階級のかぶるものだよ。紳士はもっとちゃんとした帽子でなくちゃ。それに、その服に靴だが、これもいささか運動家じみてるな。われわれ同様、学生にふさわしい恰好をお勧めするね。」

ルイスはさっそくいわれたとおりにした。高いシルクハットにうすい口髭、長い燕尾服、黒っぽい地のズボン、ピカピカに光らせた靴、キッドの手袋、細身のステッキ、と、まあこういったいでたちであらためて登場した。彼自身は少々気はずかしかったのだが、一同は彼の変身ぶりと、学生にふさわしいマナーに関する彼の精進ぶりを高く評価してやんやの喝采であった。そういう愉快な連中であった。

毎日が矢のように過ぎて行った。勉強は着々とはかどっていた。ルイスは毎夜七階の自分の部屋で、両側に蠟燭を立て、ブラックコーヒーと絞ったタオルをわきに置いて机に向かった。クロペの講義ノートを整理し、自分用のフランス語の用語表を作り、時間をきめて歴史の本を読んだ。歴史はきわめて重要だと彼は考えたのだった。来る日も来る夜も一心不乱に勉強を続けた。受験準備期間の半ばあたりにさしかかったころ、ルイスは頭に霧がかかったように感じはじめた。なにもかもがぼんやりとし、記憶力がめっきり減退した。勉強のやりすぎだろうと彼は判断した。そこで三日間だけ遊び暮らして気分転換をはかった。再び健康が戻り、記憶力は回復し、霧が晴れた。その後はまったく問題は起きなかった。

大事な試験の日が、いま目前に迫っていた。フランス語の家庭教師はルイスに、口答試験のさいはくれぐれも俗語をまじえないようにと注意した。ムッシュ・クロペは、クラスでいった。

「他の人たちについては何ともいえないが、一人だけは、数学は合格まちがいないね。その一人というのはアメリカ人だ。」

十月上旬にはじまる入学試験を数日の後にひかえて、ルイスは勉強をやめ、のんびりとパリの街を楽しみ、よく眠った。あちらこちらを歩きまわった。パリは自分のために作られたような気がした。すべてが目新しかった。けれども英国を見たときのように奇異な、どこかそぐわないという感じはなかった。人々の気質はアメリカ中西部のそれに似ているように思われた。たしかにより洗練されており、礼儀正しくはあるのだが、気性のどこかに、あの若いシカゴと一脈通じるものがあるようだった。同じような類似が、ボストンとロンドンのあいだにもあると彼は思った。言葉の違いがひどく残念なことに思われた。なぜなら、両国民は、全体として、同じような活発な冒険精神を共有していると感じられたから。パリは、歴史的な記念碑がいたる所にありながら、なおかつ古さを感じさせない都市だった。都市それ自体が常に若さを取り戻しているようであり、人々は快活さにあふれていた。

どこへ行っても町はきちんと整頓され、清潔で、またかならず記念碑的な建造物があった。公園や庭園へもよく行った。いつか、そういう所で、小さな子供達が達者なフランス語を喋っているのにびっくりした思い出もあった。リュクセンブルク宮殿の庭園では、子守り女と乳母車とに囲まれた子供達の集団をいくつも見かけた。子供達も子守り女も、彼には花のように見えた。お喋りや笑い声やさえずるような歓声は音楽のようだった。これほど幸せそうにしている子供、これほどに生き生きした喜びの表情を、彼はかつて一度も見たことがなかった。これがフランス人の子供の育て方なのだ、と彼は得心した。

ブールヴァールやリュ・ド・ラ・ペをぶらつきながらのウィンドウショッピングも楽しかった。思い切って店の扉を押してもみたが、別にいやな顔をされることもなく、「ヤンキー野郎」などといった罵声を浴びせられることもなかった。ブールヴァールを往く人々は千差万別で、国際色豊かだった。まさしく、ここには一つの雰囲気が、パリの雰囲気があった。パリこそは彼の故郷となるべき所だった。優しいパリ、世界のいかなる人をも暖かく迎えるパリ――彼はたちまちにしてこの都に魅せられてしまっていた。

彼のフランス語もいまやかなりの程度に達していて、日常の会話やさしあたっての試験の文章を書けるくらいには語彙も豊富になっていた。アクセントもパリジャンの域に近づきつつあった。これまでにやった猛勉強のおかげで気分は楽になっていたのだが、そうはいっても薄氷を踏む思いがないではなかった。なんといっても、たった六週間だ！　ハイスクールで教えを受けたのがモーゼス・ウールスンでなかったとしたら、そしてこれほど健康に――つまり神経質でなく――生まれついていなかったら、彼がやってのけた特訓に耐え得たかどうか疑わしい。

試験は筆記と製図と面接に分れていて、三週間にわたっていた。入学志願者の数は多く、すべての部門にわたっていた。

試験がはじまった。フリーハンドの製図、定規を使った製図、簡単な設計のロッジのエスキースなどは、ルイスには比較的難なくこなせたが、他の受験者達には少しむずかしいようだった。彼にとっての正念場は口答試験だった。それは小さな階段教室で行われ、一人の教授が主宰した。受験生はそこへ、いつ出かけていつ退出してもよいのだが、みんなきちんと行列していた。ルイスも並んで順番を待った。試験官の質問の集中砲火を浴びる時は一人だけということはないのだが、ルイスはそうなることを心から望んだ。

数学のルイスの番になった。二十人ばかりの見知らぬ同席者が並んでおり、皆少しびくついていた。かなり年配の、おだやかな身のこなしの試験官は、ルイスを異邦人として、フランスの客として、またボザールの受験生として、いたって丁重に応対してくれた。心から歓迎する、どきまぎするには及ばない、審問は節度あるペースで進められ、解答の方法は自由であり、試験の目的は彼の記憶力を試すのではなく理解の程度を知るにある云々といった前置きがあって、さていよいよ試験が開始された。一時間あまり――その長さは神のみぞ知る――にわたって、ルイスは、かつて夢想だにしなかった、信じられないような難問を――態度物腰はいたって鄭重だったが――雨あられと浴びせかけられた。ムッシュ・クロペの「他の人たちについては何ともいえないが……」を思い出し、やっと彼は我に返り、それを終りまで持ちこたえることができた。それまでの胸の張り裂けそうな危機を脱してからは、数学的思考を取り戻し、またそれに気づくことで不安がなくなり、くつろいだ気持になった。終始、彼は幸運を当てにしなかった。質問の一つ一つに大骨折って答えるルイスに興味を持ったのだろう、終りに臨んで試験官は彼の手をとってこういった。「祝福をいわせていただこう、ムッシュ・サリヴァン。あなたはかなり稀な類の数学的想像力をお持ちだ。合格を祈っています。」

彼が大言壮語型の人間であったとしても、自分に数学的想像力があるなどとは、まさかいいはしなかったことだろう。わずかにハイスクール時代、幾何と代数のなかで述べられていた概念の新奇さに魅せられた記憶があった程度である。だがそれは覚えるべき事柄の一つとして教科書に定言的に述べられていたにすぎず、そして教科書とは、彼にとっては、想像力とは無縁のものでしかなかったのだ。「その一人とはアメリカ人だ」というムッシュ・クロペの言葉に励まされて、後半彼が開陳した数学的思考は、一に、ムッシュ・クロペの自由な教室で、その美しい証明にルイスが熱狂し、夢中になって質問したその成果にほかならなかった。

ともあれ、ルイスはいままた数学に開眼した。それは、フランス語で思考すると同様、数学の用語において思考することを可能にするということであり、そしてこれもまた想像力の行為であった。ルイスは、この新しい世界の深みから、その後何年にもわたって心動かされる呼び声を聞いたことだった。いく度もこの世界を彼は憧れ見た。そこもまた一つのロマンスの国であった。

つぎは歴史の試験だった。そしてここでも、そのやり方にルイスはびっくりさせられた。彼は教科書をよく勉強していて、それを活動写真のように眼前に思い浮かべることができるほどだったのだが、こんな質問があろうとは予期していなかった。

質問はわずか三つだった。それに対して彼は一時間半にもわたって、しかもぶっ通しで喋らされた。むかしアメリカで習ったときのように、出来事の順序を追って、たとえばアメリカ大陸発見の正しい年月日はいつかといった具合にきまりきった問と答の繰り返しだろうと見当をつけていた彼は、最初の質問をぶつけられたとき、地べたが急に遠のいたような気がした。

「さて、それではヘブライ民族についてお話し下さいませんか？」

何とか気を取り直したものの、質問に対してはまだ茫漠たる思いだった。だが事態がまったく絶望的というわけでもなかった。かつてジョン・エデルマンはルイスに、人間四十になって分別ができるまでは聖書は読むべきでないと忠告し、彼自身は実際それを後々の楽しみにとっておいたが、ルイスはかなり読んでいて、また読む以上にいろいろ聞いて知っていた。おかげでルイスはヤコブ十二支族のことからエジプトにおける滞在、砂漠での放浪ときて、エルサレムの滅亡、そしてバビロン幽囚までをなんとか無難に話しおおせた。族長時代や幽囚下の予言者達のおもしろいところは、試験官はルイスにできるだけ絵画的に、また劇的に話すようにし向け、またルイスが喋ったことに関してなぜそうなのか、なぜそう思うのかとしょっちゅう質問をさしはさんだ。たとえばユダヤの歴史の中でどこに一番感動したのか、といったようなことである。エホバの出現と、その強烈な個性です、とルイスは答えた。

第二問はこうだった――「ローマの十人の皇帝について話してください。」彼は三十分かけて、教科書に書かれた観点からそのあらましを述べ、それに自分としての批評を少し付け加えた。これが教授の質問を誘った。

「あなたはローマ文明にはあまり共感しておられぬようですね。」

「はい。武力に依存した栄光には共鳴できません。」

と、ルイスは答えた。

そして三番目の質問――「私の見るところ、あなたには、まだいくぶん未熟ではありますが、言葉で生き生きと描写し、外観の下の真実を見分ける能力がなかなかおありのようです。外観の覆いを取るということは、真の歴史家の仕事ですな。さて、ところでこれが最後の質問です。精一杯お答え頂きたいですな、フランソワ一世の時代について、あなたのお考えになっているところをお聞きしましょう。」

ルイスは喜び勇んで答えた。彼はとりわけこの時期のレオナルドに関心と愛着をもっていて、特によく勉強していたからである。喋りながら、彼はその時代に生きているように感じ、その時代の人々、儀礼、習慣、思考が目のあたりに浮かび上がるようだった。

さいごに試験官が微笑しながらいった。

「この試験の目的は、歴史の文脈を欠いた知識の有無を確かめることではなくて、志願者の思考力の程度を知ることにあります。またどれほどの表現能力があるか、あるとすればさらにどれほどの構想力があるかを知ることです。こうした能力なくして歴史を追い廻してみても、それは時間の浪費ですからね。あなたの後半の説明はなかなか良かった。びっくりさせられましたよ。潑溂として驚くばかりだが、同時にいささか短兵急すぎますな。正直に申し上げて、あなたの歴史知識はあまり深いとは申しかねる。けれども、あなたはあなたの誠実な解答を通じて、歴史の方法を本能的に知っておられることを示された。私としてはこのまま続けて行くことをお勧めしたい。数年もたてば、あなたはわずかでも理解されるだろう。さらに学問が深まれば、おそらく歴史を教えたいと考えるようになられるだろう。今の私になしうる最善のことは、あなたに最高点をあげ、あなたの幸運を祈ることですな。あなたの学業が真に価値あるあなた独自のもの、人類の知的遺産となるずっと前に、私はこの世にいなくなっているでしょうが——だが勇気、勇気ですよ。では、ごきげんよう！」

パリでは、そんなわけで、三つの歴史の問題に答えるのに一時間と三十分かかった。故郷《くに》でもかれこれ五回ばかりも口答試験を経験したが、そのきまりきった問答は三十分もあれば終るものばかりだった。その内容とやり方のこの相違、とりわけ数学と歴史の試験は、ルイスに、フランス的思考の質と射程——その豊かさ、強さ、堅実さ、わけても一見物やわらかそうな外皮の下に秘められた厳格な規律というものに対して眼を見ひらかせた。

試験は終り、ルイスは三十歳まで有効な入学許可証を受け取った。彼は、自身建築家であるムッシュ・エミル・ヴォードルメのアトリエに籍を置いた。学校《エコール》の他の通常のアトリエよりも、アトリエ・リーヴルという独立アトリエのほうが彼の好みに合った。そういうアトリエはたくさんあり、かのローマ大賞《グランプリ》——エコールの真の視標——を受賞した著名な建築家たちがそれぞれ主宰していた。ユージーン・レタングがヴォードルメのアトリエ出身だったこともあって、ルイスにもここがなんとなく気に入ったのだろう。

エコールの指導主事が向こう三箇月の予定を発表した。特別指導室で二十四時間スケッチというのをやり、簡単な設計概要として提出せよというものだった。ルイスが驚いたことに、これを見た学生達は一斉にみんなどこかへ消えてしまった。ちょっと考えて、ルイスも同じようにした。

試験準備をしていたあいだに、彼はイポリト・テーヌの小さな三巻物で、『ギリシア・イタリア・ネーデルランド芸術論』というのを見つけていた。この著作から、彼は三つの強烈な感銘と、異様なほどのショックを受けた。その第一は芸術の哲学なるものが存在するという事実であり、第二は、そのテーヌ氏の哲学によれば、一民族の芸術とはその民族の生活の直接の表出もしくはその反映であるとされていること、そして第三には、芸術を理解するためにはその生活を知らなくてはならないと述べられていることだった。

これらは新しい啓示として彼の裡で輝きわたった。この所説が正しいことを、ボストンで、またシカゴで、彼は自分の目で見てきたのだ。だがイタリアの章では不吉を感じさせるくだりもあって、ルイスに警戒心を起こさせた。それはこんな趣旨のものだった——すなわち、ミケランジェロのシスティナ礼拝堂の「最後の審判」は、明らかにたんなるはずみで描かれたものであり、それは天井画の力強さと較べてみれば一目瞭然だというのだ。これまで彼は、自分が見たものについての見解を他人の手に委ねたことはなかったし、このときもテーヌ氏の意見にいそいそと与するつもりはなかった。ひとりよがりの言い分を彼はきらった。ひとにわかることなら自分にもわかる——それは彼の誇りであった。だが、はたして彼の眼は、この偉大な芸術家の仕事のうちに、はずみで書かれたと言い切るだけの変化を識別できるだろうか、テーヌ氏はそれは明白だとさえいっているのだが？　このことが気にかかって、彼はなんども鬱陶しい気分に捉われた。自分で確かめてみるためにローマへ行かなくてはならない、自分のすべてはこの微妙な一点にかかっているのだから、と彼は考えた。これは死命を制する問題だ。疑問な点があってはならないのだ。自分の眼の確かさへの絶対の信頼ということは議論以前の問題だった。彼はローマへと旅立った——おののきふるえながら、勇気を出して。

システィナ礼拝堂で、彼は見た。まさに一目瞭然だった。苦悩はこの一瞬に氷解し去った。こうして彼は、ひとたび自分の眼で見ればどんなものでも理解できるのだという確信を不動のものにしたのだった。

だが、彼としては「はずみ」などという表現はしたくなかった。老いてなお力衰えぬ男の仕事といいたかった。彼は三日間ローマに留まり、内二日をシスティナ礼拝堂で、二日ともほとんど終日そこで一人きりで過した。巨人の自由な精神を肌で感じ、目のあたりにした。畏敬の念が湧き上がり、心が静謐にみたされた。彼がいま対面しているのは最初にして最大の冒険者であった。勇気ある者、大いなる声を発する者、地を揺るがす言葉を持った者、否定され得ぬ意志の所有者であった。世界で始めてその雷鳴のような声で然りと叫んだ者、力あふれる工匠《たくみ》、超人的な力を持ち栄光に包まれた人間であった。かってルイスが子供のころ夢見た人間がそこにいた。木を伐倒し、大きな馬を追い、石壁を築いていた男達——力づよい人間、彼の英雄、彼の半神達——を見守りながら予感し、予言した人間がそこにいた。その者こそはかつて荘厳な日の出の光景のなかに彼が見、春の声の中に聴き取っていたかの者であり、神秘的でロマンチックな恍惚状態の内に姿を現わしたとはいえけっしてまぼろしではなく、むしろまぼろしの根源に確固として存在すると彼が信じてきたまさにその者であった。

いまここに、かつて夢見たものが真実のものとして現前していた。真に偉大で栄光ある個性がここにあった。彼が山の高みに仰ぎ見た力、大草原や無辺の蒼穹の彼方に、そして広漠たる湖水の水平線の彼方に、また原始林の彼方に見た力に通じる人間の力であった。それは大地を大股で闊歩する自由な精神のみがもちうる開かれた力だった。その力の恩恵によって仕事を為し遂げた一人の生きた人間がここにいた。

彼は魂を奪われた人間のように、いつまでもいつまでも見入っていた。自身の眼で、自身の感受性ですべてを明らかに見た。この大作は、秘密な何事かを、彼に語っているように思われた。彼はなおもよく壁画を見た。彼がそのなかに見出したのは魂の働きだった。表面的な意味の下に、永遠に不滅なもの、無限に続くもの、豊饒なるもの、常にあまねく存在する衝動、即ちわれわれが「生命」と呼んでいるものが浮かび上がってきた。絵画が語りかけてくるものに囲繞されながら、そこで大いなる夢想家が仕事をしているさまを彼は思い描いた。いかなる手も、またいかなる知性も、想像力の助けなしにはこの仕事を為し得なかった。ひとり想像力にのみ、可能な業《わざ》だった。そして想像力とは、仔細に見るならば、生命の内に宿る、妥協することなき信念として、一人の人間、とりわけかくも驚くべき力をもった人間の信念として顕現するものなのだ。想像力は理性を超えたものであり、それを遂行するのは本能——生命が発動する最初の根源的な力——なのだと彼は悟った。「ペルシア人の女予言者」の絵に何度となく見入りながら、彼は深い思いに沈んでいた。

システィナの静寂のなかで、言葉もなくこんな思いに耽った十八の青春、そのときから四十九年の歳月が来たり去った。

——日ごと出歩く一人の少年がいた……

ついでフィレンツェを見た。彼は魅惑の虜になった。自分を繋ぎ止めた金の鎖をそれともあれは、伝説のロトス(44)の実の甘い香りだったのか？　いったいどうやって断ち切って来られたのか、もう憶えていない。彼を促えたクモの糸から逃れるのには六週間かかった。

またあの岩の多いリヴィエラの海岸。海ぎわまで美しい色とりどりの植物が植えつけられ、切り立った岩が山の裾からなだれ落ちて海に切れこみを作っていたあの風景は、記憶の倉のなかのかけがえのない宝物だ。そしてあの青い空――筆舌に尽し難い青、すばらしい青。地中海。リヴィエラ。重なり合った海と山。震えるほどの歓喜――これほどの美がどうして、なぜ存在し得るのだろう？

彼はニースを経てパリへ帰った。パリでは厳しい勉学の日々が待っていた。

ルイスは、これからは観察や分析や比較に際して、神経をとぎすまし、熱意を持続させる努力が必要になるだろうと考え、自分をそれに同調させようとしていた。彼の計画の第二段階がはじまっていた。それは、この偉大な学校で何を学ばなくてはならないか、ムッシュ・ヴォードルメから何を得るのかをしっかりと見究めることであり、またフランス文化の真髄に可能な限り近づくことであった。当面の彼の生きる目的とは、吸収すること、そしてじっくりと見定めることにほかならなかった。無駄に過す時間はない、急がなくてはならないと彼は思った。貪欲な好奇心が彼を急き立てていた。

彼は七階の、北に向かって開けた、住み慣れた部屋にもどった。毎晩、両側に蠟燭を立てた机に長い時間向かい、歴史書に読み耽った。やがて少しずつ過去の人々が彼の前に、今なお生きているかのように、あるいはまた、彼が過去の世界の人となったかのように立ち現われて来て、ドラマチックな動きを、スペクタクルを、民族と国家の流れを演じて見せた。さまざまな行為がさまざまな思想から生まれるのを彼は見た。だが、彼がそれらにより近づき、より多くを理解しはじめると共に、あらゆる思想や行為が、あるたった一つの思惟の重荷に押しひしがれた人類の、全体としての大きな動きに収斂されてくるような気がしてくるのだった。その思惟とは何か？　彼は知らなかったし、わからなかった。だが、そのような思惟があることを知っていた。幾世紀もの歴史の大気をとおして、その深みのなかにそれはつねにあり、人間の誕生以来それは一つの視標となってきたことを彼は感じ取っていた。こうして、巨大な個性の集合としての「人間」のイメージ、そのアウトラインが、うっすらと立ち現われてきた。それはすべての力と、すべての民族の思考と、すべての文明の消長をその内に包みこみつつ、カレンダーの一枚をめくるごとに音もなく、だがじりじりと着実に進み、時間の深淵を越えて現代にまで連綿と続いている、姿形は定かでないが、だが疑いようもなくそこに存在する巨大な妖怪であった。ルイスは、自分の心に呼び起こしたこの不思議な存在を払いのけることができなかった。それはあまりにも巨大であり、いまにも現実の背後で動きはじめるように思えた。彼はいった、いつか自分はこのまぼろしの正体をつきとめ、現実に存在するものとしてのそれに出会うだろう。なぜなら、人が真理と呼ぶあの秘密はまさにこの中にこそあるのだから、と。

歴史は、かくして、ルイスにとって一つの生けるドラマとなった。彼はその唯一人の観客なのだった。建築史もまた、このようなものとして彼は学んだ。すなわち、それはたんに建築物の年代や場所を此処あるいは彼処に確定することではなく、尽きることのない人間の想像力から、変化する要求に応じて湧き出し溢れ出る流れであった。

このような思索に彼は時を費した。これが、彼の独学の始まりだった。

*

ヴォードルメ教授のアトリエは中庭に面していて、渡船通りから通じている小路から入っていった。ルイスの下宿からは西へ一マイルばかりの所だった。アトリエは一階にあって、お粗末な大工の仕事場のような所だったが、二十人ばかりの無頼漢どもを収容するには十分の広さであった。ここで罵り合いの十字砲火のもとでみんなは仕事をし、ムッシュ・ヴォードルメはその「批評」をした。彼は物静かな中背のフランス人で、見るからに優秀そうで、彼と対面した者は誰でもそのことを誇らしく思い、敬意と好意を懐いた。人柄は穏やかで慎重だが人を惹きつけるところがあり、一貫して変らない落着いた威厳は、それが完成されたものであることを示していた。彼の「批評」も期待を裏切らないものだった。それは明解で建設的だった。学生の一人一人に対して、それぞれの作品に即して彼は批評を加えたが、その話しぶりには彼自身の青春の記憶からにじみ出る、若者への独特な共感がこめられていた。それでいて、彼は厳格な教師であり、学生達に威圧感を与えていた。ルイスは、原型の本質は変えることなく、しかも訓練を積み、その訓練は霊的な刺激を与えられるようなもので、そのうえ追求すべき主題はしっかりと保持していられるという、かなり欲張った期待を彼にかけていた。

ムッシュ・ヴォードルメ――別の呼び方では「親方」――は、モンルウジュの聖心教会やマザス刑務所を建てた建築家として名を馳せていた。まだ四十五歳で、新進の、将来を約束された建築家と見なされていた。

ルイスは馬鹿騒ぎをしたり、真剣に勉強したり、またおかしな挨拶を強要したりするアトリエの日常にまったくとけこんでいた。彼のフランス語はすでにみんなから仲間扱いをしてもらえるだけの域に達していた。ひそかに泥棒が使う隠語を仕入れて、折にふれてそれを使ってみせたのが効を奏して、彼は仲間に一目置かれる存在となり、おかげでストーブの薪運びや製図板の掃除といった雑用からは解放された。年齢の違う学生達がいたって気楽にまざり合うアトリエの日々は、人間的に貴重な体験と思われ、彼は自分の勉強からよりも多くを、他の学生達の勉強から学んでいた。彼はいつも観察する側にばかりまわっていると感じていた。

アトリエも、学校も、彼にとってはパリという大きな世界の一部にすぎなかった。そのパリもフランスという世界の一部であり、またフランスはヨーロッパの一部であって、それらは一つの全体として彼の母国と対照をなしていた。一方が完成されているのに対し、一方は未熟であるかまたは退廃的だった。ここではすべての動きが落着いていると彼は思った。時が経つにつれ、彼は、文化の力とは何であるかをはっきりと認識していった。パリは一日にして成ったのではなく、数世紀にわたる活動と悲嘆の所産であることを悟った。さまざまの記念碑を彼は訪れ、それらが彼に話しかける言葉を聴いた。ノートルダム寺院の印象深い深夜ミサにも出席した。パリのいろいろな博物館では長い時間を過ごした。学校の展覧会にも足繁く通った。とくに二年生、あるいはさらに上級生の展覧会に注目していた。彼は学校で教えるセオリーを理解した。それは彼の理解したところでは、要するに非凡で傑出した者の成果に従うということなのだ。だが、やはりそれは彼が求める真実ではなく、たんなる抽象であり、一つの方式であり、精神の一つのあり方であるにすぎず、また部分であり特殊であって普遍ではなかった。理知的にまた美学的に、秩序や機能や高度の技巧について美しい記述もあった。だがそこには、彼にとっては決定的な意味をもつ、あるわざとらしさがあった。彼が求めたのは福音であったのに、実際にもたらされたものは苦痛であった。やがて彼の内に、技術の精華を誇るこの偉大な学校は、原始的なインスピレーションという強烈な意思を欠いているのだという確信が生まれた。彼は、大学が確固たる意向の下にかそれともたんに無邪気にか無視し去っているもう一つの規範があると感じていた。それはかつて彼がシスティナ礼拝堂の静寂の中に見た規範であり、また生命に充ちた戸外の到る所で彼が見た規範であった。

こうして、一つの信念が彼に忍び寄ってきた——書物はもう閉じなくてはならない。自分は孤独で、心は飢えはじめている。いまや自分ひとりで自分の道を行くべきときだ。この輝かしいパリは、輝かしい思い出として残して行こう。いまは別れなくてはならない。その苦痛に耐えなくてはならない。

XIII 田園都市

かつて市《まち》は、雄大な広がりをもち日々に変化する美しさをたたえたその湖のほとりに、三十万の人口を誇って力強く建っていた。湖の水平線からは太陽が昇り、月が昇った。太陽は湖水の面《おもて》をルビーのように輝かせ、満月は夢幻のような銀色の光をあふれさせ、三日月は、はるか西の夕映えの中にほのかにかかり、暮れてゆく景色のすばらしい点景となった。半円形を描く市の周囲には、湖を友として美しい大草原がひろがっていた。大草原には、この田園都市の中心から七マイルないし十二マイル離れたあたりまで村が点在し、それぞれ半円を描き、木々をしたがえて広大な草原の懐に抱かれていた。市の北と西には、雄大な楡や樫が数も知れず育った。南には市の境界となっている埃っぽい道があり、それに沿って二列の巨大な柳の並木があって、夏、その樹液の流れがもっとも力強いときに吹きつける季節風のために、何年もかけて一様に北東のほうへ幹を傾けていた。またこの方向一帯にわたって、年経たポプラの木々がここかしこに森厳な力強いたたずまいを見せていた。もっと南へ行くと土壌は砂質に変り、おかしな恰好にねじけた松や矮小な樫が生えていたが、そのすぐ隣の湖岸地帯には、一マイルかそれ以上にもわたる、森林といってよいほど鬱蒼とした樫の大樹林があった。森の中には何本かの曲りくねった小径が通じていた。それを辿るとき、人はこの世ならぬ世界をあるくような気持にさせられたものであった。

市《まち》自体は、大きな村がさらに大きくなったという感じだった。いわば必要に迫られて逞しく生長した村だった。中心街衢の近辺にはまだ住宅地があり、郡役所広場に面して教会の尖塔があった。鉄道線路はまだあまりなかった。馬と四輪の軽装馬車が交通手段の中心であり、広い並木路を闊歩する二人乗り四輪馬車《ヴィクトリア》が真鍮飾りをキラキラさせ、蹄の音も騒々しい良血馬や、私服の御者や馬丁が道行く人の眼を楽しませていた。市には富があふれかえっていた。商業地区は徐々に住宅地区へ侵入して行き、それと共に樹木の育成や庭園づくりがさかんになった。花の季節になると街中が花に埋まった。冬は古い活人画の世界だった。いつまでも降り続く雪、小型の馬橇、鈴の音、街のどんな所にもいる馬、馬に乗っての駈けくら――当時は大ていい人が馬の一頭位はもっていたものだ。春の彼岸が来ればクロッカスが咲き、木はとりどりの若葉を出した。そのころ冷たい北東風がはこんでくる「四月の驟雨《エイプリル・シャワー》」が降り続く。実際はそれは、春というより、夏と競り合ってしだいに弱まって行く冬であった。だが、六月ともなると、市はその田園の都市らしい面目をはっきりととりもどす。遠くからはいくつもの尖塔が、目じるしのように草原の彼方に聳え、またあちこちに灰色の巨大な穀物貯蔵庫が屹立しているのが見られた。

田園都市は、二つの支流をもつ川によって三つの部分に分かたれていた。市には、だから三つの急速に商業地区化されて行く区域があった。そこには公園が作られる余地はなかった。それからまた三つの貧民窟があった。

しばらく悪い天気が続いて、材木運搬の船隊が港に足止めされてしまったときなど、天気が回復するのを待ちかねて、スクーナー(45)は帆を張り、雄大な美しい一群となって河口から流れるように出て行くのが見られた。船は順風に乗ってマスキゴンやそのほかの北の港へ向かって、日にキラキラ輝きながら帆走して行った。

夏は乾燥していた。九月一杯、暑い陸風が途絶えることなく吹き続いた。

二日二晩でこの市を焼き尽した大火のもとは、貧民街に起った小火《ぼや》だったといわれている。火は強風に乗ってひろがり、田園都市は消滅した。誇りをこめて語り継がれてきた市の歴史も、これと共に消え失せた。そして新たな歴史が、いま始まろうとしていた。自尊心の高い人々とその創造の物語が。彼らのモットーは「私はやる――」であり、彼らの夢は商業帝国であった。彼らはその夢の実現を自らの義務とした。だが、その建設の叙事詩の真最中に、こんどは途方もない経済恐慌が市を襲い、市民は腑抜けのようになってしまった。ルイスがパリから帰って来たときこの恐慌の余波はまだ完全におさまってはいなかったが、復活の時は近づいていた。

建築業は不振だった。彼が仕入れてきた新知識が、さし当っては役に立たないことがわかって少しがっかりしたが、人々がこの境遇をどう過ごしているのかを見てみようという気になった。ついでに、この土地の地形を覚え、この前に来たときには時間がなくてできなかったことをやっておこうと考えた。計画を立てて毎日少なくとも二十マイル、ときにはそれ以上も歩きまわり、綿密な踏査を行なった。この冒険行を終えたときには、市の隅々まで知りつくしていた。田園都市をとりまいていた草原は、昔のままに、その平和を乱されることなく残っていた。

好奇心はルイスの支配的な情熱であるようだった。いつもなにかを捜し求め、新しいものを見つけ出していた。驚かせてくれるもの、新鮮な、眼を楽しませてくれるものならなんであれ大歓迎だった。彼は、あたりまえのことと思われている事物のなかから、それをよく見ることによって、なにかしら楽しみの種を引き出すのがうまかった。あたりまえのことなどこの世にはなく、すべてのものは語るべきなにものかをもっていると思っていた。すべてのものが、彼に耳を傾け理解することを願っていた。

彼はシカゴ川の支流を溯り、美しい森にかこまれたデスプレーンズ川や、昔の陸上輸送路を見つけ出した。昔読んだパークマン(46)のラ・サール(47)の北西部探険譚とか、マルケット(48)やジョリエ(49)について書いたものを思い出し、開拓者達の苦労を偲んだ。

そうやって彼は、この市がなぜ、またいかにして作られたかを知った。内心の声が再び彼に告げていた——ここは私の場所だ、この焼跡は私のために用意されたのだ、と。

やがて、産業の復活を示すゆっくりとした鼓動がつたわってきた。中断されていた想像力と意志の歴史物語が、湧きあがる力の内に、再び語られはじめた。かの田園都市は、その生きた歴史と共に消え去り、再びその物語が語られることはない。田園都市が帰ってくることもまたない。炎が、それを永久に消してしまったのだ。だが、いま新しい物語がはじまっていた。語るべき歴史は、ほかにはない。市は、すでにかつての市ではなく、人々もまた、かつての人々ではなかった。

新しい歴史の始まりは、ルイスを興奮させた。時到るのを、彼は待っていた。彼はあちこちの建築事務所で、とびとびに短期間ずつ働き、シカゴ中の建築事務所のほとんどを渡りあるいた。建築家のほとんどはひと昔前の世代に属していた。施主達が彼らに要求するのはすべて「古き良き日々《オールド・ラング・ザイン》」調のものばかりだったが、建築家達は別に文句はいわなかった。みんな実に素朴だった。また、みんないい人間だった。ルイスは、彼らの、いかにも大学出の大工という感じの職業的やりとりが気に入っていた。彼らがボザールの免状持ちでないことは気にならなかった。あるがまま

13

の彼らが好きだった。また彼らの旺盛な知識欲には目をみはらされた。過去の人間である彼らにとって、ルイスの仕事のスピードは、驚嘆の的だった。彼らの中の若手の一人で、山羊みたいな笑い方をする男はその相棒にこんなことをいっていた。

「あのアイルランド人は何かしら持っているよ。」

この男は、ほかでもないフレデリック・ボーマンで、頭がよくて、辛辣なジョークがうまい人だった。ドイツで教育を受け——したがって彼の皮肉もドイツ仕込みで——一八七三年に『独立積柱の基礎に関する理論[50]』と題した小冊子を刊行し、その中で独自の概念を構築していた。この小論の論理はすじの通ったもので、しかも堅実な常識に裏打ちされていた。これに述べられている簡潔なアイディアは、長らく標準的な施工の基礎理論として役に立ってきた。これによってフレデリック・ボーマンは、すぐれた頭脳をもった新しい理論の開拓者としての名声をかち得ていたのである。生気にあふれていたがもう九十五歳だった。長い困難な人生を歩んできたからだろう、その鋭く、陽気な眼からは、世間がひどく阿呆らしいのものに見えているようだった。少なくとも、彼の背が曲りはじめてからは、そんなふうに見ることが彼の慰めとなっていたようだった。ルイスは、夕方、体育館で彼とよく出会った。意見が聞きたくてよく話しかけたが、彼の辛辣さはその悪魔的なまでの明晰さの所産であることがだんだんにわかってきた。彼は明知の人であり、迷いを知らなかった。やがてルイスは彼を、山羊笑いをする、学校では学べない真実を語ってくれる人として認識するようになり、ルイスの忘れ得ぬ人の一人となった。

当時は、信頼できるテキストというものがあまりなかった。ルイスが座右の書としたのは、トロートウィンの『技術者のポケットブック』で、彼はそれを長い時間をかけて読んだ。工学雑誌もよく読んだが、それは工学の新しい知識を仕入れるためだった。ルイスは、いつか自分が工学的に見、工学的に考えるようになっているのに気がついた。彼は新しい問題と真正面から取り組むことができるのは工学者だけであり、工学者だけが問題の本質を促え得ると考えはじめていた。

工学においては十分に熟知し、確認し得た事柄のみを扱う。これに対し建築はこの率直さを欠いており、問題を単純化し目的を絞るということをしないのだった。建築には参照すべき規準がなく、またいわゆる水準基点《ベンチマーク》がなかった。工学は、実質的に反作用の科学であるが、建築設計学――そのような科学が将来建てられるとして――は〈作用〉の科学でなくてはならない、と彼は考えた。工学と建築の両者の思考の根本には、このような価値観上の相反が認められるとしたものの、両者をそれぞれの専門職とする人々のあいだの奇妙な対立意識は気になるところだった。彼の見るところでは、問題はこういうことだった。すなわち建築家は、工学的な思考というものを、そのはたらきがどうしようもなく散文的な見かけと結果の下に隠されてしまっているために、またそもそもそれは正統的なものではないという嫌悪感ゆえに、理解することができず、理解しようともしないのだ。一方、工学の側にいわせれば、建築家とは経験則にばかり頼って科学を軽視するいい加減な連中ということになるのだった。この両者のいい分はどちらもおおむね正しいものだったかもしれない。どちらの側にもすぐれた人もいれば小物もいて――まあほとんどは小物か、せいぜい中位だが――けれども、どちらもおっつかっつ、似たり寄ったりといったところで、たとえばフレデリック・ボーマンのような透徹した眼識から見れば、どちらの言いぐさもひとしくばかげたものであったにちがいない。

　ほぼこの頃、二つの工学上の大事業が並行して進められていた。一つはセントルイスの、イーデスによるミシシッピ川の三重アーチ橋の架橋。もう一つはケンタッキー川の峡谷に渡す片持ち梁橋《カンチレバー》の建設で、これはC・シェラー・スミスを主任技師とするもの。どちらもシンシナティ南部鉄道の発注だった。

　この二つの工事の進行に、ルイスはすっかり気を取られ、夢中になってしまった。まるで彼自身がその工事の関係者であるかのようだった。鉄道新聞の紙面で報道される着工の様子や、それらがしだいに大きくなって行くのを見守った。一週ごとにそれらは大きさを増し、それと共に彼の興奮も大きくなっていった。それらに彼はロマンスを見た。大いなる人間――大胆に思考し、信念を持ち、断固として行動する冒険家が、再びそこにいた。創造力の恵みを授けられた人間達だった。

この二つの工事は、それぞれまったく種類を異にする着想によるものだった。両者は一人の人間の発想から生まれ、実現に漕ぎつけたものだった。一つは大河を一またぎにする大都市の表玄関ともいうべき橋梁で、センセーショナルな、建築的ともいえる構造物だった。これに対しもう一方は荒野に造られ、したがっていっさいの装飾的配慮を排した純粋に科学的な構築物であった。ルイスは設計の隅々まで眼をとおした。測量から、ミシシッピ川の潜函工事、荒野の絶壁に着手される最初の片持ち梁の工事。どちらのどんなことも見落すまいと作業を注視していた。二つの工事の関係者達との強い一体感を彼は感じた。工事が困難に遭遇すれば、それをどうやって打開したらいいかと彼も知恵を絞り、対応策が見つけられれば、それが自分の発案であるかのように思った。二人の技師は彼の英雄だった。彼らは他のすべての人々の上に位していた。彼らの積極性が、血気壮んな彼の性格には気持よかった。

少年時代、ルイスの偶像は力強く何事かを為す人間だった。少し大きくなってからは、思考する人間を偉大と感じ、さらに長じては想像力のある人間こそ大いなる者と考え、さいごには創造的な夢想家の意志が至高なものだと認識するようになった。そのような人間は、想像力と知力がなくてはならない。科学も利用するだろう。そしてさらに、感情の助けもかりなければならない。感情なしにはなにごとも不可能なのだから。

人間の力についてのこの信念は、幼い頃に芽生えた本能的直感であり、片時も彼を捉えて離さなかった信仰のようなものだったが、それはさらに強い信念へと育ち、やがていつか彼にあって神の如き存在にまでなってしまった。一日また一日と過ぎ去るごとに、芽生える力を、彼は見た。その力の一つ一つが、彼に予期もしなかった新しい世界を開いていった。力がふくらみ、拡がるのを、彼は見た。人間が為し得ることへの驚きは留まるところを知らなかった。彼はそのような神秘的な驚くべき力、彼を驚嘆させ、ときには当惑させるほど多彩な力を秘めている人間というものに対して、畏敬の念をもつようになった。人間は、その不可解さ故に、彼にとって、最も計り難く最も力強いもののの一種のシンボルとなったのだった。歳月が過ぎ去り、次々に新しい世界が開け、その世界はより大きな世界へと統合されていった。ヴェールは次々に取り払われ、幻影が消え失せ、明晰さを増していったが、この力はつねに遍く存在していた。そのような少年時代、青年時代を経て一人前の人間となったとき、自然の力と人間の力とは彼のヴィジョンの中で一つに結び合わされ、力の理念に統合されたのである。そしてまさにこの時、これが新しい理念であることに、すなわち人間の自然状態にかかわる従来の知的な、また神学的な概念の完全な転倒であることに気づいたのだった。

この理念は、最初は小さな少年の心に生まれた神秘的な思念にすぎなかったが、それは少年の移り変るさまざまな体験をとおして、その中で変ることなく生き続け、それ自体として成長し、自ら細部を作りあげ、そうしていま舞台に登場したのである。小さな思いつきが堅固な思想にまで成長するには、長い時間と、豊富な人生経験が必要だった。フランスの諺にいう――「無駄なことには時間はかからぬ。」またホイットマンは、その洞察をこう記す――「自然は急き立てもせず遅らせもしない。」

工学は、というよりこの二つの橋は、ルイスの想像力をかき立てた。虚空に橋を架ける――これほどすばらしい行為・思想があるだろうか、と彼は思った。いかなる時代にも卓越した思考、卓越した勇気というものがある。その所有者は、しかしその時代その世界にあって孤独であり、一人きりで仕事を進めなければならないということに、彼は気づきはじめていた。

だが、この二つの橋は、実際には彼の心を、目先の工学へではなく、一般諸科学のほうへ向けさせるきっかけとなった。彼は熱心に本を読みはじめた。スペンサー、ダーウィン、ハクスレイ、ティンダル、そのほかドイツ人の諸著作を彼は読み、新しい大きな世界が彼の前に展けるのを感じた。それは無限の広がりと多彩な内容を包含した世界であった。読書熱は少々のことではさめなかった。実際、それは今日まで続いている。

科学的精神のもっとも惹きつけられる点は、堅固な真実を求める真摯な探求心であった。それまでの彼は、数学を、一種の芸術のように考えており、一つの科学として考えたことはなかった。数学だけでなく、およそ人間の建設的な努力というものはすべて芸術であると考えていて、彼の理念も一貫してこの視点から展開してきたのだった。この見方は、必然的に、だが実にうまい具合に、科学それ自体によって修正されることになった。これらの諸著作を読んでまっさきに彼が感銘し、これこそもっとも重要であると感じたものは、「科学的方法」と呼ばれるものにほかならなかったからだ。これまで長いこと無益に追い求めていた解答がそこにあった。かの外観の背後にひそむもの、それに迫る方法として、科学の方法は見こみがありそうだった。それは不断の探求による冷徹な方法だった。実際、求めていたとおりの手段を彼は手に入れたのだった。いま必要なことは、この方法に熟練することだった。科学的方法は厳密な観察を基礎とする。それにもとづいてある結論が帰納され、仮説が立てられる。それはデータの積み重ねによって権威ある理論に高められるまでは、まだ決定を保留された試案である。そしてこの理論が、厳格なテストを経て、はじめてわれわれが真とするに足る知識であると、徐々に承認されてゆくのである。

だが、科学は、彼の性急な想像力にとっては、いかにものろくさく近視眼的であることも、同時に理解した。科学とは、本質的にそうした融通のきかない、固苦しいものなのだ。が、一方においてルイスは、科学的精神の持主たちの多くが、洞察と想像力と勇気に富んだ冒険隊であり、傑出した着想の持主であるということもまた心に留めていた。

＊

ルイスの仕事の状況は着実に好転しつつあった。一つの事務所に勤める期間は長くなり、仕事の注文も多くなった。仕事の質も良くなってきていた。彼はすでに成年に達し、自分自身の生き方を考えるべきときにきていると思った。仕事の面での成功に、彼は気を良くしていた。世間は彼を一人前の人間として迎えてくれたのだ、と彼は考えた。彼の仕事は好評だった。いまや彼は、最も高給取りのドラフトマン達で構成されている小さな貴族的なグループの一員でもあった。彼らは昼食どきに行きつけのレストランで顔を合わせた。話題はいつも仕事のことだったが、ルイスは、自分にとってほんとうに重要な関心事は喋らないことにしていた。

彼がもくろんでいたのは、そのうちしかるべき顧客を持った、中年の、経営もしっかりしていて評判の良い建築家を選んでその事務所に入りこみ、持ち前の機敏さと抜け目なさ、さらには野心と機知とで、その建築家の片腕となることだった。彼は決定を保留したまま、目の端でこの業界を見わたしていた。急ぐ必要はなかった。「大胆にして慎重」が彼のモットーだった。いずれ自然な成行きでそうなるだろうと彼は期待していた。

その頃、ジョン・エデルマンが仕事に復帰してきた。不況のあいだ、彼は百姓でもしようとアイオワへ行っていたのだったが、その目論見は見事失敗だった。冬のある日、例によって芝居じみた効果を狙ってことさらに農民じみた恰好で、彼は昼食に現われた。彼はアイオワのどこやらでの野良仕事がいかにすばらしかったかについて一席ぶちはじめ、部屋はたちまち騒然となった。

ジョンはバーリング&アドラーという建築事務所にはいった。そこの一つきりの大部屋を、彼はお喋りで満たした。そして滔々とまくしたてながら大変な勢いで仕事をこなして行くのであった。当然のこととして彼もランチ・クラブの一員となり、その雰囲気を賑やかにした。無作法者がさえぎらないかぎり、彼は会話をまったく独占していた。誰が彼の話を歓迎したかなどはどうでもいいことなのだ。その内容は、単一税といった最近の話題をとりあげ、ヘンリー・ジョージ(51)を口をきわめて賞めそやすとか、そんなことなのである。いい加減な当てずっぽうを吹きちらし、あれこれと飾り立て、達者なアイルランド訛りでアイルランドの話をし――と、概して楽しく陽気な厄介者であった。

ある日、ジョンはルイスに、事務所へ来てアドラー(52)に会ってくれといった。これまでにも、アドラーのことは何度かルイスに話していたのだ。ルイスはジョンの顔を立てて出かけて行った。大部屋に入ると、製図台があちこちに散らけたように置いてあって、その真中にふつうの平らな机が二つあった。用のある連中はいたって気がるに出入りしていた。二人のパートナーは、どちらも在席していたが忙しそうだった。ルイスは二人を観察しながら待った。バーリングは長い足を机の上にあげ、回転椅子にだらしなくすわって訪問者に応対しながら嚙煙草をもぐもぐやり、四角い箱に唾を吐いていた。彼はおそろしく長い鼻をしたヤンキーで、ひどく老けこみ、意志も弱ってきている感じだった。彼もまた大火後に膨大な仕事をこなしてきた過去の世代の人間の一人だが、恐慌に痛めつけられたのだ。

ずっと向うのほうにアドラーがいて、一人のドラフトマンの仕事台のわきに立ってこちらを向いていた。重厚なユダヤ人で、鼻は短かく、豊かな髭と、濃い黒髪と、その下に見事な半球形の額とを持っていた。肉体的にも精神的にもいかにも強壮な人間らしかった。

ルイスは最初バーリングに紹介された。彼は片手を伸ばし、気のない調子で「やあ」といった。その様子には、彼には理解できないはるかに年下の若者の奇妙さに、これまで何度となく耐えてきたのだといった感じがあった。つぎにジョンはルイスを、アドラーの所へ連れて行った。こちらは、その大きなまじめな顔と気持のいいとび色のすばしこそうな眼に、率直な歓迎の微笑を浮かべていた。ルイスはすぐに、アドラーが大変頭の回転の速い野心家で、開放的で理解力があり、稀に見る人物であることを見抜いた。ルイスよりは十二歳年長で、いたって元気そうだった。ルイスも元気一杯だった。アドラーはジョンを高く評価していた。言葉を交した時間は短かったが二人の会話は活発だった。アドラーはルイスにボザールのことをたずねた。対話はじきに終ってルイスは辞去し、ジョンは仕事にもどった。その後何箇月もルイスはアドラーには会わなかったが、この力強い個性と出会ったことをうれしく思っていた。けれども、アドラーはルイスの意中の人ではなかった。やがて彼の姿はうすれ、そのうち忘れてしまった。

ルイスは現状に満足していた。野心はあったが用心深かった。意に適う人物の登場を彼は待っていた。どの事務所にも長く留まらなかったが、勤め先を変えるたびに給料は良くなった。

この間、彼は昼を仕事に、夜は自分の勉強と省察に当てた。彼は、少しずつ、断片的な思考を公式となりうる思想にまとめあげようとしており、そのために意識して一人きりでこつこつやっているのだった。この孤独な作業が、一番自分に合っているようだった。彼は、クロペの教えは、その後何年にもわたる学習と成長を要求していることを知った。とはいえ、今自分が求めている概念の捉えどころのなさには困惑せざるを得なかった。摑みそうになるそのたびにそれはしりぞき、そのつどそれは一層大きくなるようだった。

その前のクリスマスに、父がジョン・ドレーパー(53)の『ヨーロッパの知的発展』という二巻物を贈ってくれた。これは今日なお注目に価する著作である。夢中になって彼は読み、再度読み返した。この著作の論争好きな傾向には目をつむった。その本にいう「科学と宗教との戦争」は、当時もまだ猖獗をきわめていたのである。この本の「信仰の時代」と「理性の時代」という区分のしかたに彼は興味をもった。精神が自由を求め、発見するのと呼応して科学が生まれ成長してきたことを彼は理解した。これは彼の信念とも符合していた。つまり、人間の持てる力が自由に発揮されるためには、精神は自由でなくてはならないということである。残念なことに、当時の建築芸術においては、精神に自由はなく、力は解放されておらず、また充分に鍛練されてもいないという状態だった。建築だけでなく、芸術一般が何世紀にもわたって伝統という名の因習によって矮小化され、信仰という薄っぺらで根拠薄弱なもののお蔭で生きのびてきたのだ。ドレーパーの力作によってこのことを確認したとき、ジョン・エデルマンがいっていた抑圧された機能という言葉が、再び大きく立ち返って来た。だが、そのことよりも、ドレーパーのこの著作を読んだ結果として、建築というものは人類の完全な共感のうちに展開されなくてはならないという確信を彼が得たことが重要だった。人間こそは、過去においても現在においても、最も意義深い存在であり、またそうあらねばならぬ。いかなる芸術、いかなる科学よりも大きな役割を果たしてきたのが人間なのだ。人間こそは、おそらく、ばらばらにまとまりなく出現する現象を、一つ一つきわ立たせる、真の、唯一の背景なのだ。いいかえれば、人間の眼に見えない精神だけが、あらゆる事物、現象、仕事、文明に浸透し、意味と形を与えるものではないのか。いまルイスがなすべきことは、人間がいま何を考え、また過去に何を考えてきたかを学ぶことであった。彼が自らに課した仕事は、かくしてまた拡大され、いっそう多くの時間が必要となった――彼の心はまだやわらかく形成途上であり、暗中模索の段階であった。

ダーウィンからも多くを得た。『進化論』は彼を圧倒した。またスペンサーの、未組織の単体から発達と分化の過程を経て高度な有機的複合体に到るという説は、彼自身のケースにうまく適合するように思われた。彼もまた恵まれた力という単純で未分化な着想から出発したのだったが、それは巨大な複合した観念へと生長し、それ自体の内容を豊富にすると共に、より以上の成長を求めて貪欲に版図をひろげて行き、いまそれはその最初の着想を明瞭な観念として立返らせ、それが本来持っている力を顕在化させる段階にまで達しようとしていた。それはまだぼんやりとしたものではあったが、それがルイスに探求を続けさせる勇気を与えた。彼は、彼の年齢としてはかなりたくさんの本を読んでいるほうだったが、彼が心から納得したのは自分がしっかりと把握してきたこの思想だけだった。自分が間違った道を歩んでおらず、目標が間近に迫っている事を感じて、彼は興奮していた。

＊

ある日、ジョン・エデルマンが――彼はそのころジョンソンという教師をやっていた男と組んで仕事をしていたが――ルイスに、話があるから夕方やって来ないかといって寄越した。話というのはこうだった――アドラーはバーリングと袂を別って独立し、優秀なプロモーターであるジョージ・A・カーペンターと共同で、いまニュー・セントラル・ミュージックホールの仕事をやっており、それはもうじき完成するが、彼はほかにもまだ仕事を抱えている、と彼はいった。一八七九年のはじめの頃のことである。ジョンはルイスに、これはきみのチャンスだ、アドラーは力はあるがデザインに弱い、それを彼自身も承知していることだと彼は熱心に説きつけた。ジョンはルイスのことを何度もアドラーに話したのだが、彼は興味を示しつつも慎重であって、自分の方から切り出せないでいるのだというのだった。ルイスは即座にこの話を了承した。二人はもう一度、二人してアドラーに会いに行った。二人はざっくばらんに話し合った。そしてその場で、ルイスはアドラーのオフィスを自由な立場で預かることがきまり、しばらくやってみてうまく行くようなら、その後も一緒にやって行こうということになった。成功のはっきりした予感が、二人のあいだにあった。

ルイスは仕事に精を出し、事務所は活況を呈しはじめた。間もなく事務所は三つの大きな仕事を受注した。六階建のオフィス・ビル――ボーデン・ブロック、最新式の劇場、それに豪華な大邸宅だった。ルイスはモーゼス・ウールスンとボザールの訓練の成果を、これらの仕事に傾注した。彼に訪れた最初の好機であった。彼はそれを逃さなかった。アドラーは実に気持のいい協力者だった。心がひろく、偏見がなく、呑みこみが早く、態度は首尾一貫していた。ルイスの意気ごみを温かく受け止め、自分の判断でルイスにつぎつぎに機会を提供し、自分が知り尽した建築の技術的知識を惜しみなく頒ち与えた。何かにつけて、彼はルイスを大切な掘出し物のように丁重に扱った。二人は親しい友人同士になった。アドラーはぶきっちょな洒落をいう男だった。ある日彼はこう切り出した。

「どうかね、ぼくをきみの共同経営者にしてくれないかね。」

ルイスが笑うと彼は続けた。

「よしと。五月一日から五年契約としよう。最初の一年間は、きみが三分の一、それ以後は五分五分ということで……」

ルイスは事務所の用箋に簡単なメモを書いた。アドラーはそれに眼を通すと署名した。

一八八〇年五月一日、D・アドラー&カンパニーは先のボーデン・ブロック最上階のりっぱな事務所に引越した。そうして一八八一年五月一日、アドラー&サリヴァン建築事務所という名札が入口のドアに付けられた。ということはつまり、ルイス・H・サリヴァンは、二十五歳にして、野望と夢想の長い年月ののちに、一人前の建築家として声望をになって世に出たということである。しかも、彼が予想だにしなかったような、誠実で、理解力にすぐれ、包容力があり、人を惹きつけずにはおかない、そんな人物が共同経営者だった。二人のあいだには申し分のない信頼関係が樹立されていた。仕事の分担はそれぞれの資質に基づいてきめられ、調整された。それぞれの分野に関してはそれぞれが最終的決定権を持っていたが、意見の衝突を起こしかねないような独断専行はどちらも敢えてしなかった。二人の人間性を云々するにあたって特筆すべきは、アドラーの、常に年下のパートナーを前面に押し出す寛闊さであった。

ルイスは、開かれた世界に向って歩き出すべき地盤を得たと感じた。それに伴う義務は、いかなるものであれ負う覚悟だった。今こそ、誰からの掣肘も受けることなく、長年あたためてきた実験に着手することができるのだ。実験とは、ほかでもない、機能に相応《ふさわ》しい建築――実用に即した現実的建築であり、そこでは実用的観点からの要請が最優先され、建築にまつわる格言とか因習とか迷信とかしきたりといったものは断然排除されなくてはならない。誰が何といおうと意に介することなく、そのすべてを掃き捨ててしまおうと彼は考えた。彼の意見と信念はこうだった――現代における真の価値ある建築芸術は、自由に形を付与しうるものでなくてはならない。無意味な硬直した因習的要素は除かれなくてはならない。建築は人の役に立つべきものであって、人を抑圧するものであってはならない。

こうした観点から生み出される形は、ごく自然に必要をみたし、率直に、しかも生き生きとその要求する所を表現するだろう。このことはとりもなおさず、彼が長いあいだかかって、生ける物を凝視することを通じて育てあげてきた信条、すなわち形態は機能に随うという信条を実地に験すことであり、この信条に忠実でありさえすれば建築は再び生きた芸術たることができる、と彼は逸る心で考えていたのだった。

ようやく建築業界は活況をとり戻し、重要な商業建築の依頼がつぎからつぎに事務所にもたらされた。その一つ一つで彼は実験をくり返し、独自な原理と方法を模索していった。さしあたっての課題は陽光を採り入れること、それも最大限に採り入れることだった。これが細い窓間壁の着想を生み、石と鉄の組合せへと発展した。垂直工法の始まりである。この方法は従来のやり方をすっかり混乱させてしまったので、ルイスはまわりから偶像破壊者といわれ、改革論者とみなされることになったが、それはまったく当を得たものであった。とはいえ、そうして出来あがった建築は、それとしての芸術的表現様式を体していた。それらは目新しくもあったが、従来の建築の見方からすればおぞましい物でもあったことだろう。

しかしルイスはあらゆる異議に耳を藉さなかった。たとえ千人が彼の誤ちを宣告したとしても、彼を方向転換させることはできなかったであろう。性格の異なる建築を委頼されるたびに、彼は自分の形態と機能のシステムを適用し、そうすることで自分の信念をいっそう深めていった。建築的処理は、実質的な建築であると芸術的建築であるとを問わず、デザイナーの精神と手に完全に委ねられるべきであり、材料と形態とはそのデザイナーの想像力と意志に任すべきであって、これによってのみ時代の要求に忠実に即応した建築が可能なのだ、という信念である。このことはとりもなおさず、衒学趣味や、学校で学ぶわざとらしい絵空事や、鵜呑みにしているばかげた伝統や、何事も信じて疑わない子供っぽさを投げ捨ててしまうということであり、このような中心的思考を欠き、共感と理解を欠いたガラクタの一切合財は、健全な建築の哲学に——唯一の基礎すなわち人間とその力に立脚した生きた建築という哲学に——取って替らなければならないということだった。そういう哲学の大きなアウトラインを、多くの不満と熟考の末に、ルイスはすでに作り上げていた。この哲学を、いま彼は地平の上に実際に試みて、その骨格と内容とを完全なものにしたいと望んでいた。この哲学がどう展開されていったかは、後の章に述べることにしよう。

ルイスがなにかの魔術で、成果をつい手にしたと考えるのは誤りである。事実は正に反対で、それは何年もの絶えざる思索と、自己矯正と、勉励と、忍耐とによってようやくかち得たものであった。それが可能であったのも、技術を体系化すること、いいかえれば技術を支配することを、自分に課せられた仕事だと思いこみ、それに夢中になったからだった。そのような体系の完成は望むべくもないことであろう。完成にほど遠いものならべつであるが。表現の可能性には限りというものはないし、計画は壮大に過ぎ、すべてを一括りにするには、内容も豊富に過ぎた。ムッシュ・クロペ——幾何学の教科書を屑籠に放りこめといったあのクロペの雷霆のような言葉を思い出す——われわれの論証は、いかなる例外をも排除するものではなくてはならない。

XIV　出会い

先入見を持たずに、長いあいだひたすら観察し、そうして広くかつ現実的に見るならば、早晩、人間というものがいかに未知のものであり、またいかに予想を超えた存在であるかに気づくはずである。

いつの時代においても、哲学者とか神学者といわれる人々が、人間に対してまったく背を向けてきたという事実は、まったく驚くべきことだ。彼らの深い省察はあらゆるものに向けられるが、なぜか現実の人間にだけは向けられることがない。そうして、いずれも似たり寄ったりの幻想だか空想だかをくりひろげては、それらこそ真の人間であると、人間とは堕落した存在であると、のたもうている。おそらく、彼は、不注意にもほんのちょっとしたことを見落としているのである。ほかでもない。彼らのいうその堕落した人間が、その堕落のなかで神々を創造したということである。彼らの人間観――それは彼らの空想の産物なのだが――は、あるドグマに、意匠は豊富だが共通したドグマに縛られている。すなわち、人間は被造物であるというドグマである。

だが、ほんものの人間はつねに彼らの身のまわりにおり、群をなし、動きまわり、彼らを眺め、また彼らと話したりまでしていたというわけである。それが、彼らには見えなかった。思うに、人間はあまりに近くにいすぎ、あまりにありきたりで、またおそらくあまりにわかりがよすぎたのだろう。神は遠くにいたから、よく理解できたのである。

戦場の勇士も、また人間を無視する。けれども、賢者とか戦士、あるいは聖職者にしても、彼らを包みこんでいる民衆とそうはっきり異質な存在というわけではない。なぜといえば、彼らもまた、堕落した被造物である人間が自ら創り出した神人なのだから。人間は自らを知らず、他の何人も人間が何であるかを知らない。自らは現実と信じている幻影のなかに、幻影として生きているにすぎない。とはいえ、その幻影は、それを見る者にとっては現実なのだ。すべては想像力のなせるトリックなのだが、想像力の指し示すところを、われわれはかんたんに信じてしまう。

民衆のこの想像力を、民衆自身はまるで意識していないということは驚くべきことである。だが、いかなる時代の文明も、その巨大で多彩な上部構造は、光輝く一枚の布切れにもたとえられそうな、民衆の夢というあやふやなものの上に支えられていたことに気づかねばならない。想像力は、その夢の中で神秘的な役割を演じているのである。この想像力の総和が、文明を興し、発展させる根本の推進力であり支持力であると、いってよさそうだ。民衆の想像力が支持することを止め、黙従と信頼が去るとき、その上に基礎を置く文明は、たちまち上部から弱体化し、衰微し、萎縮し、そして崩壊して行く。民衆の想像力や夢の内で生じるこのような変化が、その他の様ざまな変化の発端なのだ。だが、いったんこの変化が開始されたら、もとにもどすことは不可能なのである。

仔細にみれば、この想像力のトリックは、社会構造の諸階層にさまざまな形で浸透していることに気づく。それ故、人間がどんな気まぐれや愚行や残虐行為をやらかすか、まったく予想できない。だが、こうした自己に対する裏切りやぺてんや瞞着は、想像力が不断に活動していることを認識していない、人間の一人一人が生み出しているのである。彼らは想像力の何たるかを知らず、自分がその傀儡であることを知らず、覚醒が裏返しの自我《セルフ》の夢にほかならないことを知らないのだ。

有史以来、あらゆる文明をまぼろしの数珠のように繋ぎ合わせているクモの糸は、恐怖にみちた――これは公然の秘密である――この裏返しの自我の夢なのだ。この糸の一方の端と、われわれ自身とは内密な思考の裏側でひそかに接触しているのだが、これを辿って行くにつれて、この糸はまわりの情況がどう変化しようと終始変ることなく続いており、それの諸文明を支える動きといったものはこの糸の局部的な示現にすぎないことがわかってくる。

この裏返しの自我をひたすら凝視することにより、なに故人間が人間に背を向けるのか、またなに故人間はかくも未知の、予想を超えた存在であり続けているのかが明らかになる。

人間が、自らの想像力に欺かれて自らを非難し、堕落させて、神の創造物であるというような信念を抱いたり、さもなければその逆に血や強奪や支配へのやみ難い欲望に憑かれた誇大妄想狂となったり、またあやしい魅力に誘われて抽象的な閉ざされた世界に迷いこんだりしていたあいだは、人間は自己を知ることなく、他人を恐れ、軽蔑し、あるいは宥めすかして生きなければならなかった。

想像力を探求し、その本体を正しく知り、その移ろい易く危険な力を明らかにしたのは、現代のわれわれが最初である。われわれが現実的な明快さで、その悪魔的なたわむれから、われわれの手と足と心の力強い行為に到るまでを闡明するまでは、人間は人間の真実から、輝かしい人間の本来の力から遠いものであった。

＊

これまでの道のりは神学や哲学の錯綜した道であり、実際家を自称する者達の発する混乱したたわ言の荒野であり、いわば文化の下生えのなかの困難な道であった。だが固い信念と断固たる決意とをもって歩きとおした。そして畢に自らの生命との合一を果たしたいま、こういうことができる――人間とは本来まったく健全で思いやりがあり、汚れなき存在であって、すばらしい才能と無限の創造力に恵まれているのだと。

思えばこの信念のみを支えとして、この少年の力の夢の物語は始まったのだった。

＊

さて、いまこそ尋ねよう。これらの力はいったい何なのか？　そしてまた、われわれが人間として認めているこのものの正体は何であるのか？

その者は、ほかでもない、裸のわれわれ自身である。われわれが衣服を脱ぎ捨てさえすれば、おのずとそれは明らかになる。われわれが、われわれ自身を拘束する鉄格子のあいだから外を見れば、そこに生命の園を闊歩するその者の姿を見るだろう。疑いもなく、その者はわれわれ自身だ。われわれの青春、われわれの精神なのである。われわれがかくも長いあいだあこがれてきた、そして今なおあこがれている、われわれの内なる者なのだ。

彼がわれわれ自身であるということ、われわれは夢から醒めてなお彼を眼前に見ているということ、これは空恐しいようなことである。だがまた、その者がもはや見知らぬ者としてではなく、もはや恐るべき者としてでもなしに、

14

われわれのつい横におり、われわれとそっくりの姿をし、広い意味でわれわれの存在の証しであるばかりでなくわれわれ自身の顕現としてそこに在ると知ることは、われわれを勇気づける。たしかに彼は、われわれが想像し承認していた像とはまるで違っている。というより、実際に出現したその者は、かつてわれわれが拒否したところの、正にその者であると、驚きつつも認めないわけには行かない。

われわれはびっくりし、尻ごみし、否認する。最初はそうだ。なぜなら、生命力を否定することは、われわれの古い習性だからである。そのほかにもいろいろグロテスクな習性をわれわれはもっている。それはすべて、われわれがまとっている外被に織りこまれているのである。

＊

人間は健全で思いやりのあるものだということが肯定されたところで、さてもう少しこの者について考えてみよう。われわれの内にないもの、天性の内に潜在していないものは彼の内にもないということがわかるはずだ。

まず――彼は働く者であり、放浪する者である。彼の肉体的力は、あちこち歩きまわり、目標を変え、あるいは事物の秩序を変更することを可能にする。劈頭にしてこの驚くべき能力に出会う。状況を変える能力、すなわち新しい状況を作り出す能力である。十本の指を使って必要な物を作り、さらには自分の筋力を補うための物をも作り出す。このように事物を操作することによって、さらに状況を変えて行く。自分の状況を変えると共に、自分の環境を創造する。かぎりなく強大になってゆく冒険者、工匠、行為者がここにいる。かくして、人間の内に集積された最初の力は、何事かを望み、働き、ここかしこを放浪し、再び立ち戻る力ということができよう。

つぎに、好奇心と呼ばれる力が立ち現われてくる。これは、疑うという力と抱き合わせになっている。疑う力のことを、肉体的力と区別するために、知的な力と呼ぶことにしよう。この力がいつわれわれのものとなったにせよ、われわれのものでなくなるということはあるまい。疑問に対する解答が知識であり、知識が目指すところは科学である。そして科学の目標とは、より多くの知識であり、より大いなる力であり、さらに多くの疑問、そして力である。行為する力に、この疑う力が付け加えられれば、人間の働く者としての能力がいっそう緻密なものになることは歴然としている。彼の状況変更の能力はますます大きくなる。その状況とは荒野の只中の深い峡谷でもあるだろう。そして新しく作り出される状態とは、峡谷の上に高々と架けられた橋であるかもしれない。すなわち、行為する力と疑う力との共働によって、人間は峡谷を越えるのである。

このように与えられたものをふくらませて行くのが、人間の本来の姿である。彼の体験こそは真実である。彼は、「我思う、故に我あり」という箴言をさかさまにする、彼にあってはこうなる――我在り、故に我は問いかけ、行為する。

この自己肯定的な「我在り」こそ、人間の真実である。

戦士や哲学者や聖職者たちが人間に背を向ける理由がここにある。このような「我在り」があり得るなどとは、彼らはつゆ予想したこともなかった。その者が彼らのすぐかたわらに立ち、ごくあたりまえの眼つきで彼らのすることを見守っていたというのに。それというのも、人間は堕落した被造物なりと、はるか昔に、豊富な証拠のもとに証明されていたからなのだった。

人類の歴史には二つの大逆転劇が録されている。その第一は、かのナザレ人[54]の説いた、愛は復讐に優る力であり、より真正なものであるという教えである。またその第二は、地球が太陽のまわりを軌道を描いて運行している球体であるという宣言である。これらの宣言は、それまで神聖視されていた正反対のすべての証言に、真正面から突きつけられたものであった。いったい誰に地球の自転が感じられよう？　太陽が昇り、沈むのを見損うような人間がいるだろうか？　眼には眼、の流血なしに償うことができるのか？

人間それ自体が力であり、力とは人間それ自体であるということが、理解されるはずもなかった。継承されてきた神聖な知識と常識とを転倒することなしにそれを承認することはできなかった。

長いあいだ自らを抑制し瞞し続けてきたその反動として、世界はいまや第三の逆転を準備しつつある。心と頭だけでは、人間は自由な精神をもった創造者としての能力をもっていると、漠然とながら知覚しはじめている。裏返しの自我《セルフ》の長い夢は、その終りを迎えようとしている。神秘な無意識と幻想の遺産から脱け出そうとして、人類は動きはじめた。人間の行為が明瞭に意識された自由なものとなるのはもう間もなくのことであろう。過去の美や情熱や栄光は、新しい美、新しい情熱、新しい栄光に併合されるだろう――人間が人間の本質へ近づき、その本質を承認し、新しい力の誕生をその新しい人間として祝うときには。

＊

人類には、今日のわれわれほど楽観的でいる権利を保証されていた時代はない。だが物事の混乱した表面だけしか見ることができず、近視眼的な恐怖にさらされている人間は、悲観的な幻想にとらわれるものだ。そのような幻想から逃れるために人間は何と大きな代価を支払ってきたことだろう。自らの扱いにくい想像力への隷属から逃れるために。また自ら作り出した幻の自我《セルフ》という桎梏から逃れるために。

＊

彼の生きてきた過去の五十年は壮大なドラマであった。だがもし、今後の五十年を少年から生きて行くことができるとしたら、その人生はさらに重要なドラマとなることだろう。

いま、思考も夢も、大きく変りつつある。封建制度が崩壊を続けるなかから、新しい人間観が生まれている。確信をもった人間の力に限界というものはないのだ。その力は当惑するほど多様である。その力の複雑な内容が現前するにつれ、われわれがいま堅持する自由な精神＝創造者という現実的な人間の概念を、さらにはまた封建的思考の複雑な作用が自己欺瞞と自己恐怖という根元的な概念に単純化しうるという主張を、それは明らかにしつつある。

＊

人間の力についての考察を続けよう。

人間にはもう一つの力がある。倫理がそれである。それは選択の能力である。人間のすべての営為は、この言葉のうちにあるといえるだろう。選ぶというこの行為は、われわれが今日と呼ぶこの移り過ぎて行く時間のはざまで、その人間の思い描いたもの、空想したもの、計画したもの、またそのすべての行為を、細大もらさず照らし出す。この選択という言葉は、唯一つの単独の力を表わしている。またそれは、すべての人間の外見の背後にひそむ不可解性に対して付けられた名前である。人間の行為の謎を解く言葉である。それは、人間の明らかな業績や、文明に内在する源泉や動因のすべてを照明するだけでなく、個々のすべての秘密な思考の聖域をも照らし出し、過去の人間であると今日の人間であるとをとわず、その人間的なありようを社会的要素の一つとして――社会に貢献したか、それとも厄災であったか――あからさまに暴き出してしまう。ある人間の思想を知りたかったら、その人間の仕事を、その人間の為した行為を見給え。それらがすなわち彼の選択である。

真の精神的自由の内には、誇りと力強い意志が存する。選択を行う自由意志は、その名誉にかけて、社会的責任を、当然のこととして快く受け入れるだろう。ここに、人間の倫理が、その力が、意識的に確立される。正しい選択を行おうというその意志が、人間を来たるべき新しい社会的状況を見とおすことのできる視座へと押しあげるのである。

＊

自由な精神はまた喜びにみちた精神である。それは美を創造することを歓ぶ。それは恐れを知らない。大地を故郷とし、大地の香気を呼吸する。それは力に恵まれている。それは自らの力を胸を躍らせつつ見わたす。謙遜を、それは知らない。それは、文明を、自らに似たものとして夢想する。そのような文明を、それは人間のために創造するだろう。

自由な精神は、逞しい精神である。それは肥沃な大地の逞しさを知る。また山岳の、渓谷の、遙かにひろがる大草原の、広漠たる海原の、大河の、小川の、蒼穹の、昇る太陽の、天頂に輝く太陽の、沈みゆく太陽の、そして夜の、その逞しさを知る。これら大地と空の力を、自らの内なる力を誉称える如く誉称える。すべてが不可欠である、とそれはいう。

あまねく活動する生命をそれは見る。生命――かくも神秘なるもの。かくも親密であり、またかくも神聖なるもの。かくも広大無辺で、かつ最も静かなるもの。眩い崇高さと優しさと妖精のような繊細さを大地にあやなすもの。自由な精神は、かくして、己をゆったりと包む寛衣を、生命という神秘で豊饒な力のシンボルを、触知する。自由な精神は開かれた戸外を、澄明な視界の内を進む。人間は、奇跡を行う者――生命と、固い絆で結びつけられる。

＊

いまや真実の人間は、その姿をはっきりと現わしてきた。

彼の最初の力を考えてみよう。彼は働く者であり、問いかける者であり、選ぶ者であった。これらに、いま一つの力、感情を加えよう。これによっていかにすべてが生彩を帯びるかを見給え。彼の動きが、また思考が、選択がなんと生き生きとしてくることだろう。とりわけ、その選択がなんと美的なものになることだろう。

彼の受容する力を考えよう。五感を通じての、また、彼の知識への理解をもたらす共感という不思議な能力を通じての受容を。また視る力、触覚の意味、聴力、思考する力を考えよう。積み上げられ、混ぜ合わされてきたこれらの力に加えて、人間の拡大して行く行動力を考えよう。さらにまた、人間の深奥には、想像力と呼ばれる力が宿っている。それはたちどころに、またときにはゆっくりと未来を描き出す力であり、行動に先立って働く力である。この力には限界も境界もない。そしてこの力は、他のあらゆる力に刺激を与える不可思議なダイナミックな力である。

この想像力、そして意志。あふれる想像力と強固な意志とが加わることによって、先にあげた人間の諸力はどれほど豊かなものになることだろう。改めて人間の行動力、この力の量と質とを考えてみよう。

その力がもたらす自由とはどれほど厖大なものであることだろう。

さらに、洞察力と呼ぶ力がある。それが包含する意味は外界よりも大きく、より広い世界の内に人間性を見、力を見、内界と外界とを一つにし、肉眼が見落した遙かな遠方を眺望し、現実のなかに目標《ゴール》を見出す内なる視覚である。

人間が、自らの洞察によって得たものに励まされ、生命と、価値ある仕事への情熱に突き動かされて労働するのを見給え。自己の信念を高らかに唱えつつ、先見者として、予言者として、また伝道者として確信にみちて進むのを見給え。働く者としての確信にみちて、新しい安息所を築くのを見給え。

また吟遊詩人のように、喜びのうたをうたいながら行く彼を見給え。うたの言葉はこう聞こえるだろう――

目覚めよ夢見る者たち!
頭を挙げよ、影の内にまどろみ、惑える者たち!
心を開いて生命《いのち》を迎え入れるのだ

そのうたは、民衆の夢の中にまで響きわたり、彼らの心を揺り動かす。

民衆の精神生活の豊かさは、しばしば冷静な観察者を騒がし、またときに叱咤する。それも当然のことだ。民衆は人間の集団である。途絶えることなく続く個の流れである。その一人一人が夢見る者であり、一人一人が力を秘めている。時を渉って音もなく流れ続け、途切れることなく再生をくり返しつつ、それはゆっくりと変化して行く。

＊

人間は、目眩めく力の所有者としてわれわれの前に姿を現わした。だが、その姿はまだすっかり明らかになったわけではない。

すべてが明瞭になったとき、われわれは、すべての人間は、もともとその本質的能力においては同じであるということに気づくだろう。が、また同時に、すべての人間は、その一人一人が明白に異なる存在であり、一人として同じ人間はいないというパラドックスに逢着する。それはつまり、人間誰一人をとっても類ない存在であるということであり、唯一の存在であるということである。

だが、もしわれわれが生命そのものの巨大な生産力と豊饒さに思いをいたすなら、このパラドックスは解消され、個と全体は一つに合体される。文明社会の内に開示される、この新しい創造力の途方もない、息をのむばかりの可能性の前で、個と全体は一つに統合されるのだ。

そう、いまわれわれに現前しつつあるのはデモクラシーの展望である！

見給え、統合された力がただ一人の人間に示現されるのを。その力はいまや自由な精神と恩寵によって励起された、ユニークな力の広汎な複合体である。その力はもはや怖れによるものではなく、勇気をその堅固な基礎としているのである。

＊

残念ながら、世界はこれまで一度としてしんから健全で清潔であったことはなく、思いやりある社会であったこともなかった。それはつねに人間に背を向けていた。人類の記憶にもない遙かな昔から、社会は自我《セルフ》をあからさまに、またときにはひそかに、怖れ続けてきた。比類ない唯一人の人間などというものを、敢えて認めることができなかった。戦争に次ぐ戦争も、疫病も、飢饉も、荒廃も、また社会の興亡もすべてはここに発している。

封建制度下における自己保存の観念は、支配する者とされる者、君主と奴隷、個人の生命衝動への内外からの抑圧、そして救済手段として信頼しうるのは人間の犠牲だけといった悪意ある専横によって根柢から毒されている。

　個人とはその自我《エゴ》であり、「我在り」の「我」であって、まさしくかけがえのないもの、人間の諸力のうちで最も神聖な力である。それは人間の多様さの原基でありまたその総和である。生命そのものである自我《エゴ》なくして人間はあり得ない。自我《エゴ》の意味するものは人間のアイデンティティーである。自由な精神である。部分ではなく全体である。人間というこの驚くべき存在を通じて、それはいかなる場所にも現在する。それはいわゆる精神的なものであるが、今日においては物質的条件と同等なものとみなされるようになってきている。「我は我である」――この言葉は人間の広大な全体性を象徴している。自我《エゴ》のうちで地球や、人間社会や、民衆や、宇宙は、一つの自我世界《エゴコズム》を形づくる。

　人間を敬虔に見れば見るほど、神話と現代の神秘主義的信念にもとづく二元的人間像は色褪せて影うすい存在となってくる。その像から遠ざかれば、罪の重荷を背負った封建的な贖罪山羊の幽霊のような姿が見えてくる。

　人間が逞しく、しんから健全な者であることを黙示するものは人間のこの明らかな全体性にほかならない。彼を人間たらしめるもの、その高い倫理性――効果的な選択――をさし示すのは、この精神的全体性にほかならない。

　この新しい人間像こそは真の人間像である。

　この新しい真実、この逆転にむかって、世界はゆっくりと回転しはじめている。そのことを、世界はまだはっきりと認識しているわけではない。明瞭な言葉として語るには、それはあまりに深い、遠い、未知の変化である。とはいえ、その大望の前にはそれらの困難は何ものでもない。

＊

　現実の人間の肖像は完成した。それは自らの力を内に秘め、エネルギーを放射しつつ、人間本来のイメージを新しく創造するべく待機している。

　民衆は不毛ではない。多くの天才を、それは生み出す。われわれの受けた伝統的な教育や教養も、いつまでもわれわれを盲目のままではおかない。子供たち――彼らこそは最も身近な自我《エゴ》である。彼らこそ天才であり、尽きることのない独創性の奔流である。もはや破壊は打切りにしなくてはならない。いまこそ新しい道を選ばなくてはならない。眠りから覚め、自己を信じなくてはならない。

この少年の力の夢の物語が目ざしたところは、まさしくここであった。

われわれの夢とは、何か。

＊

われわれの夢は、健全な信念の上に建設される文明である。その文明は、人間としての高潔さに支えられた組織である。それは真の人間の、実り豊かな恩寵の力の表象として創造されるものであり、またそれは人間の野望を象って、その想像力と智恵と、またその必要にしたがって問いかけ、実行し、新しい状況を作り出す能力とに応じたものとして創造されるものである。その文明は健全な人間性と、正しい選択を行おうとする意志から生まれる思いやりを反映するだろう。その文明は、恐怖と宿命に打克った自我《エゴ》の、また自らの運命を切り拓く統御力と、冒険精神と、勇気の物語を春のうた声のように高らかに謳歌することであろう。

この地球上に怖れるべき何物もない、美しく喜びあふれる棲処を作る――力にみちた人間にとって、これほど素晴しい夢があろうか。勇気と、冒険心と、すぐれた技倆とをもって、彼の宇宙の中に新しい芸術を打ち樹てるのだ――人類のための安全な家を築くという芸術を。

＊

人間の実在性を土台として、その上に価値ある文明を築くという構想の実現は、民衆の大多数が支持する「過去の幾多の賢者達によって神聖なものとされてきた」固定観念を転倒することを意味する。その「過去の幾多の賢者達」

を、いまは審判のための席につかせなくてはならない。そうして、彼らが人間的に欠けていた部分が何だったかを確かめる必要がある。彼らがはたして正気であったかどうかの確認は重要だ。思いやりのなさは、心の平衡を失った危険な状態を意味するのだから。

いままた、過去の幾多の愚行、多方面にわたる有形無形の責任の放棄から生じた頽廃、権力の濫用、有益なものの悪用、際限もない崩壊と没落、恒常的不安と普遍的恐怖、安息の欠如などについての厳密な分析を行うべきときである。

これらを分析することによって、過去の英知も愚行もひとしく人間の本性についての誤った観念に基づくものであることが明らかになるだろう。英知にせよ愚行にせよ、両者は等しく過ちを犯してきたし、今なお、人間を軽蔑して顧みないという過ちを重ねている。

近代を眺めわたしてみても、その堅い文明の外皮の上には、過去を支配してきた観念が今なお強く働いていることに気づく。だが、そのすぐ下層に眼を向けるならば、民衆の新しい力が至る所で活動しているのが見出されよう。それは夢を変換し、選択を変えようとする力であり、自由な精神を解き放とうと駆り立てる生命の力なのである――「過去の神聖な英知」や過去の愚行の重い軛に別れを告げるべきときがきているのだ。

＊

人間への信頼に基づく、力強くまた誇り高い、思いやりのある文明を築くということは、われわれの次の世代の人人にとってやりがいのある仕事であろう。その仕事は、文明がどう機能するか、その形態を定めるところからはじめられる。その形態は、彼らが何を選択するかという決意と、そしてまたわれわれの内なる本能――それは少年の日の夢想に類縁のもので、子供からそのまた子供へと、途切れることなく受け継がれてゆく永遠の道標である――をどう解放するかにかかわる。子供とは、子供こそは、汚れなき力の源泉なのである。

いま、まっさきにしなければならない仕事は、子供たちがその持って生まれた力を健全に、堂々と、雄々しく伸ばして行けるようにその道を開いてやることである。

それによって開花する、子供の、現実を素速く適確に把握する天性の能力は、われわれの本能の驚くべき可能性を、あらためてわれわれの前に示すことだろう。

強固な文明とその比類ない文化とを建築するという、この壮大な芸術の意味するところは、人類の力を一つの最終的目標に向けて組織的に集結させて行くことである。その目標とは、善悪の実質は選択そのものに内在しているという認識のもとに、人間のあらゆる行為が社会的に前向きの行為としてはたらくような、そういう世界である。新しいモデルがこうして生まれる。

このような創造的エネルギーは、青白い抽象的思考をいくらひねくりまわしても生まれてきはしないし、また陳腐な政治とか経済の機構の中に育つこともないということは、充分承知しておく必要がある。それは人間の心の中で生まれ、誠実な知性と、それのあるべき形態を求めそれを勇気づけながらはぐくむ巧緻な手腕のもとでのみ育つのだ。生きた理想、自由な精神、力の支配者としての人間は、安定した均衡と生き生きした喜びを生み出すそのような巧緻な手腕、そのような卓越した技法をもった文明の内ではじめてその形を取るのである。

民主主義の社会とは、そのような社会であるはずだ。

＊

過去の封建的思想は、民衆自身による人間性の否定の上に築かれた諸文明の内にその形を取った。民衆は生命への共通した恐怖ゆえに団結し、その恐怖の文化から自らの圧制者を創り出したのである。彼らは、その安息の場所を権力という理念、すなわち承服できる支配や見かけの豪華さ、栄光といったものに求めたのだが、それらが安全を保証したわけではなかった。

未知のものへの怖れと、またそれから何とかしてのがれるために、民衆は自らもっていると気づかなかったその無限の力を、自分達でまつり上げた神なり人間なりに委ね、その対価物として隷従する身分を創り出し、快くこれを受入れたというわけである。力を委ねられた者達は民衆への寄生を大幅に強め、民衆の力を閉じこめ、弱めていった。民衆の自己犠牲と貧困が大きくなればなるほど、彼らはますます奢りたかぶった。民衆は、栄光の名のもとに、彼らの子孫と偉大さの維持のためにすべてを捧げたのである。民衆は自ら創り出した権威の重圧によろめきながら、自分達は骨折って働いたり戦ったりするだけの動物にほかならないと納得していた。封建制度下における強大な権力は、その基礎を絶えずそれ自身の手で危くしていたわけで、それが没落と復興という周期を果てしもなくくり返していた理由であった。時移れば地位や名声も移り、風土や機構や外観も変る。だが、観念や思想や恐怖は、時を超えて残る。

＊

人間の歴史を通じて、きわめて印象深いと思われることは、正当さの根拠を与える力はすべて下から上がってくるという認識である。それは、われわれが民衆と呼ぶ充実した空間から、着実に段階を踏まえつつ静かに重おもしく立ち現われてくる。それは、栄光を夢見る人民の、その夢が、その時代と場所にふさわしいかたちで、いわば身代りとして具体化されたものだ。堂々とした偉観を保つ封建制度の上部構造の頂点を支えるものは、民衆のこの容認以外の何ものでもない。空高く聳え立つ入道雲のように、それは希薄な大気に浮かんでいるのである。

真実は真実の内にあるように、夢想は夢の内にある。事実、もっとも古い夢想は封建的な夢の内にあった。その夢とは、現実の存在としての人間、にほかならない。

真理が次つぎに明らかにされ、それが生命の大いなる深奥から力強く伸びひろがって行くにつれて、人間の精神の自由という偉大な夢は、封建的な夢からぬけ出して上昇を開始したのだ。そして、現代人は、いまそれを思索の内にとらえようとしている。

＊

太陽と地球を転倒させる——この大転回は、望遠鏡という小っぽけな物体によってもたらされた。人間はそれを、もっとよく見たいという好奇心から発明考案したのであり、それは大胆な思考と夢とを象徴するものであった。この大逆転の衝撃をきっかけとして、人類空前の冒険がはじまったのである。

この時代を近代と呼ぶ。

封建制度はまだ余命を保っていたが、近代の原基は根絶やしにされることなくやがて胚芽へと育って行った。探求と発見が相つぎ、戦争もますます多く、それは人々を震撼させたが、一方では迷妄はつぎつぎに滅んで行った。委任された力は乱用され、裏切りと狡猾が風靡した。制度は揺れ動き、ドグマが振り回された。封建制度は、短刀と炬火とを手にしてなお生きながらえていたが、近代は力を蓄え、枝を伸ばして行った。静けさと荒あらしさが混在していた。封建制度は新しく整備されたかと思えばたちまちまた崩れ、その恐怖と死の装いを新たにしながら続いていた。人間の自決の力、精神の自由の主張は、まだ声高には語れぬにしても、いよいよ強固になり、また明確な姿をとりつつあった。それが発明したものは横奪りされ、悪用された。にもかかわらずそれは封建制を身もだえさせ、恐怖と不安、自暴自棄へと追いこみ、策略や謀略、そしてひっきりなしの戦争へと駆り立てることにより、封建制にとってもっとも恐怖すべき妄想——民衆の覚醒と憎悪をもたらしたのである。

その間にも、働く者、探究する者としての人間はかぎりなく前進を続けた。機械印刷、羅針儀、蒸気機関、鉄道、巨船、地球の隠された莫大な富の発見と開発、動力としての電力、電信、海底ケーブル、電話、図書館の増大、日刊の新聞、公立学校、技術学校、自動車、各種の巨大な輸送システム、ラジオ、飛行機、空気の征服、海の征服、地球の征服、その果てしない拡大……。すべては人間の建設的想像力と行為への意志の産物である。

そして明日は？　歴史の夜明けから続いたきのう、血にまみれたきのうから、何が生まれるのか？　われわれが近代と呼ぶこの偉大なドラマは、人類史上に比類のないものである。それは望遠鏡の発明にはじまり、無線電信、星の測定、無限に変化する生命の極微の世界の探究、そして巨大開発へと進展するドラマである。それは堂々たる実例と、場面設定の変化と、多彩な場面を含んでいて、全人類教育の雄大なドラマの第一幕というにふさわしい。その舞台のなかでは、封建的抑圧や野蛮な迷信的慣習の惰性から生じた恐怖状態、無意識、人間の実在性への不安の具体的実例が、あとからあとから現われ、告発されるだろう。

これらの具体的実例を通じて、選択ということのもつ重大な意味——その恐るべき、あるいは喜ばしい結果——を、われわれは理解しはじめている。その結果として、これまでは目に入らなかったある存在が、いかに知らないふりをしようと騒々しく弁解しようとお構いなしに、ゆっくりとその形をとりはじめていることをわれわれは知らされる。その存在とは、すなわち人間の崇高さ、予見能力、注意深さの表われとしての倫理性にほかならない。民主的社会のすばらしい展望、また民主的人間の強大な力は、このように近代の曙光のなかにくっきりと浮かび上がる。

この倫理性だけが、それのもつ力だけが、その選択の真剣さと、また健全で喜びにみちた世界を創造しようという努力とによって、封建的支配の厄災と血の犠牲を清め、跡形もなく一掃できるのである。

民衆の内にあって、いま眼覚めつつあるこの倫理性こそ、デモクラシーの真の意味である。

デモクラシーをたんに政治の機械的システムとして見、そのようなものとしてデモクラシーを——あるいはそのほかのどんな抽象概念であれ——信頼するというのは誤りに輪をかけることであり、死の舞踏(55)に参加することである。ヤコブの言葉でエサウの手をとり違えるようなものだ。(56)世界の眼をみひらかせること、それがデモクラシーの意味なのである。

＊

隠然たるデモクラシーの理念は、その葉脈のように無数に枝分れした分枝を、科学や芸術をはじめ人間の福利を目指すあらゆる社会的生産的活動の諸分野にのばし、これを通じて、人間の優しさと知恵という豊かな土壌に深くおろした根から吸い上げた滋養に富んだ樹液が流れ、それによって自らを養っている。優しさこそはあらゆる力の内で最も健全な力であって、デモクラシーはその結実にほかならない。封建制度の内には優しさがあったなどとは、まさに正反対のいいぐさである。優しさとは、一見弱よわしいが、実のところそれは、これまでの人類に欠けていた勇気と、知性と、気概とで企てる大冒険の名前なのだ。この言葉のもつ男性的で勇ましい意味は、その本体についてのまったく逆しまの解釈ゆえに、これまで知られることがなかった。こうした洞察力を欠いた見方こそ、まさに封建的なものである。

この近視眼的な考え方のかわりに、近代の民主的思考は明晰な視力を駆使する。明晰な視力は透徹した思考を導き、合理的な思考は分別ある行動を、そして分別ある行動がじっと耐えしのぶ優しさをもたらす。

健全な思考と単純化された行動は、科学や芸術や、その他のあらゆる行為に、デモクラシーの自発的な息吹きを吹きこみ、情感豊かで劇的で建設的なものとする。その結果、それらは、一つの無尽蔵の力を秘めた思想を共有することになるだろう。地上に平和と喜びと善意とを確立することを最終目標とする、そういう思想である。

＊

われわれは、人間と人間の能力の本質を明らかにした。われわれのもっとも深奥に横たわる堅固な基盤を見出した。さて、ではつぎに民主的な教育のあり方を考察してみよう。

以下は、かくあってほしいという理想像である。

子供の身体、精神、心には全幅の信頼が置かれよう。

残存している恐怖心の最初の表われに注意を払い、子供がそのために慎重になって行為の結果ばかり気にしているようであれば、うまく茶化して取り除いてやる。一人歩きできるようになった子供であれば、幼なすぎて自分の選択の意味がわからないということはない。だが、その機会は、しっかりと知覚されるように、また思いやりをこめて、提供されなくてはならない。選択とはどのようなものかを、このようにして、まっ先に教えなくてはならない。

子供が夢見ることを認め、そのすばらしい想像力、創造性、空想力のはけ口が与えられる。すべての子供が独創的な天分を持っていることが認識される。天分とは、生命力の最も高度な表われである。子供は活動的な、健康な環境で育てられる。子供を庭にたとえれば、そこを耕すことができるのは注意深い庭師だけである。

子供は、独自のやり方で事物や考えを理解できるという事実が、充分に利用される。子供の力では及ばないと考えるのは、われわれの封建的思考のうぬぼれである。

子供は子供なりに、自分の力、周囲の力をごく平静に知覚していることが認識される。神秘的な直観によって、彼らは自然の心、大地の力と親密にふれあっているのである。

このように手厚い保護を受けた子供達は、健全で幸福に育ち、人間として完全な成熟を遂げるだろう。

幼い子供が、しだいに、逞しく自己主張し、自由にその精神を開花させるようになってくるにつれて、それまでの保護から、肉体と精神と情緒の訓練あるいは修養へと進められなくてはならない。想像力と知力の協働が組織づけられ、そのプロセスの調整に重点がおかれる。少年が生来もっている力については、少しずつ、実証的に、自然に本人がそれに想到するように仕向けられなくてはならない。

この時までには、子供はその空想の世界を脱け出し、生命は現実の、明確に感知できるものとして輝きわたる。目覚めつつある力は、灼熱した現実、明白な事実によって鍛えられなくてはならない。読み、書き、算数は、子供にとって世界の一部といいうるほどに明瞭な現実となる。子供がそれらを喜んでやるか、課せられた義務としてやるかの違いが出てくるのはこのあたりからである。その違いは、訓練者が教師であるか、それともただのマネキン人形であるかによる。

やがて青年前期——急激な成長の時期であり、散文的で現実的で愚鈍な時期であり、将来を暗示するような空想にしばしば心を乱される時期である。この時期は機械的な教育に適している。

ついで青年期。この頃は、全体として、不安定、ぼんやりとした理想主義、これまでは知らなかった、あるいは無視していた感情、内気さ、誤った自尊心や勇気、内省、衝動、抑制、ぎごちない自意識といったものに身を委ねやすい傾向がある。だが、その一方で、明敏な眼で美を捜し求め、冒険やロマンスや栄光に情熱をたぎらせる。この時期は熱狂的で感受性の強い可塑的な時期であると同時に、危険な時期であり、影響されやすく、そのため自己防衛のための無関心を装う時期であり、思索を最も秘密にする時期であり、形成し、また破壊する時期である。

そしてこの時期は、民主的な教育にとってきわめて重要な時期である。人間に生来備わっているさまざまな能力——直截な感覚、直截な思考と行動、善行を行う勇気、また選択の結果に伴う責任を一個の人間としてはっきりと予測できるように道徳の本質をしっかり把握する力——それらを注意ぶかく、また徹底的に訓練して、健全な人格を作りあげるという所期の目標が達せられるかどうかは、この時期にかかっているからである。またこの時期は、建設的な洞察力、真実なものを感知する力、情緒や感動の効用、生きることへの肉体的精神的喜びなどにおける、想像力の働きを訓練する時期である。また、ただ群れているという状態から社会的意識にめざめさせ、自我と他我の尊厳を扶植する時期である。

この時期には過重なほどの仕事を与えることがよい。そうすることで、彼が本来もっている力が再び目ざめて発揮される。この力をやりがいある仕事へと導くのである。そうすることによって、青年を、自由な精神と明澄な自尊心をもち、大地に両足を踏まえ、明哲な社会認識をもった立派なおとなとなるように準備するのである。

その後の専門的な訓練過程で教えられることも同じ精神である。種々に特殊化されてはいても、社会的行動としては同じである。科学や芸術はこのようなものとして理解さるべきであり、またこのようなものとして役立てられるべきである。工芸や科学を応用した芸術、また当面のさし迫った問題としての教育の方法と技術も、このような社会的機能として理解し、役立てなければならない。これらの諸機能はすべて、みじめな前近代の混沌から、それとは正反対の、均衡のとれた、能力豊かな自由人のための文明を創造する包括的な芸術に奉仕するのである。

この文明は永続的であり、文化的に限りなく発展するだろう。なぜなら、その文明は、万人に了解された、安定この上ない倫理的基盤の上に築かれるからである。それはこれまで思いもよらなかったほどの活気にみちた、多芸多才の、卓越した技倆の、また想像を越えた融通無碍の世界だろう。なぜなら、すべての労働は生きた目的のためになされ、人間の力はそのすべてが利用され、したがって無駄というものがまったくないのだから。

夢想、あこがれ、予言——いずれも、健全な人間のやることではない。

真の安住の場所は、自己認識の内にしかない。

であればこそ、デモクラシーの展望、その力と栄光はますます深く、広くひろがって行くのである。

XV

回顧

十八歳のルイス・サリヴァンが大望を抱いてパリへ出発する、そのしばらく前のことである。ある日、たまたまシカゴのプレーリー街と二十一番通りの近くを通りかかった。その交差点の南西の角に、彼は完成まぢかの一戸の住宅を見つけた。一見して、同類のありきたりの建物よりはるかに上出来という感じがした。個性的な魅力があった。これまでにシカゴで見た中では、最高のデザインであった。もっとよく見ようとして、道の反対側に渡った。さらに別な側を見ようとして建物の角を曲って行くと、そこに、おそらく彼よりは十歳ばかりも齢上の、身なりの良い若い男が立っているのに気がついた。その男は、工事をくいいるように見ていた。ルイスは気がるに挨拶して自己紹介した。

「お名前は聞いてます。お会いできてうれしいです。私はバーナム、ダニエル・H・バーナム(57)です。私のパートナーのジョン・ルート(58)は、まったくすごいアーチストでしてね。いつかお引合せしましょう。あなたも気に入ると思いますよ。事務所はバーナム&ルートです。二、三年前にはじめたばかりです。これまで主に住宅をやってきました。これは、将来、私の義理の父になるジョン・シャーマンの家です。ご存知でしょう、あの大きな家畜収容所の持主です。もっとも、この家には相当かかりますがね。私としては、しかし住宅だけ作って満足してるわけではないんです。もっと事業を拡大して、大きな企業と取引して大きな仕事をしたい。大きな組織を作りたいんです。大組織がなくては大きな仕事はできませんからね。」

二人は一時間ばかり喋った。お互いの情熱や、将来の見通しや、野心や、自信について話した。ルイスは、バーナムが感情の激しい男で、夢想家で、固い決意と強い意志の持主であり、また度量が広く、健全で有能な人物であることを悟った。スウェーデンボリの神秘思想に傾倒していることも知った。好意を示す人間に対しては、彼のほうでも胸襟をひらいた。

じきに二人はお互いをルイス、ダンと呼び合う仲になった。固くるしいのは好きじゃないとダンがいったからである。人間同士の附合いをしようというのだった。

彼は人間の心を、頭脳と同様重要視していた。自然界には美しいものが沢山あるし、人間の心にも、やはり隠された美が沢山ある。芸術には楽しいものや精神を高揚させてくれるものがいっぱいある。だから、自分に閉じこもってそういうものに眼を向けない人間は、人生の良いほうの半分を失うのと同じだ、そんな馬鹿なことってないよ、というのが彼のいい分だった。彼はまた、ロマンスは不可欠であるといい、大きな仕事を、おおらかな気持で、こせこせしないでやるのはすばらしいことだと主張するのだった。別れぎわに、彼は気さくにいった。

「一度来て、ジョンに会い給え。君たちは共通した所が多いよ。彼はきっと同好の士として歓迎すると思うよ。彼と友達であることを、ぼくは最高に誇りに思ってる。」

数年後、たぶん一八八〇年代のはじめごろだが、ルイスはジョンに会い、親しくなった。最初から彼は、ルートの人柄に魅きつけられた。ルートはバーナムとは違ったタイプの人間だった。赤毛で、大きな丸い頭をしていて、髪を短く刈っていた。活気にあふれた機智に富んだ男で、小さい鼻をして、気転が利き、才走った感じがあった。バーナムにはない、するどいユーモアのセンスがあった。首は太く、強そうな腕にはそばかすが浮いていた。眼は感じやすそうな明るい青だった。

彼は達者なドラフトマンで、アイディアを素早く把握し、それをたちまち自分のものにしてしまうのだった。音楽家としても優秀だったし、すぐれた読書家でもあった。身についた自然な正確さで喋り、たくみにその幅広い教養を会話の端々に漂わせた。うぬ惚れも相当なものだった。だが、彼はその虚栄心を慎重に抑えこんでいたので、目障りというほどではなかった。たいへん世故にたけた、肉的で悪魔的な男だった。彼の気質は腕の良いフリーランサーのそれで、どんなことでもあまり重要には考えないというところがあった。この点では、彼とその重厚な相棒とはトンボとマスチフ犬くらいのちがいがあった。確固たる意志などパートナーの十分の一も持っていなかったし、目的に到達するためにはどんな苦労もいとわないといった気概も、同様にまるでなかった。ジョン・ルートのさしあたっての望みは人気者になって賞讃を浴びることであって、それだからお追従にはまったく弱かった。そういう取巻き連に囲まれて、自分を「ジョン」と呼ばせては悦に入っていた。

だが、そうした浅薄な外見の下に、ルイスは並々でない力を見て取った。真のライヴァルとして、また本質的に共通した主張を持つ者として意見をたたかわせられる人間として彼を認識し、信頼し、彼のような人間に出会えたことを喜んだ。ルイスは、彼を、人や物を理解し自分のものにしてしまういつものやり方で評価し――モーゼス・ウールスンやミケランジェロやリヒャルト・ワグナーに対してと同様――ジョン・ルートを自分の有用な資産のコレクションの一つとして付け加えた。

建築家としては、ジョン・ルートは何でも人に先がけてやらなくては気がすまないというたちだった。子供が新しいおもちゃにとびつくように、彼は新奇なものにとびついた。彼には、新奇であれば何でも有用で美しいと思われたのだが、じきにまたそれを一つ一つ捨て去るのだった。

一方、バーナムはといえば、最大にして最高、かつ最も高価でセンセーショナルな大事業への妄想を果てしなくふくらませつつ、難解な専門用語と取り組んで骨身をけずっていた。彼は象のように不器用で、気転が利かず、それでいて、ついうっかり大事なことを喋ってしまうといった人間であった。彼の遠大な野望は、真正面からの屈辱的な打撃にも決してくずれなかった。不撓不屈であった。感情に訴えられると弱い面はあったが、特にお世辞に動かされやすいわけでもなかった。そして大実業家らしい無表情を効果的に装っていた。ルイスは、そういう彼の表情を何度も見て、最初は彼の厚かましさにあきれ返ったが、もっとびっくりしたのは、相手がそれをおそろしく有難がることだった。

とかくするうち、バーナム&ルート、アドラー&サリヴァンの二つの事務所は、シカゴ建築界でかなり目立つ存在となっていった。どちらの事務所にも、断固として変更できない目標を抱いた人間が一人ずついた。どちらもそれに全精神を注ぎこみ、どんな犠牲も辞さなかった。バーナムのそれは封建的な権力指向だった。サリヴァンのそれは民主主義の恩寵としての力の思想だった。バーナムのは楽な、ルイスのは困難な道であった。どちらも熟考に熟考を重

15／オーナメントのスケッチ，1922

ねていた。

ジョン・ルートには自分に甘い一面があって、彼本来の力がなかなか発揮されないという危険がいつもつきまとった。そこへゆくとアドラーは元来技術家であり、良心的な管理者であって、その心は寛大で進歩的で分別があり、保守派からも進歩派からも信頼されていた。バーナムがもっているような夢想する素質には欠けていたが、十分な勇気があった。二人のチームを二頭立て馬車にたとえるなら、彼は逞しい後馬であり、ルイスが元気一杯の前馬という役どころであった。たしかにアドラーには想像力が欠けていた。ある意味でジョン・ルートもそうだった――いうならば夢想家としての想像力、という点で。その夢想的想像力の内に、バーナムの力、ルイスの情熱はあったのだ。

八〇年代初頭から後の状況はこんなところだった。どちらの事務所も、着々と成長していた。

建築家としての仕事に明け暮れるかたわらで、ルイスはずっと自分の思索を続けていた。人間とその力の本質について、われわれのすべてを包み、われわれの存在の奥深くに浸透している生命の神秘について、科学者が法則と呼ぶ驚くべき自然の動きについて、そしてまた善と悪という不思議な不動性を保った謎めいたものについて。われわれの一見公明正大な文明が、実は人間によって作られた巨大な罠にほかならないということを理解するには、彼はまだ若過ぎた。政治については何も知らなかったし、何の疑問も抱かなかった。見たところでは、すべては公正に行われていた。ごく大仕掛な、人間による人間の裏切行為があるなどとは思ってもみなかった。彼は国家について読んだり聞いたりはしたが、国家についての真の認識をもつには到らなかった。必要だろうと考えて、国家経済に関する書物もいくつか読み、その所説に納得していた。財政についてもぼんやりと聞き噛っていたが、ひどく不可思議なものと感じただけであった。

ルイスは、いうなれば、滑稽なまでに信じやすい人間だったのである。ほかにどうしようがあっただろう。人間の大多数は善良で理性的であると、そう彼は信じきっていた。高名な人々を疑うことがどうして彼にできただろう。彼は社会を逆しまに見ていたのだ。どうしようもない無知だった。だがそれによって、世界は一点の汚れもないものとして彼の眼に映じた。長じてのち、彼は自分の魂を世間に送り出した。魂は世間のあちこちを経回り、そうして、おそろしい現実を背負って彼のもとへ戻って来た。

長いあいだルイスは愚者の楽園の住人だった。けれども、幻影の中で生きていたことは、彼にとっては幸いだった。もしいまわしい現実が不意に彼を襲っていたら、彼は粉々に打砕かれてしまったことだろう。だが、ともかくそういうわけで、ルイスはその天真爛漫な探求を続け、科学に、その中でもとりわけ生命の形態と、機能と呼ばれる生命の促進作用を扱う分野にのめりこんで行った。そして、生命の形態の無限の変化の内に、一つの不変の関係を見出した。すなわち、形態は機能を表現するということである。たとえば樫の木は樫という機能の表現であり、松の木は松という機能の表現であるということだ。これは驚くほどの多様性をみせる生命現象の、すべてを通じていえることである。さらにいえば、それは単に形態が機能を表現するという事実にとどまらない。この着想の中心的命題は、機能はその形態を創造もしくは組織する、ということである。この認識は、あらゆる事物に明るい光を投じた。それは、文明や制度を、社会形態を、またその諸状況、局面を、集団としての思考とその結果を、そしてまたあらゆる個人の思考とその結果を、きわめて感動的に要約していた。ルイスは、自然界におけるあらゆる機能とは、生命全体としての力のさまざまな現われであり、ここにおいて人間の力は、他のあらゆる力とじかに結びついているのだと考えた。この考えが建築に適用できることは明白だった。すなわち、建築の機能は、その形態を前もって決定し、系統的に構成する。だが、その適用の範囲は建築だけにとどまらない。人間の思考と行為、人間に固有な精神的、道徳的、肉体的力と、その結果のすべてに適用できるのだ。そう気づいたとき、ルイスは、心の底から戦《おのの》きがひろがってくるのを覚えた。これこそまさしく、彼がパリにいたとき夢みた、——そして、なんとしても見つけ出さずにはおかないと心に誓った——例外なくあらゆる事物のあらゆる局面に適用しうる普遍的法則にほかならなかった。

すでに扉を開く呪文は発見された。さらに努力を続ければすべてが明らかになる、と彼は信じていた。この無邪気で信じやすい若者は、まだひたむきに探究する姿勢を持しており、シニカルになってはいなかった。人間社会には仮面もあれば虚偽もあり、保護色もあり、また事情を知らなければそれと気づきもしないような仕組もあると知るには、彼はやみくもな熱情家でありすぎた。たしかに彼は無邪気な子供であった。芸術、哲学、信仰、自然の愛らしい祝福、彼自身の人間の真実への探究心、恩寵としての力への信頼、そういったものに、彼はしっかりとくるまっていたのである。そうやって彼は、彼の世界の中で生きていた——たしかにそれはきわめて活動的な世界ではあったけれども。

だが、彼は事物の現われを解釈し、性格を理解し、他の人間のパーソナリティの内へはいりこんで行く、かなりきわ立った能力をもっていた。彼の楽しみは、人格の内と外とを観察することであり、このことに関しては、人の心の微妙なリズムを鋭く感じとるという敏感さをもっていた。

ある日、ルイスは、ジョン・ルートに会いに、最近彼の事務所が完成した「マントーク」という大きなビルのなかにある彼のオフィスを訪ねた。ジョンは自室で、何かのビルの興味深いディテールを設計しているところだった。彼は猛烈な勢いで、またおそろしく手早く仕事を続けながらお喋りをした。そこへバーナムがはいって来た。バーナムはいった。「ジョン、そういったたぐいの仕事は誰かにやらせるべきだよ。大きな事業をやって行くにはね、すべて委託、委託。これしかない。」

ジョンはせせら笑った。ダンはむっとしたように出て行った。ルイスは、芸術家と商人の考え方の違いから来る軋轢を眼のあたりにして、誤った組合せの重大性について考えこんだ。この何年か、ダニエル・ハドソン・バーナムが大経営者に成り上って行くのを見守ってきた。その頃のルイスは、まだ、選ぶということの重要な意味を充分に認識していなかった。まして選択の社会的ないし反社会的意味とか、結果にどういう影響力をもっているか、などについては何の見解ももってはいなかった。だが、ダンは、すでに選び取っていたのである。

ジョン・ルートもすでに選んでいた。彼にはあるきわだった性向があった。彼はともかくも社会的名声というものの値うちを知りつくしていた。偉大な芸術家として世間に知られること、大向うの喝采を受けることが、彼の人生の目標だった。この線に沿って彼は堅固な道徳律を作りあげており、そしてバーナムはこの面ではいまだしの観があった。しかし、ジョンはこの目標に到達するのに必要なだけの時間がなかった。一八九一年の一月十五日、彼はこの涙の谷間、可能性の現世から出て行ってしまった。ルイスの心と精神に深い空虚と喪失感を残して。バーナムがある偉大さをもっていたと同様に、ジョン・ルートも偉大なあるものをもっていた。彼が通り過ぎて行ったあとは、ぽっかりと大きな穴があいたようだった。

その数年来、シカゴには大きなオペラハウスが必要であるといわれていた。いくつかの計画が提出されたが、どれもあまりに貴族趣味であり特権階級に迎合したものであって、一般の賛意を得るに到らなかった。一八八五年に時の人ファーディナンド・W・ペックが登場する。彼は、自分は一市民であり、デモクラシーを固く信じていると宣言した――いったいどういう意味でこの言葉を使ったものか、ひょっとしたら、東洋で神聖なものとされている菩提樹《ビーパル》*[59]のことをいっていたのかもしれない。それはともかく、彼は、一般大衆がオペラを含めてあらゆることに使用できる大ホールの建設が必要であると説いてまわった。そこには、上流階級のための座席はごく少しでよい、ともいった。彼はその音響調節についてはかなりの不安感を抱いていて、それがうまく行くかどうかは出たとこ勝負だと考えていた。それで彼はこの仕事をダンクマール・アドラーに委託した。

当時、音響の問題は科学ではなくて技術の問題だと――実際、どんな科学も、それが技術にまで高められるまでは内容的には貧弱なものでしかない――はっきりいってのけられる人間は、ルイスのパートナーであるダンクマール・アドラーひとりしかいなかった。彼のその理論はきわめて簡潔なもので、彼はそれを惜気なくパートナーに教え、二人はこの理論をこれまでいくつもの劇場に採用して成功を収めてきたのである。それ故、ペック――民衆のための夢想者――も、常識人アドラーに仕事を頼んだのだった。二人は大胆な実験的計画を作りあげた。湖畔の古い博覧会《エクスポ》ビルの中に臨時にたくさんの座席と、大きな背景のあるステージを取付けて劇場とし、そこに世界的に高名なアーチストを招いて二週間にわたるグランドオペラを上演しようというのである。

それは実行に移され、まったくわくわくするほどの成果をあげた。一回の上演を六二〇〇人が観劇したが、視界も申し分なかったし、一番弱いピアニシモもはっきり聴きとれた。反響や共鳴もなく、澄んだ音色が響きわたった。すでに結論は出たも同様だった。恒久的な大ホールが、ただちに建設されなくてはならないということになった。こういうところが、当時のシカゴ気質《かたぎ》であった。ファーディナンド・W・ペック——ファード・ペックのほうが通りがよかった——は、そのきゃしゃな双肩に壮大な事業をにない、やりとげようとしていた。彼は大胆な開拓者としての賞讃を一身にあつめたが、彼ほどの金持で、しかもデモクラシーを信奉している人間としてそれは当然受くべきものであったろう。四二五〇人を収容するその劇場を、彼はオーディトリアムと呼び、その劇場のほかにホテル、貸事務所および塔からなる建物全体をオーディトリアム・ビルディングと命名した。なぜそんな名前にしたかを知る者はいないが、「グランド・オペラ・ハウス」などというのよりはたしかに響きの良い名前であった。

四年の長きにわたって、ダンクマール・アドラーとそのパートナーは、この前代未聞の仕事に精魂を傾けた。アドラーは、ペックにとってはまったく意中の人物であった。ルイスに対しては幾ぶん心もとない印象をもっていたが、少しずつその審美眼を優れたものとして認めるようになった。もっとも、審美眼などというものは人智の埒を越えた不可思議な能力と彼は考えていたが。そんなふうに彼がルイスを見たのも肯けないことではない。この仕事が開始されたのはルイスが僅か三十歳、パートナーは四十二、ペックはおよそ四十、そしてバーナムが四十、ルートは三十六歳のときだった。

バーナムは不満そうであり、ジョン・ルートもはっきりと機嫌がわるかった。古代エジプト人は、人の影にはその人格の五分の一が宿ると信じていたそうである。この頃——はじめのうちだけだが——バーナムの影は、不安に駆られて地面に這いつくばっているように見えた。ペックは何人かの理事からなる有能な委員会をもっていたが、その一人にウィリアム・E・ヘイルという男がいた。ヘイル氏の影も、やはり不安に駆られて這いつくばっているように見えた。それから、かの旧き友、「テク」とコロンビア大学のウィリアム・R・ウェア教授がやって来たが、彼の影は平静そのものだった。そのうち、誰もやって来なくなった。

　この仕事に忙殺されたために、アドラーはたぶんまちがいなく寿命を縮めただろう。彼は、ルイスのように、仕事が終ると同時に虚脱状態におちいったりすることはなかったが、かなり手ひどく健康を損われていた。ルイスの場合は純然たる疲労によるものだった。彼はカリフォルニア中部へ出かけて行った。そこの気候は気に入らなかった。そこで南カリフォルニアに移った。そこの気候にも苛いらさせられたが、一八九〇年の一月と二月をそこで過した。サンディエゴに友達がいたので、そこに暫く滞在した。そこである朝、四時頃、ちょっとした地震を経験した。ついでニューオーリンズへ行った。汚ならしい町にがっかりした。

　ニューオーリンズで彼は、シカゴの友人達に会った。彼らはミシシッピ州のビロクシ湾からさらに東へ八十マイルばかりも行ったオーシャン・スプリングスへ一緒に行こうとルイスを誘った。糸杉《サイプレス》の生えた湿地や、帆をあげた船が神秘的な緑色の水の上を走る沼や、松の生い繁った森などを通過して行く旅は珍しく、彼の心を慰めた。セントルイス湾は光り輝いており、松の森は深かった。それからビロクシ湾を船で横断した。黄昏《たそがれ》の頃、小っぽけな、ひどくごったがえした停車場に着いた。そこからガタガタの馬車で、豚や雌牛が我がもの顔に歩いている通りを古いホテルまでドライブした。早くも夜で、すべてが影法師になって通り過ぎて行った。ビロードのような空気にまじる海と松の木の香りに浸りながら、彼は大きな喜びと贅沢な平和を味わった。

　夜明けと共に、柔らかな陽差しを浴びて、波のような起伏を描く村がひろがった。ディア島によって大海から隔てられた海がやさしくきらめいていた。村は、幾世代ものあいだ、何事もなく眠り続けてきたかのように見えた。村人はのん気で、怠け者で、こだわりがなく、大きな声で話し合った。メインストリートは年経た樫の木ですっぽり包まれ、それに沿って雑貨屋、郵便局、床屋、肉屋が並んでいた。停車場の近くには酒場があり、また停車場の裏通りの中ほどには一人用の牢屋があった。村中の通には貝殻が敷きつめられ、馬車道は遠く丘のほうへ登っていた。ここには「進取の気性」も「向上心」もなく、「より偉大なオーシャン・スプリングスを」などといった懸声もなく、工場もなかった。不安そうな顔もなければ、金に憑かれた貪欲な人間もいない。不動産屋も、抜け目ない商人も、地方まわりの外交員もいない。白い杭で囲って区分けした土地などまるでない。あるのはただ平和、楽しい仲間、海から吹くやわらかい夜の風、そして無数の星の光をちりばめた、黒い池のような空、それだけだった。

このまったく静止しているような平和な村は、ルイスの長い不眠と緊張を癒し、気分を一新させてくれた。二週間もするとすっかり健康をとり戻していた。日中は散歩を楽しみ、あちらこちらの間道や引込んだ所を探険した。買物もした。するとたちまち、シカゴから来た百万長者がいるという噂が立ち、それを聞きつけて、暫く以前から数マイル東へ行ったあたりに住みついていた、ミシガン生まれのヤンキーが訪ねて来た。

彼は大声で喋った。ニューカム・クラークと名乗り、故郷の州の下院議長を勤め、また南北戦争では志願して陸軍大佐として勤務したといった。

「ここへ来たのは健康のためですじゃ。土地の一部を切り開いて家を建てたのですが、家内が淋しがりましてな。なにせ町から遠いものでして。木もいいが、隣人が欲しいのですよ。いい森を一つ持っております。今はいささか荒れておりますがな、松やら下生えやらをきれいにすれば見事な樫が見られます。海岸伝いの道に沿って家をお建てになりませんかな。妥当な価格にしておきますすじゃ。あなた方みなさんで一度見に来て下さらんか。」

みんなは出かけて行き、見るなり気に入ってしまった。荒野の道は上がったり下がったり、曲りくねって続いていた。ゆるやかな流れを越えて海岸伝いに進み、低い崖のふちを伝って登った。左手に森を伐採したあとの二番生えが階段状に高さと密度を変化させながら続いた。ルイスはしだいに興奮してきた。さいごに大佐は馬車を止め、車のなかで立ち上がるとまるで議会で演説するような大仰な身ぶりをしていった。

「これがわしの土地ですじゃ。」

ルイスは苦痛なほどの感動を覚え、心臓のあたりをぐっとつかんだ。それはただの森林ではなかった。美と威厳をたたえた全くの原生林であった。これまで売りに出されたこともないので、何年間も人の手に触れられないままに残されていたのだ。

ルイスは息せき切って密生した下生えの中を歩いて行った。自分が見つけたものに、彼は狂喜し、我を忘れていた。そのねじくれたてっぺんまで、垂直に八十フィートも伸び上がり、無数の短い葉を繁らせた松の木。あくまでも高く、繊細なその姿は、まるで羽毛で覆われたようだった。ほっそりと伸びたロブロリー松。若木を従えてさながら族長のようなスイートガムとブラックガム。楓《かえで》やクルミやテンニンカの木々。その下生えのヤマボウシ、プラム、トチノキ、アザレアは、今を盛りと咲きほこっていた。海岸近くにはたいざんぼくの大輪の花が咲いていた。あらゆるものが見えざる詩人の手で整えられ、配置されているようだった。彼の頭の中に計画が渦巻いた。なにをすべきかを悟った。二つの丸太小舎かバンガローを建てるのだ。三百フィート位離して建て、ずっと後方には厩舎を作る。さらに彼は、完成までには数年を要するような拡張の段取りまでも計画した。

大佐がいった値段は妥当なもので、彼はそれを十回以内の分割で支払うことにした。契約書にはこんなふうに記されてあった――浜のくるみの木から北へ四分の一マイル、そこから東方へ……そして浜まで南へ。川岸の所有権を含む、云々。

建築工事は土地の大工に任せた。一八九〇年三月十二日に、仲間のみんなとシカゴへの帰途についた。浮き立つような気分だった。

十八年にわたって、ここは彼の楽園であり、春の歌であり、彼の分身であり続けた。心から大切にしていたのだが、十八年めに、西インド諸島からのハリケーンで壊されてしまった。

だがそれまでは、ここはルイスにとって、純粋な思考の楽しみに耽るのに最高の場所であった。ここで彼は、溢れ湧き返る生命の流れを、また人間の労働の本質をみつめた。移り気な自然が織りなす魅惑的なドラマを見た。生きた機能が生きた形態へと変転する神秘な流れの、その奥深くを凝視した。また、どこからとも何ゆえとも知れない精神的啓示を、生命の昇華を、その無限の平和を経験した。だが、彼は常に大地に足を踏みしめていた。不死について考えたりはしなかった。人間の一生は、充実していれば短すぎるということはない。しかしそのためには、人間について、われわれはまだ学ばなくてはならない。われわれが行ってきた破壊の意味、われわれが堅固な道徳をもつに到らなかった理由を明らかにしなくてはならない。われわれはそれを知り、選び、覆いを取り去ったとき、はじめて迷信や恐怖に別れを告げることができるのである。

シカゴに帰ったルイスは、以前の活気をとり戻して仕事に復帰した。シカゴにも、他の都市にも、重要な仕事が待ち構えていた。鉄骨構造による工法が実用化の段階を迎えていた。ホラバード&ロオチがはじめてそれをタコマ・オフィス・ビルに用いた。ついでセントルイスのウェインライト・ビル（九階建てのオフィス・ビル）の外装工事で、ルイス・サリヴァン自身の手で工法として確立された。彼は、新しい技術の大変革の時代の到来をいち早く感じ取った。それは同時に建築の様式の大変革を要求していた。高層建築に関するかぎり、石造建築は過去のものとなるだろう。新しい機能を有する新しい形態、それに付随する新しい問題に、精神は自由に取組まなくてはならない。一つ一つ積み重ねるという古い思考は、切れ目なく連続した垂直面という新しい思考にその場所を譲らなくてはならない――そう、彼は考えた。

難問や試練は大歓迎だった。すべての問題はその解決法を内包し、暗示しているというのが彼の持論だった。そうでないような問題はそもそも問題ではなく、事実の誤った、もしくは不完全な提示にすぎないと考えていた。これは普遍的原則であり、どんな場合にも適用しうる定則であると確信していた。この信念に立って彼は創造的建築とは何かを考え、またそれと切り離せない問題として、人間の本質とは何か――それは遠い道程ではあったが――を考えていた。人間の本質とは何かという問の答は、人間それ自身の内に求めなければならない、ということに彼は想到していた。人間の力の内にこそ、その答を示唆するものが見出されるだろう。だが問題自体を明確に把握するために、まず問題そのものを覆っている、神話じみた、荒唐無稽な上皮を取り去り、さらに、人間自身の想像力がその身のまわりに紡ぎあげた繭を取り除かなくてはならない、と。彼のこの作業は、かなりな成果を収めつつあった。

アドラーは旅行があまり好きでなかったので、地方の仕事の大部分はルイスが引受けていた。ルイスのほうは逆に、子供のときと同様旅が大好きで、できるだけ旅に出るようにしていた。移り変る景色や、見慣れぬ田舎の風物は彼を魅了した。自腹を切ってまであちこち出かけて行き、そうやって彼は、オクラホマとデラウェアとニューイングランドの北部を除く全州にわたる鳥瞰的眺望を作りあげてしまった。そうして、これまで何人の人間がこの国の全体像を描き得ただろうか、と彼は思った。その広がりを、さまざまな地形を、さまざまな植物を、山脈や丘陵や広大な草原を、雄大な川や湖水を、砂漠や沃野を、そして地下や地表の無限の富を、南から北へ、北から南へ、東から西へ西から東へ、その変化のリズムを追って、大陸の壮麗な断面図を彼は思い描いた。

彼はまた大地と四季のドラマを見た。

それは広大な動く絵画であった。春がメキシコ湾からゆっくり北上し、眠っている者達を目覚めさせ、喜びのトランペットを吹き鳴らし、木々や草を花開かせ、弱よわしい新緑を深い緑に変えて行く。やがて鋤が動き出し、作物の植付けがはじまる。その前線は、極地へ向かって北へ、北へとはいあがって行く。

そのあとを夏が追いかけて春の歓喜が生み出したものを成熟させる。やがて波打つ穀物やたわわに実る大枝が、自然から人間への気前のいい贈り物として贈られる。

つぎにくるのは凋落の季節。

そしてもとにもどる——冬が、極北の地から大規模な移動を開始する。やはり喨々とトランペットを吹き鳴らしてその到来を予告しながら。森は、その先触れの通過につれて炎となって輝き、その炎は南に向かってひろがって行く。

やがて物悲しい季節がやってくる。鉛色の空、葉を落とした木々、茶色に色あせた刈り株の畑。短音階への転調。トロンボーンとヴァイオリンのため息と呻きが、風と共に丘や谷や山や平原をわたって行く。霜が月光に光り、樹液は地中深く沈みこむ。横笛の嘆きの調べのような風の音。疾風に舞う雪。自然は陰鬱な忍従に耐える。南へ、南へ、冬は行進し、その最前線は青い海にまで達する。その隙間もない隊列は空に雪片をふるいかける。北からやって来たこの重おもしい力の下で、大地は、白い上掛けに覆われてじっと横たわる。

それもやがて衰えて春が、そして春が衰えれば再び前触れの赤い炎が、そして白に覆われた野山がまた返ってくる。

北から南へ、南から北へ、繰り返される壮大なリズム。かっては眠れる未踏地であったこの大陸。今はそこに、同じ言葉を話す何百万もの人間が棲む。だが彼らに魂はなく、心はなく、その影は貪欲に堆肥の山を掻きまわす豚にも似ている。非道な早い者勝ちの精神。横奪りはし放題というこの時代——それでも、思いやりと平和と健全な心を願う声が、そこここにないわけではない。

ルイスは、年来、自然界と人間界に共通して見られる二つの大きなリズムを、きわめて印象深く見守ってきた。この二つのリズムを、彼は生長と衰頽と名づけた。そして一八八六年に、これについて一文を草した。自分の思想を文章にしたいと思ったのはこれが最初であった。西部建築家協会の年次総会にかこつけて、彼はこれを発表した。そのエッセイは「インスピレイション」と題され、三章から成っていた。「生長——春の歌」「衰頽——秋の幻想」「無限——海の歌」の三章である。各章の間には効果的な断章が挿入されていた。一種の熱狂詩の調子で、叙情的で劇的な散文体で書かれた。孤独な詩人が自然の中に浸りつつ、最初は歓喜を、ついで悲しみと当惑を吐露し、さいごに海に向って悲劇的な問いかけをするという筋立てであった。

私を拒まないでくれ、おお海よ。
長旅に疲れた旅人が、希望を懐いてその故国へと帰ってくるように、私はおまえのもとへ帰って来た。
今私が、この嵐に洗われた海辺で、漂着した船荷のなかに、かってのあの安らぎの形見のかけらを探し求めるのを、どうか拒まないでくれ。

私は思い侘びておまえのもとに来た。
だが、私の求める物は、黙想の遙かな深みの彼方を、お前が陸《おか》へと運ぶ無力な流木のように、流れ漂うのみ。

ジョン・ルート、ポール・ロートラップ、ロバート・クレイク・マクリン（『インランド・アーキテクト』誌、今日の『ウェスタン・アーキテクト』誌の編集者）それにその他のごく少数を除いて、私の真意を読み取ってくれた者はいなかった。大方の意見はこうだった。ルイスが何の話をしているのか分らないし、彼自身にも分っていないだろう。明らかに彼は勘違いしているのである。何となれば、この華麗なるたわ言は、建築と何の関係もないではないか――ルイスは彼らの観点を考慮し、その見解に異議を唱えなかった。マクリンはといえば、何年にもわたってこのエッセイに、その赤毛のぼさぼさ頭を悩まされた。実に一九一九年にもなってから、彼は自分の雑誌に書いている。

「三十五年ばかりも前のことだが、シカゴで、一人の青年が、中西部の建築家グループを前にして一篇の詩的なエッセイを読んだ。その隠喩を理解しえた者はほとんどいなかったが、ルイス・H・サリヴァンの『インスピレイション』を生み出した情熱と霊感にみちた天分だけは全員が認めた。彼は、この全く詩的な作品を『春の歌』と名付けたが、おそらくこれは、それと意識することなく書かれた建築論であったのだ。彼が長年かけて積み上げてきた輝かしい業績は、この時彼が述べ、聴衆が抽象的な象徴主義であると受け取った根本原理の実現に他ならない。」

なんとも甘美な、そして巧みな婉曲語法ではある。

ルイスとしては、この労作を、少々生意気で、また有頂天になり過ぎたきらいはあるが、思想としては健全であると考えていた。だが、その後は何年間も設計仕様書以外のものは書こうとしなかった。彼は考えることと働くことに多忙であり、また、どちらかといえば、体を動かすことのほうを好んだ。それでも、その後のオーディトリアム劇場の壁画に、彼はこの文章を追憶して題銘をつけた。その一つは「おお穏かな春よ、生命と愛の初子よ」と題され、もう一つには「大いなる生命は地下へと去り、いまは鎮魂の雪を待つのみ」と刻まれている。

オーディトリアム・ビルの設計は、その頃着々と進捗しており、ルイスはこれに完全に心を奪われていた。それも今は昔となったが、その塔は、当然のことながら、今もなお高く聳えている。それはルイスの石造建築の時代を画する作品となった。

いま一度エッセイにこだわる。彼はこれをもう少し教養ある人に見てもらおうと考えた。そこで、そのコピーを、年長の友であるミシガン大学のラテン語教授に送った。友人はこう書いて来た。「言葉は美しい。だが、あなたが何を言おうとしておられるのか、私にはさっぱりわかりません。」

大学に何かを期待したのが間違いだったのだろう。

シカゴにおける建築技術の進歩は、一八八〇年以降に著しい。

初期の頃には四インチの切石積の正面、ガラス円柱、および下部に鋳鉄の円柱と楣《まぐさ》のついた軒蛇腹が好んで用いられていた。内部構造は根太、柱、桁などすべて木造であり、土台は規格寸法の切石を昔ながらの大ざっぱな方法で用いていた。厚板ガラスと鏡はベルギーとフランスから入ってきた。圧延された鉄梁は、当時はまだ珍しい貴重品だったがこれはベルギーから、ポートランドセメントはイングランドから、それぞれ輸入された。アメリカ製のセメントで使用できるものといえば、「ローゼンデール」「ルイスヴィル」それに「ユーティカ」だけで、これらは天然セメントとか水硬性セメントなどと呼ばれていた。褐色砂岩はコネチカット、大理石はバーモント、花崗岩はメインからそれぞれ産出していた。暖房、配管、排水、またエレベーターやリフトなどの内部諸設備はきわめて旧式であった。材木は堅材も軟材も豊富にあった。中にはしっかりした建物もいくつかあったが、商業地区の建物は、ほぼ今述べたような状態だった。なお、大火以前に、むき出しの鉄は火に強いだろうという臆測に基づいた耐火建築がいくつか試みられたことは注目すべきだろう。

住宅地域では、美観を競って誇示する傾向が目立ちはじめていた。すでに金持階級が大衆によって押し上げられつつあったのである。だが、何エーカー、何平方マイルにもわたって、すべて木造建築ばかりだった。前にも述べたように、シカゴは世界最大の材木市場だったからである。この燃えやすい地域のむこうには大草原がひろがり、村々があった。

当時の中西部では農業が支配的であった。小麦、とうもろこし、その他の穀類および養豚である。畜牛と羊は、遙かな西部の囲いのない大草原で飼われていた。製材業は、製材用鋸と平削り機を備えた大工業であった。シカゴ川の南の支流沿いには広大な貯木場があって、そこではしばしば勇ましい大かがり火を焚いた。まさしくシカゴは、当時宴会などでよく聞かされたお国自慢の言葉どおり、「近隣諸州の中心」であった。

巨大な穀物貯蔵庫が川の支流沿いに立ち並んでいた。家畜囲いでは解体・処理が行われ、それも大変な数であった。牛、豚、羊の群が、死へと通じる走路にぎっしり押しこまれて、きいきいめえめえと泣きわめいたり、あるいは心配そうに押し黙ったまま、ぞろぞろと進んで行った。牛は、両眼に苦悶の色を浮かべつつ、鼻面を引下げられ、床の輪に結びつけられ、そうして急所の脳天を一発ガツンとやられた。あとからあとから続々と送りこまれる豚は一頭ずつ踵のところをゆわえて吊るされ――それはもう全く恐怖の修羅場だ――地獄へと送りこまれる。ナイフがやわらかい喉へ刺しこまれ、ぐっと引きおろされ、鮮血がほとばしる。いまや物体となった豚はトロッコに載せられて煮沸槽に落とされ、さらに熟練した捌き手の一団のもとへと運ばれ、彼らによってあきれるほどの敏速さで処理されてしまう。次から次へ、ひきもきらぬ豚また豚の流れである。

実際、豚の生涯の物語は、なかなかに興味つきないものがある。生まれた当座は活発で可愛らしい生き物だ。同腹の兄弟姉妹たちと競争で、力一杯乳房の奪いっこをする。母豚はといえば、納屋の前庭の、くさい匂いと縄がわんわん飛び交うなかで長ながと横になり、仔豚共が乳房の奪い合いを演じているあいだ、そのねじくれた尻尾をぴくつかせたり、片ほうの耳を動かしたり、ものやわらかにぶうぶうと鳴いたり、時折苦しそうに溜息をついて足の位置をかえたりしている。他の豚共はのらくらとあちこち嗅ぎまわり、会話でも交しているようにぶうぶういい合い、そうでなければ眠りこけている。農夫は時折やって来て、柵越しに、連中が豚コレラなどにやられていやしまいかと気遣わしげに見おろす。豚共は彼の宝物なのである。いってみれば彼のトウモロコシが姿を変えたものなのだから。肚の中で豚共の目方を見積りつつ、真剣そのものの眼で赤子達を見つめる。次の日曜日あたり、高値で売ってしまうつもりなのだ。彼にとっては、これは日常の仕事の一つである。静かな田園を舞台にくりひろげられる喜劇などといった種類のものではない。だが、詩人の眼からはそんなふうにも見えるだろう。堅琴をちょいと柳の木に懸け、井戸のポンプを押しながら、都会の言葉で、作りものじみた農民と、ちょっと話しこんだりしたくなるような、そんなのどかな情景だ。かの可愛らしい真っ白な仔豚が生まれ育つ農場では、すべてが一家族みたいなものだ——作物、農民、良い日和や荒れ模様、大きな納屋、小さな家、納屋の前庭、野原、馬、犁、馬鍬のたぐい、雌牛、鶏、七面鳥、家鴨……すべてが一つの家族なのである。そこにはふざけまわって遊んでいる従兄弟たちもいる。いつかある日国家が彼らを必要とし、国家のその要請に彼らが応える日が来るまで、彼らは種豚となることを夢見たり、ひなげしの咲く庭の地面に穴を掘ったりしながら日を過ごすのである。

そうこうするうちに、小さくて真白な仔豚共も背丈が伸びて、立派な食用豚に成長する。彼は、国が自分を必要としていることを知り、その声に応える。といっても、デモクラシーのために安全な国家を建設しようなどといった決意に燃えているわけではない。彼は、大勢の同類——同じように育てられ、また同じように観念的な連中である——と一緒に特別仕立ての列車に乗せられる。荷を積んだ列車はどんどん走って行く。側線で通過列車を待つあいだ、わが若き英雄は頭から水をぶっかけられる。体重の目減りをふせぐためであるという。汽車が止まっているあいだ、彼は板囲いの隙間から外を眺める。見知らぬ人間共が忙しそうに立ち働いている。彼らもまた、国の要請に応えて働いているのであろう。それから彼は、すぐ近くを物凄い音を立てながら通過して行く、真黒で巨大な生き物を見て、びっくり仰天する。やがて再び列車は進み、再び止まり、また進む、そうやって、長い旅路の果てに、かつては真白な仔豚であった彼は、ナイフ片手に握りしめた男と向い合うことになるのである。

しかし、彼は殺害されるのではない。そうではなくて、たんに解体されるだけなのだ。そして、解体されたのちも、彼のこの地上での生涯は終ったわけではない。このあとにまだしなければならない仕事がある。さらに細かく切り分けられ、金持ちやら貧乏人やらの食卓に供され、人間たちに喜んで食べてもらうという仕事が。

まったく、豚とは、愛他精神の権化みたいなものといえるだろう。自らを卑下することは、結局はひきあわないということを、この例は証明している。善きものは飼葉桶の中からと同様、豚小舎からだって生まれうる。われわれ人間は、彼らはこの変身によってより意義のある生命を得るのであり、彼らは死ぬのではなく眠りにつくのだなどといって、豚の生涯を美化している。だが本当にそうか。いま母親の乳房に吸いついている、ピンクや白の仔豚共はどうなるのか。彼らもまた、彼らに犠牲を強要する社会の中で育って行かなくてはならないのか。それとも……？

シカゴを訪れた外国の著名人は、まず家畜囲いへ連れて行かれるのを常とした。とはいえ、むろん、解体されるためではない、この桁はずれの設備を健全な驚きの眼で眺め、シカゴがいかに多くの食物を世界に供給しているかを、統計と雄弁とで納得させられるためであった。記者達も開口一番こうたずねるのを常とした。「シカゴはいかがですか」。次の言葉もきまっていて、「解体場はもうごらんになりましたか」。そして三番めが「すばらしい公園と道路網を見ましたか」であった。

そういうわけであったから、この当時の文化的社会的序列においては、食肉業者がその頂点に位し、その下に影のうすい存在として穀物、材木および販売業者がつらなっていた。通常にいう工業は、あってもごく小規模であり、それもちらほらとしか存在しなかった。

その後急速に、いわば魔法のような変化が起こった。巨大な放射状の鉄道が市を中心に伸び、湖上交通は帆船から汽船に変った。人口は一八八〇年には五十万に増加し、一八九〇年には百万に達した。村から市への昇格がゆるされた一八三七年の四千人という哀れな状態からここまで伸びたのである。こうしてシカゴは、森林、原野、平原、銅、鉄、石炭といった周囲の富と、またこの富を求めて押し寄せた人間とによって発展し、栄えていった。一八八〇年という年は、その驚異的な膨脹のゼロアワーであったといっていいだろう。その年までに、市は一八七三年の経済恐慌からは完全に立直っていた。工業は信じられないほどの速さで発展し、建築業もはっきりと編成期にはいった。土地の値段の上昇と金融の安定が投資家たちを眼ざめさせ、投機家やプロモーターたちは有卦に入っていた。商業建築物はますますその安定性と耐久性と高さとを増して行き、設備もどんどん改良された。電話が登場し、電気照明システムが開始された。鉄の円柱や大梁は耐火材で包まれるようになった。水圧エレベーターが実用化の段階に入り、蒸気やガス動力のものにとって替りつつあった。衛生設備の発達も、他の分野に劣らずめざましいものであった。

だが、その構造の基本は、石を積み上げた堅固な壁で囲み支えるというものだった。「モントーク・ブロック」は、この構造で九層もの高さに達しており、驚異の眼で見られたものであった。つぎにオーディトリアム・ビルが完成した。これは実に十階建てという途方もない大きさで、その塔は重さ三千万ポンド、二十階建てに相当する高さの石造であって、それがいかだ基礎の上に載っていた。同じ頃、バーナムとルートは、「モナドノック」と呼ばれる予定の、十六層の石造オフィスビルを計画していた。しかし、九層から一挙に十六層ということで、オーディトリアムの塔がどうなるかしばらく様子を見てからにしようということになった。オーディトリアムの塔は、その後もしっかりと建っていたので、「モナドック」も着工された。それは驚くべき煉瓦の絶壁だった。線と面とを精妙に交錯させつつ、非の打ち所のない堅固さで屹立し、見る者にロマンチックな戦慄を覚えさせるほどだった。このビルはこの種の建築の最初にして最後の啓示的作品であり、石造建築の偉大な可能性を示していたのだが、その時代はこの建物の完成と共に終ってしまった。それは、商業建築に応用された石造り建築の最高峰を示す一つのシンボルとして、また孤独な記念碑として後世に残されただけであった。

軟鋼を作るベッセマー製鋼法《プロセス》は、しばらくの間ペンシルベニアの工場で行われていたが、その生産品は鉄道のレールに限られており、建築用の型材は従前通り鉄を圧延して作られていた。ベッセマー製鋼法そのものは革命的な技術であって、その初期の苦心と試練、またその成功は近代産業史の一章を成している。

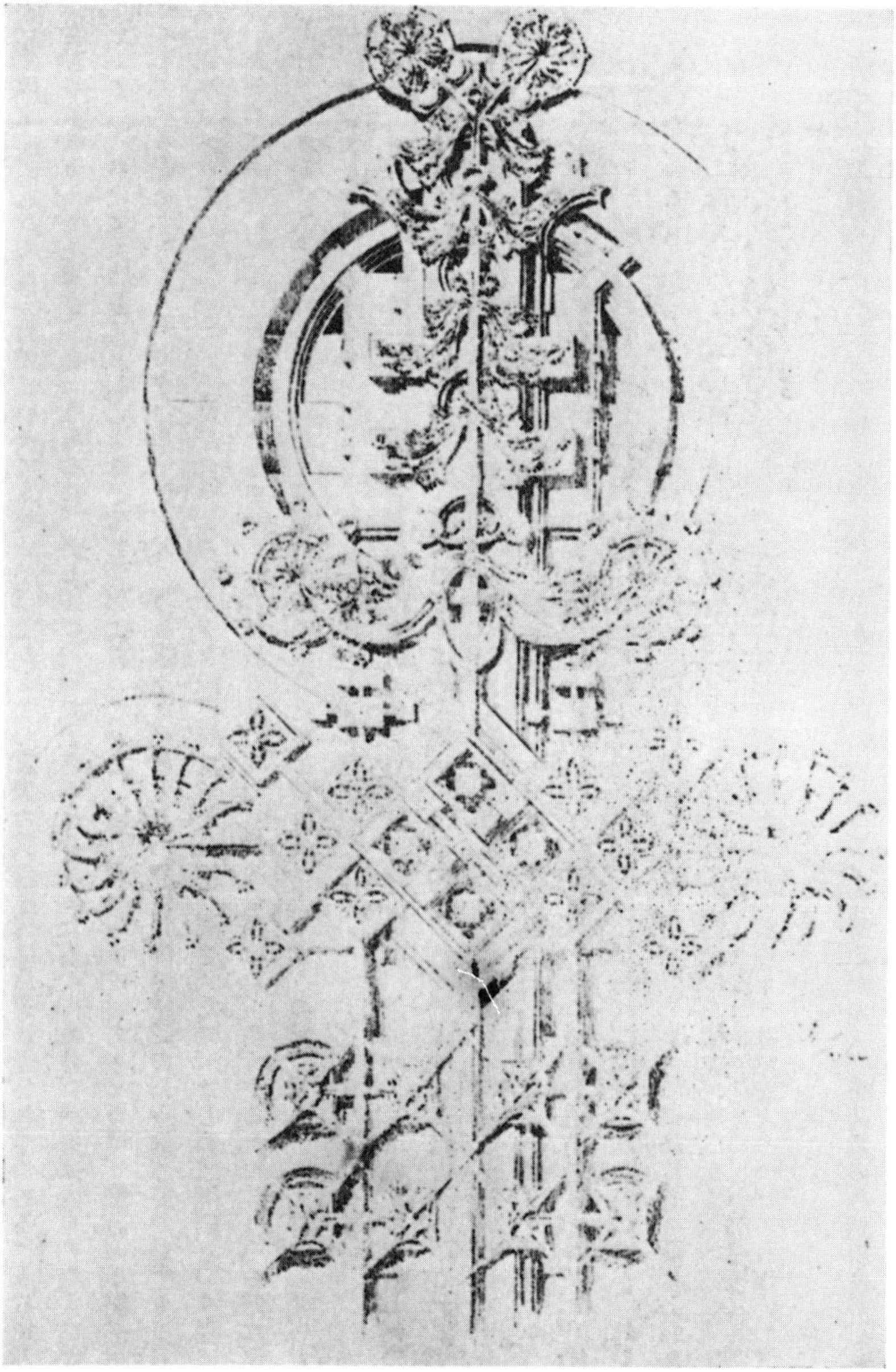

16／オーナメントのスケッチ．1922

推移として（なんなら発達といってもいいが、しかしこの言葉の真の意味は急速に失われつつある）みるならば、営利を目的とした高層建築というものは、たしかに地価の上昇が生み出したものである。地価は人口の増大によって上がり、人口の増大は前述したような外的な要因によっている。けれども、オフィス・ビルは、縦方向の輸送手段なくしては多層化することができなかった。ビルの高層化を可能としたのは、機械技師の創造的想像力が生み出した乗客用エレベーターであった。その安全性とスピードと操縦性能が十分に開発された時、はじめて階段という隘路が除かれたのである。だが、石造建築の高さは、その構造自体によって制約を受けた。高くするためにはその壁は厚くしなければならず、そのためにどんどん高騰して行く地面と床面積を食ってしまうのだ。しかも、人口は相変らず増大の一途をたどっているのだった。

一方、コンクリートは、重量の大きい構造物にも広く使用されはじめていた、鉄道レール用の鉄を利用したので、その荷重は基礎に集中した。そのため、基礎の形態は角錐状から平らなものへと根本的な変化を遂げ、これによって地下空間の利用の道がひらけた。けれど、せっかく利用できるようになった地下室も、下水道が浅いために十分な階《ヘッド》高《ルーム》が取れず、大した利用価値を生まなかった。英国製の自動エゼクタが利用されるようになって、下水道のレベルを無視して地下室を深くすることができるようになった。しかし、この器械が十分に効果を発揮するためには、基礎をさらにいっそう深くしなければならない。重い壁と擁壁《ようへき》の重量を考慮すると、これの使用は冒険的に過ぎ、効果の点でも疑わしいものがあった。地価が高くなるにつれて、石造構造によるオフィス・ビルは、経済的にひき合わないことがようやく明らかになってきた。厚い壁が必然的に空間を狭め、その結果として収益が減じるだけでなく、構造的に開口部を広くとれないから、賃貸する床面積に対して適当なだけの面積のガラス窓をとりつけられないのであった。

事態は八方ふさがりのように見受けられた。どうすればよいのか？　建築家たちは、床荷重の外側のスパンを、窓間壁に隣り合った鋳鉄の円柱にかけるという方法を試みた。しかし、これもあまり役に立たなかったし、応用できる高さに限りがあった。この試案はちゃんとした基礎的原理をもっていたわけでもないので、誰がはじめたのかなどと議論してみてもはじまらない。

高層オフィス・ビルの問題は未解決であった。その解決法を問題そのものの中に、その本質の中に探るということをしなかったからである。これは一番理解されにくい真理——とりわけ知識人に理解されにくい真理——であるが、いかなる問題であれ、その解決法は問題それ自体のうちに含まれ、かつ暗示されている。そして、その解決法はつねにいたって単純で、根本的で、しかも常識にかなったものなのだ。このことこそ、ルイスがまだ学生だった時、パリでムッシュ・クロペがいった「われわれの証明はいかなる例外も認めない」という言葉の真の意味であった。ムッシュ・クロペは、この原理を彼の数学に適用しただけだったが、ルイスはそれを聞いた途端、この原理は大小を問わずあらゆる問題に適用しうると信じた。その時垣間見た真理を、はっきりと見定めるまでに長い年月が必要だったのであるが。

問題の真の解決となるような発明というものは、通常、そう簡単にできるものではない。一見たちまち現われたようであっても、その背後には長い年月を費した準備期間が隠されているものである。人間の需要は、つねにその力に見合っている。必要性が増大するにつれて力は増大する。力すなわち能力なのだ。

この場合も同様であった——シカゴの高層化の熱意は、東部の圧延工場の販売担当者達の注目するところとなった。技師達は仕事に取り掛った。それまで何年間か橋梁用の構造資材を作っていた工場であった。下地はできていた。工学的想像力と技術とに基づいて新商品の開拓が開始された。こうして、全荷重を支える鋼鉄フレームというアイディアが、シカゴの建築家達に届けられた。

売ることへの情熱こそはアメリカの推進力である。生産は副次的であり、偶発的なものだ。だが販売活動は、相手の必要をみたすという形をとらなくてはならない。需要は、すでにあった。それをみたすべき能力もあった。だが、両者をつなぐ接点が、それまでなかったのである。そんなとき着想が閃めいたのである。こうして新しいものが生まれた。

鋼鉄フレーム構造は、人間が生来もっている力を駆使して自らの必要をみたすその力の、輝かしい実例といえるものだ。それは人類に大きな恩恵をもたらすことだろう。だが、もしそれが、個々の恣意にゆだねられ、好き勝手に利用されれば、この贈り物は逆に脅威と危険とをもたらすことになる。現代は複雑で混乱した封建社会である。この社会は神経衰弱にかかり、神経過敏で、安定性を欠いている。この社会の規範をもって、このように多用な働きをもった知識を駆使するということは、きわめて危険なことといわなくてはならない。

シカゴの建築家達は、鋼鉄フレームを歓迎し、うまく使いこなした。一方、東部の建築家達はといえば、これに怖気をふるい、これを改良して行こうなどとはさらさら考えなかった。たとえばニューヨーク下町の高層オフィスビル群である。狭い通りや路地に面していて、粗野まるだしで、甚しく非常識なしろものだ。高いビルというものは、周囲の状況と親和していない場合はその有効性を喪ってしまうのである。しかもそれが狭い通りや小路にごたごたと立ち並ぶとなると、これはもうお互いがお互いを破壊しあっているようなものだ。高層ビルの意義を考えるさいに、もっとも重要な点はその社会的意義である。鋼鉄構造を用いたきわめて高いビルは、それ自体として、またそれがどこにあっても、建築的想像力に強く訴えるものである。想像力は欠けているが、そのかわりに小心翼々とした衒学趣味にあふれているなどという場合は、事態は絶望的である。高いビルの思想は、いうまでもなくその高さに存する。そのすらりとした高さ、大地から伸びあがり、舞いあがろうという熱望、その野放図さの美である。この単純な原理をわきまえないと、結果としてできあがるのは俗っぽく感傷的な、さもなければ軽率で押しつけがましく鈍重な、一群の奇形物である。いずれにしてもそれは、人間の優れた力の否定であり、またそれへの侮辱でしかない。

シカゴでは、高層ビルは、物質的条件と、またその頃台頭してきた経済的条件に恵まれ、またプロモーターの野心と結びついてごく自然に生まれて来たものであった。

構造と機械設備はまもなく大発展を遂げた。建築家達はそれにふさわしい外観を与えることに成功した。シカゴの建築デザインは、すでに他とはっきり区別できる独自な性格をもちはじめていた。前途は明るかった。希望があった。だが、間もなく地平線上に、ごく小さな白い雲が現われた。一八九三年。その雲はそういう名前だった。

この時期には、産業界で合併や結合、トラストなどがさかんであった。シカゴの建築家のなかでこの動向の重大性を見とおしていたのはダニエル・バーナムただ一人だった。なぜなら、大規模化、組織化、委託制、大量取引への指向は彼自身の内にもあったからである。

この巨大な動きのなかで、鉄道は急いで敷設され再編成され、投機は激しさを増し、信用取引は途方もなく増大した。その一方で森林がつぶされ、農業は西へ、南北両ダコタ州へとひろがった。コロラド、南ダコタ、北部ウィスコンシン、ミシガン半島、ミネソタのメサビ山地などからは莫大な量の鉱石が掘り出された。野心的な商人は市場の独占に専心した。「買い占め」が理想とされた。独占は無際限にひろがった。ウォール街は沸きかえっていた。大衆は呆れ返りながらもこの傾向を是認し、この驚くべき事態を作り出した強力な男達に見とれていた。彼らは大実業家とか、業界の大立者とか、王者とか豪商とか、鉄道王とか、財界の魔術師などと呼ばれた。バーナムはルイスに、ある日こういったものだった。

「モーガン(60)のような人間には、人を思うように操ることができるんだ。その人間をペンシルヴェニアの王位に就けることだってできるだろうよ。」

こんなふうに、大衆は自らが生み出した英雄に頌歌を捧げていたのである。

大衆は浮かれていた。誰もが羨ましく思いながらも上機嫌だった。この偉大な男達、この力強い者達は、ごく少数の例外を除けばみんな庶民の出身だったから。ある者は人里離れた、急行も停まらないような小駅の電信技師から身をおこした。ある者は鉄道会社の保線区の親方だった。制動手だった男もいれば、田舎の商店の店員だった者もいた。外国から無一文で移住して来た者や、農家の小僧だった男もいた。大衆の頌歌は、自分達の力強い仲間の勝利を称えた。そして、この国は勇気と自由の国であり、万人に均等に機会が与えられる国であり、人類が血と涙しながら幾世紀も待ち望んでいた真のデモクラシーの国であると、全世界にむかって誇らかに彼らは叫んだのだった。また彼らは、異口同音にこういっていた。この国はすべての異邦人を暖く迎え入れる、ここでは万人が自由で対等なデモクラシーの国である、と。そう、高らかに歌いながら、彼らは彼らの花道を歩んでいたのである。

波のように次から次へと、人々はこの国に押し寄せた。移民の数は莫大であった。彼らは広い範囲に散らばった。鉱山で穴を掘る者もいたし、都会にしがみついている者もいた。シカゴの人口はセントルイスを既に凌いでいた。シカゴの建築システムは「シカゴ式工法」として知られるようになった。それが生み出す建築はますます高くなって行った。ジョン・ルートのフリーメーソン大聖堂は、その天辺をはるかな大空へと届かせていた。摩天楼《スカイスクレーパー》という言葉が使われはじめた。シカゴの発展はすさまじいばかりだった。まるで強力な磁石のようだった。その住民は一つの共通な夢を抱いていた。彼らの市《まち》を世界の首都にするのだという夢だった。壮大な意気ごみと公共精神が、そこにはあった。一八九〇年、一八九一年、一八九二年はこんな状態が続いた。

ジョン・ルートはルイスにいった。

「きみは、きみの芸術をまじめに考えすぎてるんだ。」

バーナムはルイスにこういった。

「一般の知的レベルよりはるかに上を行こうというのは感心したやり口じゃないな」

彼はこうもいった。

「見給え、ルイス。あの頭上の月はなんて美しいんだろう。なんて優しいんだろう。あの美しさを見てると、何だか泣けてくるんだ。」

シカゴは、昼も夜も唸り続けていた。静かなのは夜明け前だけだった。この数年間、その夜明け前の静寂の中で、シカゴは何ごとかを夢見ているようであった。全く物質的でない何か、意識下の思考——それは一般の知的レベルを越えようという、そして耳障りな騒音はもう止めにしようという願望であったかもしれない。少くともルイスは、そう考えていた。彼は、自分が建てた塔の窓から、毎日雄大な湖水を眺めてくらした。今と同じそのはるかな水平線を、その箒で一掃きしたような南岸の曲線を、倦きることなく彼は眺めた。また大草原やその彼方の広大なひろがりに思いを凝らせた。そうしていると、夢うつつの内に彼の幼い日々が、その力への夢想——それはいまや世界を内に包含するほどに成長していたが——と共に甦ってくるのだった。

そんな幻想から彼を引戻すのはアドラーだった。アドラーは、市の重要人物のだれそれがどうしたというような噂話を彼にして聞かせた。この噂話はルイスには貴重な糧であった。アドラーのこういう話はきわめて正確であって、ルイスは熱心に聞き、いろいろと学んだ。二人はよく一緒に昼食を食べた。その時は仕事の話はぬきだった。一八九〇年に国会で認可された万国博覧会の話も、食事のときはしなかった。

クリストファー・コロンブスによるアメリカ発見の四百年記念行事として万国博を挙行するというのは、きわめて当を得たこととして、一般に歓迎された。それは今日の地球上の諸民族の文化状態について一つの結論を出してみようというもので、このような展覧会を行うこと自体華々しい壮挙であり、価値ある事であると考えられた。

シカゴは、そのような大事業を引受けるにふさわしい都市であり、その資格は十分にあった。大事なのは熱狂と意志であった。いくつかの都市のあいだで行われた誘致合戦にシカゴは勝った。その勝利は、シカゴにとっては無上の栄誉とみなされた。

とびきりの用地が、湖の近くの、市の南の地区に隣接した所に選定された。この土地は、アメリカの偉大な創造的芸術の粋を遺憾なく示すべく、魔法の力によって、特に建築によって、新たな装いを凝らされることになった。人々がその美に酔い痴れるような夢の都市が誕生するはずであった。その都市の名は「湖畔の白い都市」とつけられることになっていた。

地平線上の小さな白い雲は、いま姿を現わした。それは運命の風に吹かれて、東からやって来た。この無害そうな白い雲が、白い影を落とすだろうと、だれが予想しえたろう。ある一人の人間の不安定な心が、不吉な、薄い靄のような屍衣をひろげたのである。この男の偉大さに麻痺した感覚が、滑稽な英雄崇拝が、その知能に応じた最善の仕事を、つまりは最悪の仕事をやってのけたのだ。一人の設計者だけは、すべてが狂信的な愛国主義によって途方もなく誇大化され、どぎつく照明されるのを見守っていたが、他の者はその照明によって何も見えなくされていた。これはアメリカ文化のテストであったのだが、みじめな結果に終ってしまった。

夢想することはよい。だがその夢想が誤った判断に基づくものであるとしたら何の価値もない。その夢想が一般の知的レベルをはるかに越えたヴィジョンをもたらし、明晰な思考と正しい判断とによって予言を行うのでないのなら、そもそも何のための夢想か。

当初この事業全体を引受けるのはバーナム＆ルート事務所だろうと思われていた。アメリカの隠された力を白日の下に引き出し、これについて美しく語り、またそれを描き出すという偉大な事業を一人の手に委ねる――その考え方は、原則として健全なものといえた。だが十年分もの仕事を二人でやることはできない相談だ。問題を把握し、分析しそうして組み立て終るのに二年は必要だろう。だが仕事に着手して全体を完成させ、展示品を取りつけるのに三年足らずしかないのだ。そのためこの思いつきは採用されなかった。この仕事を一括して引受けられるような建築家は、実のところ、この国にはいなかった。経験豊かな建築家でも、全面的な成功を収めなければならないこれほどの事業の、適切な計画や戦略を考えることには慣れていなかった。だから、もし状況がちがっていたら、ただ一人の人間の精神が投影された壮麗な公園都市が生まれていたかもしれない。民衆が真に望んでいるものを正しく汲みとり、細部まで神経が行届き、すべての機能に適切な形態が付与され、ヒューマニティにみちあふれた都市――その都市の中には記念に残されるであろうもう一つの都市が、湖のほとりの公園の中に太陽に向かい合って作られ、人間と事物との盟約の証《あかし》として、また草原と湖と陸上輸送路という、この市の由来を象徴する、そんな公園都市が作られていたかもしれないのである。

だが、合言葉は「急げ」であった。大きくせよ、圧倒するのだ！　こうした懸け声は、日を追うにつれ、好意的に解釈されるようになっていった。

一八九〇年秋、ジョン・ルートは建築顧問に、ダニエル・バーナムは建設工事委員長に、正式に任命された。その後、建物と敷地委員会の議長をつとめるエドワード・T・ジェフェリーの助言を容れて、バーナムは東部から五人、西部から五人、合わせて十人の建築家を選抜した。バーナムとジェフェリーはきわめて親密な間柄だった。一方の見解は両者の見解であった――より正しくいえば、しばしばそうであった。バーナムとしては、すべてを東部の建築家だけに任せたほうが良い仕事ができると信じていた。東部のほうが文化的に高い、それだけの理由だと彼は主張した。ジェフェリーは委員会の席で、実に巧妙にダニエルを説得し、最後の土壇場で彼の指名リストに西部の建築家の名前を付け加えさせたのだった。

これらの建築家の顔合わせが一八九一年の二月に行われた。敷地を調査したあと――この時はまだ土盛りしただけの荒涼たる土地だったが――一同は協議にもどった。ジョン・ルートはこの席にいなかった。来られなかったのだ。一箇月前からの先約があった。死との先約が……。まもなく彼の上にケルト式の十字架が立てられようとしていた。ルイスは彼の死を悲しんだ。彼がすべてを引立てる役をするはずであった。あれほどの力倆があったからこそそれができた。彼に替りうる人間はもはやいなかった。白い雲の影が早くも落ちかかっていた。

会議がはじめられた。この道最古参のリチャード・ハントが議長席に着き、ルイス・サリヴァンが書記をつとめた。バーナムが歓迎の挨拶のために立った。だがあまり気が進まない様子だった。間もなく彼は、東部から来た連中に対して、文化の遅れた西部からやって来たメンバーが席につらなっていることを詫びるような言葉を並べはじめた。

ディック・ハントが遮った。

「やれやれ、われわれは伝道集会をやろうというのじゃないんだよ、本題にはいろうじゃないか。」

みんなこれに賛同した。バーナムも自分の愚行に気がついた。彼は「ディックおやじ」の親切に気づかないほど鈍感ではなかった。

基本的な問題として、会場の地取りが議題にされた。二箇所が修正され、これに従って建物の配置がきまった。打ちとけた協議のうちに各自好みの建築を引受けた。それが終ると、この会は休会となった。

博覧会の建物について述べることは、筆者の目論見に外れることだから措くとしよう。もっと重要なことは博覧会の様相、およびそれの意義と結果であった。バーナムの指導力はきわめて見事なものだったとだけいっておこう。彼は実に心の寛い人間になった。そして立派にその職責を果たした。

工事は完成し、一八九三年五月一日、門扉が一斉に開かれ、群衆が八方から流れこんだ。この人の流れは天気の良い夏から美しい十月まで途絶えることなく続いた。そしてそれは終った。門は閉じられた。

群衆は、まさしくびっくり仰天した。はじめて開示された建築芸術というものに目をみはった。何かと比較しようにも、何もなかった。群衆にとっては、それは黙示録のようなものであり、天の声であった。これによってはじめて、彼らの想像力は新しい理想を形作ったのである。そうして彼らは再び散って行った。それぞれの故郷へ帰って行った。その一人一人が、その心に白い雲の影を持ち帰った。彼らが持ち帰ったものは、精妙な、回りのおそい毒であった。より高度な文化の白い影に潜む、目に見えない瘴気であった。何の準備もないまま彼らはこれに身を晒した。彼らには、彼らにとってあまりに高度な、だが巧妙で陰険なもっともらしさへの免疫性を得る時間も、機会も、これまでになかったのである。

彼らは伝染病に罹ったことも知らずに喜々として帰って行った。彼らが自分の眼で見て本物と信じたものが、実は、歴史的事実として、とんでもない厄災であることも、もちろん知りはしなかった。彼らが見たものは、彼らが見たと思いこんだものでは全くなかったのである。彼らの眼の前に置かれていたのは、時代遅れの材料を売りこもうというたくましい商魂と結託した、高度な封建的文化の、傲慢であからさまないんちきであったのだ。会場ができあがってみると、偶然のことではあるがわざとそうしたような対比が、ありありと見てとれた。米国政府館の信じ難いほどの俗悪さに配して、「偉大なる州イリノイ」のシンボルが北のはずれに建てられていたが、これがまた低能さと政治的放恣をそっくり体現したような、猥褻きわまりないしろものであった。敷地の北端一帯には各州や外国の本部が配置されていたが、これがわずかに全体の荒涼とした印象を和らげていた。そのすぐ南の、小さな湖水のほとりに「芸術の殿堂」なるものが建てられていたが、これこそまさにすべての中で最も痛烈な、最も厚かましい泥棒のような建造物であった。造園はうまくいっていた。沼や、木を植えた島や、芝生や小径、林などが快適に配置されて、他の機械的なディスプレイを穏やかなものに見せていた。一方、南東の隅には小さな池とも港ともつかないものがあって、そこにコロンブスの三隻の帆船を模した船が浮かんでいた。その近くの人工の土手には、ラ・ラビダ修道院が描かれていた。そのほかにはコロンブスを、また彼の勇敢な事績や、彼が遭遇した難儀や、また彼の失意を跡づけるものは何一つなかった。博覧会のすぐ前に、アメリカの発見は人類に貢献したかそれとも災いをもたらしたかといった議論も行われたのだったが、それについても何も触れられていなかった。

白い雲に続いて、その忌わしい相棒のような灰色の雲が出現した。それは陰気な屍衣で国中を覆った。またそれは目も眩むような電光を落とした。その旋風は、これまで増大を続けてきた信用買いや株式投機を吹き飛ばした。その豪雨は、手に入るはずだった儲けを押し流した。その雨滴は致死の毒を含み、生贄を求めるかのように正不正を問わずひとしく万人に降りかかった。やがて雷鳴は遠ざかり、雨は霧になり、嵐はおさまって静けさが戻った。だが恐慌の灰色の雲は、まだ空一面に厚く垂れていた。それはゆっくりと薄くなり、やがて晴れた。そのあとに、青空いっぱいに隊伍を組んだ白い雲が現われた。太陽が輝き、「繁栄」が冬眠から目覚め、目をこすりながら愚行の仕度にとりかかった。

歴史は繰返すという。これは誤りである。繰返されるのは高揚と凋落という封建社会の周期的変動である。その漸進的な波動は、封建制度に内在する避けられない宿命である。封建思想が人を支配しているかぎり、隆盛のあとには惨禍が続く。その終末像は狂気の沙汰である。民族は崩壊し消滅する。生命は人類にむかってこういうことを止めない――「滅亡を望むなら、いつでも滅ぼしてやろう。」

白い雲は封建的理念であり、灰色の雲はその理念の内に包含された報復である。封建的理念は二元的であって、善と悪の概念を固守している。

これに対し民主的理念は一元的であって統一体を構成する。その信条は、それ自体の力の恩寵の内に、生命への直接的な働きかけの内に存する。それの成就の展望を、それ自体の内にもっている。そしてそれは、人間は本来、まったく健全で思いやりのあるものであるという認識の上に立っている。民主的理念の側から見れば、封建制度とはあきらかに絶えざる交戦状態であって、いわゆる平和も、血腥い戦闘もその意味で同じである。人間が本来思いやりあるものなら、この状態は異常な事態と考えるしかない。民主的理念にあっては知性よりも心に信頼の基礎を据える。制御された知性はたしかに心よりも強力であるけれども。なぜなら、知性は、単独では血に飢えて荒れ狂い、言語に絶した残虐行為に走ることをもなしとしない。これに対し心は、そのものとして神聖である。生命を喜び迎え、慈み、共食いする知性の残忍性から守るのは心である。

シカゴは、アメリカをあげての熱狂から、一転意気銷沈し、他と同じ病気に罹って、騒ぎ過ぎのあとの吐き気に悩まされていた。それから再び昔の活況が、前に輪をかけた猛烈さではじまり、一九〇七年に突然停止するまで続いた。この恐慌は人為的計画的なもので、いってみればそれは剣歯虎とマストドンとの戦いであるとする人々もいた。

その間、万国博のヴィールスは、建築関係者や国民一般、わけても影響力のある人々の間に一時的に潜伏したあと、伝染病としての見間違えようもない徴候を現わしはじめた。だしぬけに、東部地方に古典様式あるいはルネッサンス様式の建築が相ついで出現し、ゆっくりと西へひろがり、行手にあるものすべてを汚染していった。このにせの古代様式は、それがうまい商売になると睨んだ連中によって巧妙に宣伝され、驚くべき売れ行きを見せた。大衆も、大実業家も、著名な教育者も、この点に関してはひとしく間抜けであった。市場が飽和状態になるころには、本物は死滅してしまっていた。幻想と妄想が根をおろし、光への正常な反応や筋肉の反作用は失なわれた。まさしくそれは漸進性の脳膜炎の症状、脳障害であった。

こうして、この自由な人々の土地、勇敢な人々の故郷の、建築は、死んだ。民主主義を呼号し、創意工夫と大胆な冒険の精神と進歩を誇る国の中で死んでしまった。この国にふさわしくない俗悪な文化のヴィールスは、その分解作用をなし遂げた。それは意気地なく青ざめたアカデミックな精神を蝕み続ける。真実を否定し、虚偽や荒唐無稽なものを煽り立てる。それはあふれ出る生命の流れとは、愚かで哀しい人間の真実とは、またつねに何事かを熱望してやむことのない希望とは、相容れぬものである。それが人間に救いの手を差しのべることは、決してない。そんなことは不可能だからだ。それは人間に背を向ける。それはもともとそういうものだからである。文化が、このような抽象観念との不釣合な婚姻によって失なわれてしまった今こそ、この世界に必要なのは勇気であり、良識であり、人間的な思いやりであり、そして率直で権威があり生き甲斐となるようなモラルである。

万国博のダメージは、その日から数えて少くとも五十年は残るだろう。それはアメリカの精神構造の中に深くしみこみ、まったくの腑抜けにしてしまった。

一方、古典様式やルネッサンス様式をたちまち売り捌いてしまった建築屋たちは、良識の侵入に対抗する免疫性を得るべく、時代物であれ偶然的な産物であれ、ヨーロッパのあらゆるスタイルを、ワクチン注射として接種する。そしてこれがうまく成功すると、すぐれた様式という祝福が与えられるわけである。こうして、いまやわれわれは折衷主義のありあまる自由を享受しつつ、審美眼を自慢してにたにたしているが、実のところそれは、建築などといえたものではない。なぜなら、建築は、死んでしまったのだ。だからせめてその墓の上でかろやかに踊り、薔薇の花びらを撒いてやろう。雨の夜中に行列して、この生ける屍に、心のこもった演説でもしてやろう。

たしかにこの業界は、商いの方法に関してはめざましい進歩を遂げた。すべて輸入の様式が、ぼうとするくらい並べ立てられている。もっとも、たしかにわれわれが大事に育ててきた植民地様式だけは別だ。この中にはアングロサクソンの伝統が純粋に保たれている。大学や住宅にはチューダー式、銀行や、鉄道の駅や図書館にはローマ式――お望みならギリシア式——顧客によってはドリス式よりイオニア式がいいというのもいる。教会はフランス風、英国風、イタリア風いずれかのゴシック様式もしくは古典ないしはルネッサンス様式。何であれお好みしだいだ。われわれは、住宅を建てる客に、イタリア風かルイ十五世時代風にしてはといってみる。いささかの改造と脚色を引受ける。われわれの仕事はほかにはない独特のものであることを請合う。われわれはじかに輸入したのだという。われわれは独自の代理店を海外にもっているが、そこでの仕事には審美的な鑑識眼はさほど必要ではない。そこで解決しなければならない問題とは、あらゆる種類の技術的な問題であり、コストの問題であり、収益、メンテナンス、税金、修理、減価償却、交渉、販売圧力、販売抵抗、会社の設立……等々の問題である。われわれはまた、われわれがデザインの分野においてきわめて有意義な新機軸を打ち出したと、指導的立場の評論家に一致していわしめる、そういう産業部門も維持している。

だが、われわれはこうした当世風な商売とは一線を画した仕事をもっている。その仕事とはある観念的な奉仕を基礎とし、これによって維持されているのであり、その奉仕の一部は、大衆の眼識を高めることにあるとわれわれは信じているのである。それはデザインの真の規準をその純粋な形態において示すことであり、その実例による教育システムを提案し、これによって大衆の文化のバックグラウンドを段階的に組織して行くことである。

この努力に対しては、建築学校や単科大学や総合大学の、また財産家の、さらに財政、産業、商業、教育、政治などの各分野で高い地位にある洞察力に富んだ人々の惜しみない援助がなされている。それ故、われわれは、活動的で、民主的寛容さをもち、常にわかわかしい情熱にあふれた同時代精神と、完全に一致していると感じているのである。われわれを大胆にし、自ら義務として課したこの仕事を続けて行く勇気を与えてくれるものは、このような意味における結束と保証である。義務は果たした。今は待つばかりである。われわれは、われわれの力を実例として示すことにより、また助言と教育とを通じて、次なる世代に、われわれが最善を尽してなお到達しえなかった目標に到達するための道を用意したと、心から信じている。その目標とは、われわれの人民、われわれの国土の、深い、心からくれればいいがと思う。

折衷主義や趣味的な建築の良い面をあげるなら、それは、ただの風景画や考古学的記述よりも——たとえそれらがいかに良くできていようと——芸術としての情感や材料の質感をより深く表出するということができる。そして、ここに、一つの希望と見通しが見出される。豊富で多様な建築の「意匠」を体験することにより、建築というものがその本来のあり方において、またその本質において一個の造形芸術であるという認識が徐々に、否おそらくある時突然に、生ずるのは十分ありそうなことである。この見通しがあるかぎり、われわれは前へ進むことができるのだ。建築が芸術であるという考えは、これまで、偏狭な知識と、これに味方する旧弊な教育によって抵抗を受けてきたが、いずれは良識ある教養と人間的な承認とによって支配的な考えとなって行くだろう。その力は、穏やかで抗い難い性格のものである。それはあの春の力に、太陽が昇り星々が運行するあの力にたとえられよう。ここにおいてわれわれは、現状がどうであろうと、われわれがまったく楽観的であっていいことを直感的に知り、人間の自由な精神と創造性への変らぬ信頼を持ち続けることができるのである。この直感は肉体的とも精神的とも区別し難い種類のものだが、それが本来もっている豊かな創造性と恩寵は、われわれの想像力の射程をはるかに凌いでいる。

ドグマや死んだ法則は、いまや消滅しつつある。人類が幾世代にもわたって、半ば無意識的に準備してきた新しい逆転が、いまや世界的規模で成就されようとしている。大衆の思考は変り、同意と黙従を撤回しようとしている。大衆の夢想は変貌を遂げ、哲学は人間を見つめはじめ、生命の流れに浸ろうとしている。科学は、亡霊共を、その元の世界へ押し戻しつつある。世界は陣痛に苦しみ、血で汚れ、銃剣がきらめいている。封建世界は狂気の頂点に達しているが、その代償としてあらゆる種類の偽善と悪意を覆い隠していたヴェールが急速に取り払われようとしている。

もっともらしく狡猾な言葉、プロパガンダ、不誠実、裏切りが露骨に横行している。このような堕落を前にして、信念を強固に保つためには勇気が必要である。自由な精神としての人間の力を明示するものは、まさしくこの勇気なのである。この堕落のさなかにあっても、啓発された者は、人類の永遠の野望を理解し、またその平和と友愛と安全への切望を理解し、彼らにむかって、灰色の雲が世界を覆っている時でも、激励と予言の言葉を語ることができるのだ。その予言とは、この灰色の雲もやがては消え、青空に白く輝く雲が現われて、新しい人類と新しい信義に基づく文化の到来を告げるだろうという予言である。

この物語を、その始まりと同様、少年の夢想で結ぶことにしよう。冬が去り、果樹園が花で埋められ、あたり一面に春の歌が響くなかに、この恩寵の力の夢想は訪れたのだった。

この夢は、これまで一度たりとも途絶えたことはなかった。それへの信頼が薄れたこともなかった。歳月が過ぎ、夢と、それへの信頼はそれにつれて力を増し、より広い世界を包括した。それとともにぼんやりとした輪郭が現われ、しだいにはっきりとしたものになっていった。そしてある時、すべての霧が去った。そこに光り輝く人間がいた。自由な精神をもった創造者、無限の能力を保持する者、人類の喜びと平和を願う者としての人間。この者こそ、かつて少年に生命の使者として訪れ、春の歌をうたい、そして少年が未知なる声として聞き、未知なるものとして見たかの者であり、それは常に、見えざる存在として、彼のかたわらに立っていた者であった。

過去の富を自分のものとし、また同時代の最良のものも最悪のものも手に入れた人間であっても、その死後に残して行ける社会的価値は、一箇の理念しかない。

前にも述べたように、子供の生得の本能的直感力は、すべての実りある観念の土台であり、それらの観念が育ち、強力になって行くのもこの本能的直感力の働きであると筆者は考える。いかなる偉大な業績においても、まず本能があり知力は二番目である。そして、このことが十分に了解してもらえたなら、これまで述べてきたことは正しく評価されたことになる。

さらにもし、肉体と精神の記録であるこの物語に浸透し、また支配している一つの実りある根柢的な理念を、筆者が明確に表出し得ているとしたら、心の中であたためてきた言葉を文字にするということの作業はかなりうまくいったということになる。

訳注

(1) New England——米国北部地方のコネチカット、メイン、マサチュセッツ、ニュー・ハンプシャー、ロードアイランド、ヴァーモントの六州を含む。

(2) perch——一パーチは約五・〇三メートル。

(3) Freemason——一八世紀初頭、英国におこった世界市民主義的、自由主義的友愛組織。

(4) Orangeman——一八世紀末にアイルランド北部で組織された秘密結社。新教の擁護とその政治的支配の確立を目的とした。

(5) Mennonite——一六世紀におこったキリスト教福音教会の一派。幼児洗礼に反対した。

(6) Fort Donelson——テネシー州北西部にあった南軍の要塞。一八六二年、北軍に占領された。

(7) Merrimac——米国最初の甲鉄艦。

(8) Theodore Parker（一八一〇—六〇）——米国の伝道者・神学者・社会改良家。

(9) Unitarianism——三位一体説を排し、キリストの神性を否定するプロテスタントの一派。一七七四年英国におこり、米国で発達。教会や教義よりの倫理的運動を重視する。

(10) Surrey——二席の四輪馬車。

(11) Claret——ボルドー産の赤ぶどう酒。

(12) Yankee Doodle——独立戦争当時、兵隊達に人気のあった流行歌。

(13) Fáneuil Hall——ボストンの市場の建物で公会堂。独立戦争当時、愛国者達が集会場として用いたため The Cradle of Liberty（自由の揺籃）の名がある。

(14) Hastings——英国イングランドのサセックス州の港町。ウィリアム一世（征服王）は、この近くの戦闘でアングロサクソン人の軍隊を破った。

(15) Holmes, Oliver Wen-dell（一八〇九—九四）——米国の詩人・小説家・随筆家・医学者。

(16) 両親がミシガン湖畔のシカゴに移住したことをさす。

(17) マサチュセッツ州の異称。

(18) 旧約聖書、創世記九—一三。

(19) 旧約聖書、出エジプト記一三―二一。

(20) Elijah――前九世紀ごろのイスラエルの予言者。旧約聖書、列王記一七―一九、二一、同第二の一―二にその物語がある。

(21) finishing school――若い女性に、社交界に入るための準備を教える学校。

(22) musket――ライフル銃の前身で銃腔に旋条がない。

(23) Palisades――ハドソン川のニュージャージー州北東部とニューヨーク州南東部の西岸沿いの絶壁で、長さ六四キロメートルにおよぶ。

(24) quod erat demonstrandum――ラテン語の頭文字をとった略号。以上が証明されるべきことであった＝証明終り。

(25) Asa Gray（一八一〇―八八）――米国の植物学者。

(26) "School and Field Book of Botany"

(27) Taine, Hippolyte（一八二八―九三）――フランスの哲学者・批評家・歴史家。

(28) Iseult――アーサー王伝説に登場するアイルランド王の娘。トリスタンの愛人。ドイツ名ではイゾルデ。

(29) "tech"――technical school（工業学校）の略称、通称。

(30) Ecole National des Beaux-arts――フランス国立美術学校。

(31) Richardson, Henry Hobson（一八三八―八六）――米国の建築家。

(32) Ricard Morris Hunt（一八二八―九五）

(33) Michigan 湖。五大湖の一つ。面積五八、〇二〇平方キロ。

(34) 新約聖書、ルカ伝一五。

(35) 旧約聖書の一書。真の幸福に人間が達し得るかどうか、という問題を提起し、それに対し「空《くう》の空《くう》。すべては空。日の下で、どんなに苦労しても、それが人に何の益になろう」と解答している。

(36) Ecole Polytechnique――パリの高等技術学校。

(37) Sherman, William Tecumseh（一八二〇―九一）――南北戦争当時北軍の将軍。

(38) Thomas, Theodore（一八三五―一九〇五）――ドイツ生まれのオーケストラ指揮者。

(39) ドイツ語。「物それ自体」。

(40) lotos――＝lotus スイレン。

(41) Big Ben――英国国会議事堂の時計塔にある大時計。直径二・八メートル。一八五六年鋳造。

(42) Haymarket――ロンドンの有名な繁華街。

(43) can-can――フランスの軽演劇舞台で演じられる足を高く上げるダンス。

(44) Lotus――ギリシャ伝説の植物。その実を食べると夢心地になり、いっさいを忘れるとされた。

(45) schooner――二～四本マストの縦帆式帆船。

(46) Parkman, Francis（一八二三―九三）――米国の歴史家。

(47) La Salle, Robert Cavelier（一六四三―八七）――フランス人の北米探険家。

(48) Marquette, Jacques（一六三七―七五）――フランスのイエズス会の宣教師、アメリカ探険家。

(49) Joliet Louis（一六四五―一七〇〇）――カナダ生まれのフランスの探険家。ミシシッピ流域の探険で知られる。

(50) "A Theory of Isolated Pier Foundations".

(51) George, Henry（一八三九―九七）――米国の経済学者・社界思想家。土地のみに課税する「単一税」(single tax) を提唱。

(52) Adler Dankmar（一八四四―一九〇〇）――ドイツに生まれ一八五四年デトロイトに移住。一八八一から九五年までサリヴァンと協同で仕事をした。

(53) Draper, John（一八一一―八二）――英国生まれの米国の化学者・歴史学者。

(54) Nazarene――キリスト。

(55) Dance of Death――骸骨が死神に扮して人びとを墓場へ導くことを表した象徴的な踊り。中世芸術にしばしば登場する。

(56) 旧約聖書、創世記二七の挿話による。

(57) Burnham, Daniel Hudson（一八四六―一九一二）

(58) Root, John Well-born（一八五一―九一）

(59) peepul――インドボダイジュ。people（人民）との語呂合わせ。

(60) Morgan, J(ohn) P(ierpont)（一八三七―一九一三）――アメリカの金融資本家。

訳者あとがき

本書は、アメリカ合衆国の建築家ルイス・ヘンリー・サリヴァン（Louis Henry Sullivan 1856—1924）の *The Autobiography of an Idea* の全訳である。

この著作は、文学上のジャンルとしては「自伝」の範疇にふくまれるだろうが、そうみなされることを、著者自身は、おそらく歓迎しないだろう。本書の原題を直訳すれば、『ある理念（もしくは思想）の自伝』である。この標題においてすでに本書が通常の「自伝」ではないことを、著者は表明していると考えられる。事実、本書を注意ぶかく読むなら、サリヴァンが意図したところが一個の精神の軌跡を描き出すことにほかならないことが了解される。年を追って様ざまな挿話を積み重ねて行くというやり方は、通常の「自伝」のスタイルに則っているが、それぞれの挿話は、この意図に沿って厳密に選択されており、身辺雑事とか趣味嗜好のたぐい、あるいは心理的生理的なさまざまの葛藤軋轢といった、所謂〝人間くさい〟話題はきびしく排除されている。第三人称が用いられていることも、このように考えれば、あえて異とするにたりないだろう。ここに描かれているのは、ルイス・ヘンリー・サリヴァン――狷介といわれたサリヴァン、その後半生には仕事らしい仕事の依頼もほとんどなく、失意に沈み、アルコールに溺れていたといわれるサリヴァン――その人の肖像ではない。そうではなくて、終生かわることなく若わかしい弾力を保ち続けた、彼の「精神」――彼自身の言葉を藉りれば「裸のわれわれ自身」「われわれの内なる者」としての精神の肖像なのである。

したがって、当然のことながら、本書によってサリヴァンの「人となり」を垣間見ようというような読者は失望させられることになる。そればかりか、おそらく、鼻もちならぬ手前味噌だと、顔をしかめることにもなるだろう。右に述べたような著者の意図をいち早く呑みこんでおかないと、この本において一体何がいいたいのか、それさえさっぱりわからぬという仕儀になってしまう。また、そういうふうに受け取られやすい仕立てになっていることもたしかである。けれども、著者としては、本書に対する誤解や曲解をまったく怖れていないばかりか、そんなことは承知のうえだと、いたって鷹揚にかまえているらしい。その証拠に、若い頃彼が発表したエッセイが「ごく少数を除いて」ほとんど誰にも理解されなかったというくだりで、彼のペンはほとんど楽しげでさえある。

本書のなかに、彼の建築の具体的方法を読みとろうという性急な読者も、また同様にはぐらかされるだろう。本書は、もとより彼の建築の方法を述べたものであるにはちがいない。だが、著者は、建築を語るに当っても、自己を語るさいにとったと同じ手続きを行なっている。すなわち、建築がまとっている衣装を、彼はすっかり剝ぎ取ってしまう。あとに残るのは「建築」という概念だけである。一人の建築家として、彼が本書において構築しようとしたものは「建築」概念にほかならなかった。また、その「方法」であった。

本書の初版は、一九二四年、つまりサリヴァンの没年に刊行されている。おそらく、偶然そういう結果になったのではなく、本書は「遺言」として、建築家としての最後の作品として書かれたと考えてよいであろう。

サリヴァンが生涯に設計した建物の数は一二〇あまり、うち現存するものは数十を数えるのみという。そのどれがすぐれているか、いないか、また、それらがこんにちなお「新しいか」どうかといったことは、さし当りどうでもよいことである。すぐれていようがいまいが、早晩、具体的な物としての建築は「死ぬ」のだ——かのパルテノンが「死んだ」ように。また、今日新しくても、明日には古びるだろう。だが「理念《アイディア》」は、時代を越えて、腐蝕に耐えて生き残る。そのような「作品」を、彼には残す必要があった。

サリヴァンがその必要を感じたのは、おそらく一八九三年のシカゴ万国博において、アメリカ建築のその後の動向を予見したときであったかもしれない。そのころ、シカゴをはじめとするアメリカ西部諸都市には、新しい構造技術と近代的なデザインを駆使したオフィス・ビルが次つぎに作られ、脚光を浴びつつあった。これらの建築の担い手達は「シカゴ派」の名で呼ばれ、サリヴァンはその主要なメンバーの一人と目されていた。一方。ニューヨークを中心とする東部地方においては、「古典派」が勢力を保っていた、シカゴ万国博は、結果からみてこの両派の「対決」の場となったのである。この対決に勝利を占めたのは「古典派」であった。博覧会場を訪れた大衆は、ヨーロッパへの郷愁と伝統への憧れから、会場の大半を占める擬古典様式に熱狂的な喝采を送ったのである。サリヴァンはこの博覧会の「交通館」を設計した。この作品は一部からは高く評価され、フランス装飾美術協会はこのデザインに対し三つの賞を贈ったが、一般の評判はかならずしも良くはなかった。彼の「交通館」も、そしてシカゴ市の中心部に聳え立つ摩天楼の群も、その威容を誇示するどころか、ミシガン湖畔に出現した「白い都市」の異様な白さをきわ立たせるための、格好な背景としての役割しか果たし得なかったのである。

この万国博の準備を委嘱されたのは「バーナム＆ルート」建築事務所だった。万国博を目前にしてルートが夭折するや、これを契機として「バーナム＆ルート」は急速に右旋回し、〃アカデミックな折衷主義〃へと方向を転じた。この万国博準備委員会についてのくだりを書くサリヴァンには、万国博の「白い雲」、のちに全米を覆いつくした古典派様式という「白い雲」の発生源を、このダニエル・バーナムが主宰した委員会に求めたいような口ぶりが感じられる。けれども、この委員会におけるバーナムの権力がどれだけ大きかったにせよ、そののちに全米を席捲した古典主義の大波の責任まで負わせるというのは無理である。第一、それほどの力を、バーナムであれ誰であれ一人の建築家が（あるいは数人であっても）持っていたということはあり得ないことだ。むしろバーナムはその大きな波を本能的に予知し、うまくそれに乗ったということだろう。アメリカ建築を大幅にあとじさりさせたというこの古典派の大波そのものにしても、さらに巨大な時代のうねりを構成する、小さな一部でしかなかった。

それはともかく、一九世紀末のほぼ十年間にわたってその存在を誇示した「シカゴ派」と、また彼らによる近代建築の運動はその後数年ならずして古典派によって圧殺されるという経緯をたどった。「シカゴ派」の時代は終り、その旗手達は沈黙した。サリヴァンの場合、一八九三年の「交通館」までに、彼が設計した建物は約一〇〇を数える。だが、その後の三一年間に手がけた建築物はわずかに二四である。一九〇〇年には、建築技術家としての彼の履歴は実質的に終っていた。一方、「運動」のほうは、それが復活するのはサリヴァンの死後、一九三〇年代になってからである。

古典派の圧倒的勝利に、サリヴァンはアメリカ建築の「死」を見た。古典様式とは、彼にとって、瀕死の「封建主義」がまとってみせた一枚の衣装にほかならなかった。けれどもこの勝利が「少なくとも五十年」は続き、彼自身の出る幕はもはやないことをはっきりと見とおしていた。建築が「生きて」いたら、遺言の必要はなかった。だがそれが死んでしまったいま、それを産み出した者としてはその理念を次の世代へと書き残す義務があると、彼は考えたのであろう。そして、これを自分の最後の仕事としたのである。

サリヴァンは、この理念を、「形態は機能にしたがう」という言葉に要約した。簡潔で力強い定理である。けれども、この定理は、これに適宜の変数を放りこめば建築が一丁あがりというような、便利なものではない。著者自ら注意をうながしているように、この短い言葉のなかには、彼の半生にわたる精神の努力が凝縮されていることを忘れてはならない。

しかし、とはいっても、この言葉の見かけ上のわかりやすさは、必然的に誤解をまねいた。かくして、サリヴァンには「機能主義」というレッテルが貼られる。機能が形態を決定する、よろしい、これが彼のデザイン・ポリシーというわけか。だが、彼が実際にやっているデザインは、このポリシーとは正反対みたいなのはどういうわけか、と。

そう、早合点した者は、サリヴァンがこの「機能」(function)という語の意味を、この語をもって覆いうるぎりぎり最大限の範囲にまで拡大させていたことなど、もとより考えもしなかっただろう。まして、「形態は機能にしたがう」というこの一見単純な定理が、本書に展開された「民主主義《デモクラシー》」の壮大なパノラマをただちに現前させる「扉の呪文」であるとは、思いもよらなかっただろう。

しかし、サリヴァンの建築家としての影響力が、ごく早くに失われてしまったことも考え合わせるなら、このような誤解はむしろ避けられないものであったといえるだろう。サリヴァンがこの言葉にこめた思想の全領域を誤りなく理解し、継承した建築家は、限られたごく少数であったと考えられる。フランク・ロイド・ライトは、その数少ないうちの一人であった。ライトの語彙を読めば、その思想がサリヴァンと共通の根を持つことが容易に見てとれる。ライトの、サリヴァンに対する終生変ることのなかった敬愛の念には、サリヴァンのモーゼス・ウールスンに対する愛情を思わせるものがある。

「形態は機能にしたがう」——これは「例外なくあらゆる事物のあらゆる局面に適用しうる普遍的法則」であるとサリヴァンはいい、したがって「この考えは建築に適用できることは明白」であるという。本書はこの定理の証明として書かれたもの、ということができる。そして著者は読者に、著者が到達したこの地点からあるき始めることを期待している。けれども、彼のこの思想は、この本一冊を読み了えることによってただちに了解され、取捨の決定を下しうるという性質のものではない。読者は、まず「機能」のこんにち的意味を考えることから始めなくてはならないだろう。

著者の死後、すでに半世紀が経過した。著者の警告は現実となったが、その予言はまだ成就されていない。彼の思想の射程は、現代を越えてまだ先へと伸びているのである。

＊

この本の翻訳は藤田と竹内の協同で行なった。訳出に当たっては、原文のみずみずしいナイーヴさを日本語に再現するよう努力したが、いくらかなりともその効果が上がっていれば幸いである。本書は本来もっと早く上梓のはこびとなるはずであったが、主として竹内の多忙のために、大幅に遅れてしまった。辛抱づよく待って下さった大滝広治氏はじめ鹿島出版会編集部の皆さん、またいろいろとご教示をいただいた加藤正博氏に、心からのお礼を申し上げる。

一九七七年八月

竹内　大

年譜と作品リスト

(年譜は日本文で，作品リストは英文で記入しました。なお，作品リストの○印はプロジェクトです。)

1856　9月3日，マサチュセッツ州ボストンに生まれる。

1860—70（4—14歳）　サウス・リーディングにある母方の祖父母の農場で過ごし，この土地のグラマー・スクールに通う。

1870（14歳）　ボストンのイングリッシュ・ハイスクールに入学。教師モーゼス・ウールスンの教えは，サリヴァンの心に深い影響を与えた。

1872—73（16—17歳）　マサチュセッツ工科大学の建築コースに入学。1年で中退後，おじの住むフィラデルフィアに行き，ファーネス・アンド・ヒューウィット事務所でドラフトマンとして働く。しかし間もなく，社会不況のあおりをうけ事務所を辞した。サリヴァンはシカゴに行く。ウィリアム・ル・バロン・ジェニイ事務所に入所。

1874（18歳）　7月，リヴァプール，ロンドンを経由後，パリに到着。6週間の受験勉強ののちに，エコール・デ・ボザールに入学。中退するまでの間，ヴォードルメのアトリエに通う。

1875—79（19—23歳）　帰国後シカゴの建築事務所を転々とする。

1875 Sinai Temple (interior decoration), Chicago, Ill.
1876 Moody Tabernacle (interior decoration), Chicago, Ill.

1879（23歳）　ダンクマール・アドラーの事務所に入所。

1879 Borden Block, Chicago, Ill.
Central Music Hall, Chicago, Ill.
1880 Borden, J. House, Chicago, Ill.
Grand Opera House (remodelling), Chicago, Ill.

1881（25歳）　アドラーのパートナーとなる。事務所名もアドラー&サリヴァン建築事務所とあらためられ，シカゴで著名な建築事務所の一つに数えあげられるようになる。

1881 Brunswick & Balke Factory, Chicago, Ill.
Jeweler's Building, Chicago, Ill.

Revell Building, Chicago, Ill.
Rosenfeld Building, Chicago, Ill.
Rothschild Store (now Goodman Building), Chicago, Ill.
1882 Brunswick & Balke Warehouse, Chicago, Ill.
Flat-building, Chicago, Ill.
Frankenthal Building, Chicago, Ill.
Hammond Library (now Union Theological College), Chicago, Ill.
Hyman, S. House, Chicago, Ill.
Leopold, H. House, Chicago, Ill.
1883 Bloomenfeld House, Chicago, Ill.
Brand, E. L. Building, Chicago, Ill.
Brand, E. L. Store, Chicago, Ill.
Brunswick & Balke Lumber-Drying-Plant, Chicago, Ill.
Halsted A. House, Chicago, Ill.
Kauffmann Store, Chicago, Ill.
Kennedy & Co. Bakery, Chicago, Ill,
Kimball House (now "L'Aiglon" restaurant), Chicago, Ill.
Knisely Store, Chicago, Ill.
Rothschild House, Chicago, Ill.
Rubee Store, Chicago, Ill.
Schoolhouse, Marengo, Ill.
Schwab House, Chicago, Ill.
Selz House, Chicago, Ill.
Watch, A. Co. Factory (Formfit Co. Factory), Chicago, Ill.
Wright & Lowther Oil & Lead Mfg. Co., Chicago, Ill.
1884 Barbe, M. House, Chicago, Ill.
Frank, L. E. House, Chicago, Ill.
Halsted House, Chicago, Ill.
Haverley's Theater (entrance remodelling), Chicago, Ill.
Hooley's Theater (remodelling), Chicago, Ill.
Knisely Building, Chicago, Ill.
Lakeside Club House, Chicago, Ill.
Mandel Brothers Stable, Chicago, Ill
Rothschild House, Chicago, Ill.

Ryerson Building, Chicago, Ill.

Schlesinger, L. House, Chicago, Ill.

Scoville Building, Chicago, Ill.

Strauss, A. House, Chicago, Ill.

Strauss, L. House, Chicago, Ill.

Troescher Building (now the Daily Times Building), Chicago, Ill.

Zion Temple, Chicago, Ill.

1885 Adler House, Chicago, Ill

Chicago Opera Festival Auditorium, Chicago, Ill.

Felsenthal House, Chicago, Ill.

Goodman House, Chicago, Ill.

House, Chicago, Ill.

Kohn House, Chicago, Ill.

Kuh, A. House, Chicago, Ill.

Lindauer House, Chicago, Ill.

McVicker's Theater (remodelling), Chicago, Ill.

Stern, H. House, Chicago, Ill.

Stern, S. House, Chicago, Ill.

Stearns House, Chicago, Ill.

1886 Block, A. Building (interior remodelling), Chicago, Ill.

Cheltenham Beach Pavilion, Chicago, Ill.

Crane Co. Pipe Mill, Chicago, Ill.

Eliel, G. House, Chicago, Ill.

Holzheimer House, Chicago. Ill.

Horner H. House, Chicago, Ill

Edward Pauling Flats, Chicago, Ill.

Peck Building, Chicago, Ill.

Ryerson Charities Trust Building, Chicago, Ill.

Selz, Schwab & Company Factory, Chicago, Ill.

Station (I.C.R.R. 43d), Chicago, Ill.

Station (I.C.R.R. 39th), Chicago, Ill.

West Chicago Club (now Chicago Labor Temple) Chicago, Ill.

1887 Auditorium Building (now Roosevelt Univ.), Chicago, Ill.

Crane Co. Factory (addition), Chicago, Ill.

Dexter Building, Chicago, Ill.

Diemal House, Chicago, Ill.

Kranz Building (remodelling), Chicago, Chicago, Ill.

Lively House, Chicago, Ill.

Springer Building (remodelling), Chicago, Ill.

Standard Club, Chicago, Ill.

1888 Walker Warehouse, Chicago, Ill.

1889 Dexter House (addition). Chicago, Ill.

Felsenthal Building, Chicago. Ill.

Heath House, Chicago, Ill.

Inter-Ocean Newspaper Publishing Co. Building, Chicago, Ill.

Jewish Training School, Chicago Ill.

Ryerson Tomb, Chicago, Ill.

1890 Crane Company Factory, Chicago, Ill.

Das Deutsche Haus, Milwaukee, Wis.

Dooly Block, Salt Lake City, Utah.

Falkenau House, Chicago, Ill.

Getty Tomb, Chicago, Ill.

Ma'ariv Synagogue (now Pilgrim Baptist Church), Chicago, Ill.

McVicker's Theater, Chicago, Ill.

○ Ontario Hotel, Salt Lake City, Utah.

Opera House Block, Pueblo, Col.

○ Opera House Block, Seattle, Wash.

Schlesinger & Meyer Dry Goods Store (addition), Chicago, Ill.

Sullivan Cottages, Ocean Springs, Miss.

Sullivan Stables, Ocean Springs, Miss.

Wainwright Building, St. Louis, Mo.

1891 ○ Apartment-hotel, Chicago, Ill.

Chicago Cold Storage Exchange Warehouse, Chicago, Ill.

○ Fraternity Temple, Chicago, Ill.

○ Hotel, Chicago, Ill.

○ Mercantile Club, St. Louis, Mo.

Schiller Building (now Garrick Theater Building), Chicago, Ill.

1892 Apartment House, Chicago, Ill.

Charnley, J. House, Chicago, Ill.
Oakley Building, Chicago, Ill.
Sinai Temple, Chicago, Ill.
Station (I.C.R.R.), New Orleans. Miss.
St. Nicholas Hotel, St. Louis, Mo.
Sullivan, A. W. House, Chicago, Ill.
○ Trust & Savings Bank Building, St. Louis, Mo.
Union Trust Building (now Central National Bank), St. Louis, Mo.
Wainwright Tomb, St. Louis, Mo.
Victoria Hotel, Chicago, Ill.

1893 (37歳) シカゴ万国博覧会において，作品“交通館”に対してフランス政府からメダルを受賞。

1893 Meyer Building, Chicago, Ill.
Standard Club (addition), Chicago, Ill.
Stock Exchange Building, Chicago, Ill.
Transportation Building, Chicago, Ill.
1894 Guaranty Building (now Prudential Building), Buffalo, N.Y.
○ Tall Building, Cincinnati, Ohio.

1895 (39歳) アドラーとの協同経営を解消，サリヴァンは単独で事務所を続ける。

1897 Bayard Building (now Condict Building), New York, N.Y.
Coliseum (addition to Exposition Building), St. Louis, Mo.
1898 Gage Building, Chicago, Ill.

1899 (43歳) マーガレット・ハッタボウと結婚。(1917年に離婚)

1899 Crane Company Foundry & Machine Shop, Chicago, Ill.
Euston & Company Linseed Oil Plant, Chicago, Ill.
Euston & Company Linoleum Plant, Chicago, Ill.
Schlesinger & Mayer Department Store (now Carson Pirie Scott Store), Chicago, Ill.
1900 McCormick, S. R. House, Chicago, Ill.

1901—02 (45—46歳) 『幼稚園談義』のシリーズを“the Interstate Architect and Builder”に執筆する。

1902 ○ Lloyd, A. H. House, Chicago, Ill.
○ McCormick House, Lake Forest.
Russian Holy Trinity Church and Rectory, Chicago, Ill.

○Wainwright House, St. Louis, Mo.

1903 Crane Co. Building (addition), Bridgeport, Conn.

Crane Co. Office Building, Chicago, Ill.

1904 ○Tall Building, Grant Park, Ill.

○Theater Front (Orchestra Hall?), Chicago, Ill.

1905 Felsenthal Store, Chicago, Ill.

1907 Babson, H. House, Riverside, Ill.

National Farmers' Bank (now Security Bank), Owatonna, Minn.

1908 Island City Buildings, Philadelphia, Penna.

1909 Bradley House (now Sigma Phi Fraternity House), Madison, Wis.

1911 People's Savings Bank, Ceda Rapids, Iowa.

1912 Bennett, C. K. House, Owatonna, Minn.

1913 Adams, H. C. Building (now Druggists' Mutual Insurance Co.), Algona, Iowa.

St. Paul's Methodist Episcopal Church, Ceda Rapids, Iowa.

Van Allen & Son Company Dry-Goods Store, Clinton, Iowa.

1914 ○Bank, Enid, Okla.

Home Building Association Bank (now Union Trust Co.), Newark, Ohio.

Merchants' National Bank, Grinnell, Iowa.

Purdue State Bank, West Lafayette, Ind.

1917 People's Savings & Loan Association Bank, Sidney, Ohio.

1918 ○Oakland Township High School, Owatonna, Minn.

1919 Farmers' & Merchants' Union Bank, Columbus, Wis.

1921 ○Memorial Enclosure for Mrs. A. J. Eddy, Flint, Mich.

1922 Krause, W. P. Music Store and House, Chicago, Ill.

1924 (68歳) 4月14日，シカゴにて死去。

1946 サリヴァンにアメリカ建築家協会ゴールド・メダルが贈られる。

（註記） 作品リストは，Hugh Morrison著"Louis Sullivan-prophet of modern architecture" (W. W. Norton & Co., 1935) 及び Edgar Kaufmann, jr. 編 "Louis Sullivan and the Architecture of Free Enterprise" (The Art Institute of Chicago, 1956) より作成。

（藤田　延幸）

訳者略歴

竹内 大（たけうち・だい）
一九三九年鳥取県生まれ。一九六一年早稲田大学第一文学部中退。現在、フリーランスの編集著述業。

藤田延幸（ふじた・のぶゆき）
一九四八年東京都生まれ。一九七一年日本大学工学部建築学科卒業。同建築史研究室副手、石井桂建築研究所勤務を経て、現在藤田建築設計事務所主宰。

本書は一九七七年に小社より刊行された『サリヴァン自伝——若き建築家の肖像』を新装し、再版するものです。

サリヴァン自伝［新装版］

二〇一二年九月二〇日　第一刷発行

訳　者　竹内大　藤田延幸
発行者　鹿島光一
発行所　鹿島出版会
装　丁　西野　洋
印　刷　三美印刷
製　本　牧製本

〒一〇四-〇〇二八　東京都中央区八重洲二-五-一四
電話　〇三-六二〇二-五二〇〇
振替　〇〇一六〇-二-一八〇八八三

本書の内容に関するご意見・ご感想は左記までお寄せ下さい。
info@kajima-publishing.co.jp
http://www.kajima-publishing.co.jp
ISBN 978-4-306-04582-8 C3052　Printed in Japan

欲望のオブジェ
――デザインと社会 1750年以後
エイドリアン・フォーティー著／高島平吾訳

この二〇〇年間で我々をとりまくモノの世界は大きく変化した。産業革命が及ぼした影響、オフィス機能の変遷など、一一のテーマからなる本書は、「つくられたモノの近代史」の新たな試み。デザインの基本的な考え方に示唆を与えるものとなっている。

A5判、定価三、三〇〇円＋税

住居集合論 I・II
東京大学 生産技術研究所 原研究室編

世界の集落を貴重な実測図と写真でビジュアルに解析。I巻――その1 地中海地域の領域論的考察／その2 中南米地域の領域論的考察 II巻――その3 東欧・中東地域の形態論的考察／その4 インド・ネパール集落の構造論的考察／その5 西アフリカ地域集落の構造論的考察

A4変型、I巻 定価六、五〇〇円＋税、II巻 定価七、二〇〇円＋税

［復刻］実測・軍艦島
――高密度居住空間の構成
東京電機大学 阿久井研究室編
阿久井喜孝、滋賀秀實、松葉一清著

世界のモダニズムを先駆けた超高密度集落、軍艦島。その建築調査の原点を集約。コミュニティの理想郷を実測、図面化し、都市居住のありかたを問う。雑誌「都市住宅」に掲載された特集と連載に、解説編を新たに収録。歴史遺産としての評価を提示する。

A4変型、定価三、八〇〇円＋税

都市の遊び場
アレン・オブ・ハートウッド卿夫人著
大村虔一、大村璋子訳

「冒険遊び場」の原点。世界中の都市の遊び場の豊富で意欲的な実例を集める。初版一九七三年当時、専門家から親まで幅広く関心を呼んだ名著。今こそ考えたい、子供が生きる力をつける「遊び」の充実とは。

B5変型、定価三、二〇〇円＋税

（近刊）民家は生きてきた
伊藤ていじ著

民家研究の金字塔、待望の再刊。白川郷から京町屋まで、各時代、各地方、各建築類型を俯瞰し、網羅する。卓越した観察眼と筆力で全国を行脚してつづり、建築史・都市史の新たな局面を開いたベストセラー。

二〇一三年刊行予定

名著復刻

www.kajima-publishing.co.jp

SD選書237
建築家・吉田鉄郎の『日本の住宅』
吉田鉄郎著／近江 榮監修
向井 覚、大川三雄、田所辰之助訳

木造の清純さに日本的モダニズムの手法を見出した建築家・吉田鉄郎が、風土、伝統、庭園、茶室、構法などを図版二〇〇点で平易に語る。一九三五年にドイツで出版、欧米でロングセラーとなった幻の名著であり、木造のデザインを理解する絶好の入門書。

四六判、定価二、四〇〇円＋税

SD選書238
建築家・吉田鉄郎の『日本の建築』
吉田鉄郎著／薬師寺厚訳／伊藤ていじ註解

環境芸術として図解する日本建築の伝統美。一九五二年にドイツで出版された日本建築史の名著。独自のドローイングと写真三〇〇点余で語る自然との融合、清純性と素材感の美。アーキテクトの眼差しと教養が溢れる芸術作品的な一冊。

四六判、定価二、三〇〇円＋税

SD選書239
建築家・吉田鉄郎の『日本の庭園』
吉田鉄郎著／近江 榮監修／大川三雄、田所辰之助訳

日本庭園のデザイン作法を建築家の眼で図解。二〇〇点の図版で語るのは、建築と環境を一体に考えるための教養として抽出した伝統のエッセンス。欧米でロングセラーとなった「ドイツ語三部作」完結。

四六判、定価二、三〇〇円＋税

SD選書247
神殿か獄舎か
長谷川堯著

モダニズムを震撼させた衝撃の名著。「大正建築を論じながら、建築というものの本質にまで届くような指摘をし、さらに、はっきりと、現状の日本の、さらに世界の建築を〝オス〟と相対化してみせた」（藤森照信）
四六判、定価二、四〇〇円＋税

SD選書257
都市の原理
ジェイン・ジェイコブズ著
中江利忠、加賀谷洋一訳

都市の成長や衰退はどのように起こるのか。都市と農業の関係、産業の分化と多様化の仕組みとは。都市の基本原理を経済学的側面から分析する。

四六判、定価二、四〇〇円＋税